無彩青春

張娟芬　著

目錄

新版序 少年Pi的奇幻漂流 004
第一章 跳過他自己 014
第二章 惡戰的序幕 018
第三章 黑洞隨便說 037
第四章 證據不說話 051
第五章 我所言庭上不相信 062
第六章 看破看不破 064
第七章 蘇爸的消逝 071
第八章 夢幻隊伍 090
第九章 包青天與王迎先 094
第十章 枯萎的記憶 112
第十一章 自白的魔咒 122

第十二章　隧道症候群　134
第十三章　青春降靈會　155
第十四章　如果、如果、如果　191
第十五章　法醫沒聽懂　204
第十六章　扮豬吃老虎　212
第十七章　法官排行榜　258
第十八章　唯一做錯的事　263
第十九章　乾澀的淚眼　282
第二十章　霧中風景　287
第二十一章　深山水遠　298
後記　305
蘇案大事記　320

新版序

少年Pi的奇幻漂流

就像甘藍菜被反覆加熱端上餐桌，凡人在無盡的重複裡受盡了折磨。

——羅馬作家朱凡諾（Juvenal）

1

第一次被判死刑的時候，莊林勳十九歲。他說：「哪有可能！」那是年輕受冤的憤憤不平。第一次被判無罪的時候，莊林勳三十一歲。他想：「哪有可能？」那是飽受折磨以後，微近中年的不敢相信。

從十九歲到三十一歲，莊林勳、蘇建和、劉秉郎坐了十二年牢。初解嚴的台灣，大家一方面認為沒有了戒嚴，社會會亂，所以要治亂世用重典；另一方面認為戒嚴已經過去了，不會再有冤假錯案了，所以作奸犯科被判死刑的，都應該殺。

他們三人背負的罪名是殺人、強盜、強姦，正是大家認為該殺的那幾類。於是他們認真寫了遺書，清空牢房裡的東西，準備了「上路」的衣服。他們列名死囚名單長達五年，時時驚險，最後居然生還，簡直是少年Pi的奇幻漂流。

他們三人的共同履歷如下：

	事件	三人漂到哪	身份
民國八十年	汐止雙屍命案發生	土城看守所	被告
民國八十四年	死刑定讞	土城看守所	死刑犯人
民國八十九年	再審開始	土城看守所	被告
民國九十二年	無罪釋放，官司繼續	各自回家，但限制出境	被告
民國九十六年	死刑，官司繼續	各自回家，但限制出境	被告
民國九十九年	無罪，官司繼續	各自回家，但限制出境	被告
民國一〇一年	無罪定讞	各自回家，解除出境限制	自由人

2

蘇案是很多人關心司法改革的起點，對我來說也是如此。民國八十八年，顧玉珍在當台權會祕書長，為了喚起更多人對蘇案的注意與瞭解，辦了「作家探監」活動。回來以後，我寫了〈飛入尋常百姓家〉：

時差。九五年就三審定讞了的三名死刑犯，拖著金屬沉重的撞擊聲來到了九九年。去土城探監兩次，眼前是三條隨時可以被取消的人命，三個早已被宣告應該消逝的形體。槍聲都響過了，我聞到火藥擊發的煙硝味，子彈劃過空氣嘶嘶飛行，慢動作。時間是借來的，卻不知道到底借到了多少。拿一把尺，循著子彈行進的方向往前畫虛線，單薄的胸膛跳動的心就在不遠處。虛線中的空白串起成為實線的時候，三個生命就將斷裂成為虛空。

那好像不是活著，而是暫時還沒死。那好像不是生命，而是類死亡，類鬼魂。搶在某種時差裡，我們會面，進行幽冥兩隔的交談。

當蒼白的面容與我相對，我很自然地去尋找他們與我的關連性。我們年齡相近，他們小我兩歲。被捕的時候才十八、九歲，如果沒有冤案的發生，我們不會相見，彼此的生命也不會因此感到缺憾可惜。如今我們還是在冤案的前提下相見了，無法忽視這個前提，卻很想忽視。第一次見面，我一點都不想問案情，獄中八年，他們說過上千次吧，生命不該只剩下這個。只想若無其事說一點有的沒有的，運氣好的話，也許可以不動聲色地，悄悄收藏一枚微笑。

回來以後的幾天，看了台權會寄來的資料，覺得這真是個政治威權殘留下來的最後冤獄，經典的。營救行動卻盡其所能地匯聚了法界專業人士、社會運動者與「社會名流」，就一個社會事件的行銷而言，差不多也是經典了。台權會的朋友問一位參與營救的法界人士：「您覺得我們還有什麼可以做的？」「沒有！」很難反駁。縱然不想承認。

於是我每天傍晚爬到陽台上高高蹲踞，看著天色的變化直到夜晚正式來臨，山間有時靜默，有時呼嘯，我希望自己強壯，能夠平靜柔和，什麼都不計較。悲沉的心念有這樣的人間美景安慰著，很夠了，很奢侈了。傍晚是一天中令我明確感到外在世界存在的時刻，天光遞移的韻律外於你我意志，外於人世紅塵，「和諧、美麗、敏感、優雅」。山間晶瑩的亮著燈火，那麼謙和節制，天色尚明時一燈如豆，夜色深重時也一燈如豆。很夠了，足以令我善良地微笑。

或許因為這樣，我開始想忘記他們。第二次探監，帶了一些怪里怪氣的書去給他們看，仍然感覺到自己很想忽視那迫在胸前的死亡，獄中八年了，判死刑四年了，這樣一個人會不會逐漸習慣自己鬼魂一般的存在？我幻想跳過一條河，直接來到他們獲得重生的日子，看見他們以清白之身成為社會新鮮人，我為那樣的他們挑選著書籍。當他們又拖著沉重的鐐銬走進會客室的時候，我假裝一切都已完成，時差被消泯了，子彈被收回了，河被跳過了，我假裝天地靜好，大家身輕如燕，嘻皮笑臉。

一轉身走開，我就忘記了他們，只看見魂飛魄散的一隻鬼，曾經為社運寫過柔情蜜意的文字，也寫過劍拔弩張的文字，如今靜默無言，啞著。這是另外一重時差，我們失之交臂，沒有在彼此鬥志高昂武功高強之際並肩作戰，所以幽冥兩隔。他們三人其實以各自的方式懷抱著存活的信心，專注地營救自己，冤獄是人生中的歧出，不知道最後會通往哪裡，但旅程中哺餵著對生命的渴望。只有我在河的這一岸遠眺，看著夜幕低垂。

帶著期望幻想這就是最後一眼，以後三人冤情昭雪，世界遼闊起來，生命終於填進了那些原本就該有的，即使俗事多麼無味，情愁多麼無謂，都好。我們終將痛快相忘，因為不必記得，也許素面相見。也許我們在路上擦撞路邊吵架，互相幹譙一番絕塵而去，心底暗暗奇怪這哪裡來的俗辣怎麼有點面熟咧。連那樣都好。所謂人生哪，不過是飛入尋常百姓家。在那裡，時間是自己的，不用借。

再審宣判的那天，我不敢面對現實。我上了公車，司機在聽廣播，講話的是當時的司改會執行長林靜萍。從她的隻字片語，我拼湊猜測著到底是判有罪還是判無罪，一個後知後覺的人，緊張著擔憂著那個已經宣布了的判決。晚上手握著遙控器，一台轉過一台，眼淚終於流下。

那陣子恰好讀了蘇曉康的《離魂歷劫自序》。他在六四之後流亡美國，全家經歷了嚴重車禍。回顧這一切，他自省：「我只有淺薄的公平索求，不懂得不公平是更深刻的問題。」我深受震動，覺得蘇案也應做如是觀：在不正義之中追問更深刻的問題。於是我決定寫《無彩青春》。

3

《無彩青春》於九十三年出版之後，蘇案的審判還繼續進行，直到一〇一年，終於無罪定讞。九十三到一〇一年之間，蘇案律師團除了原有的蘇友辰、許文彬、古嘉諄、顧立雄、羅秉成之外，又加進了尤伯祥與葉建廷兩位。其間有幾件事情，值得在這裡更新補充。

蘇案最關鍵的證據，是刑事鑑識專家李昌鈺所做的現場重建。他的鑑定報告指出，現場牆面血液噴濺完整，可見行兇時沒有人站在旁邊。現場空間狹小，如果有四個人揮刀猛砍，一定會不小心砍傷彼此，因此推斷兇手應該只有一人。李昌鈺推斷可能的行兇動線，與王文孝「一人犯案」的初供，細節完全相符。

蘇案的第一份無罪判決（九十二年）是一份妥協色彩濃厚的判決。對於三人是否被刑求，判決說不能確定；到底幾個人犯案、幾把兇刀，也不確定。在一團迷霧之中，「罪疑唯輕」，從輕發落罷。就形式上來看，這份判決將死刑案件逆轉改判無罪，堪稱石破天驚。從內容上來看，它採取折衷策略，無助於釐清事實。所以我寫道：「人放出來了，但真相還在坐牢。」

蘇案的第二份無罪判決（九十九年）有兩個突破。第一是認定蘇建和有被刑求。自白既是刑求所得，當然不具證據能力；這對於日後的冤獄賠償尤其重要。第二是採用李昌鈺的鑑定報告，認為應是一人犯案、一把兇刀。蘇案的第三份無罪判決（一〇一年）也持相同立場，並且更進一步地否定法醫研究所「四人犯案、四把兇刀」的鑑定報告，認為它沒有證據能力。

李昌鈺的鑑定報告，用3D電腦動畫作成短片以後，相當程度地還原了現場。刑事鑑識的門外漢看了動畫也能夠身歷其境，體會到多人犯案之不可能。直到李昌鈺的鑑定報告，蘇建和、劉秉郎、莊林勳才真正重獲清白。

李昌鈺鑑定報告解說
www.youtube.com/watch?v=2k7lU3McJMs

無罪定讞以後，蘇建和、劉秉郎、莊林勳向法院提起刑事補償的請求。四千一百七十日的冤枉，應當如何計價？依據《刑事補償法》，每日補償金額最高五千元，例如江國慶案就依五千元計算。結果高等法院裁定補償蘇建和等人每日一千二百元至一千三百元不等，理由是三人當年被羈押的時候學歷不高、收入不豐。

當年蘇建和、劉秉郎、莊林勳才十九歲，就被國家抓起來，關到牢裡去，安上一個莫須有的罪名，一關十幾年，當然無法繼續念書與工作啊！現在國家倒反過來說，你的青春不值這麼多錢。這就好像一個討厭鬼在超級市場裡，拆開一支冰棒就吃起來，店員要求他付帳，他卻說：「我只願意付半價，因為這枝冰棒已經被咬過了。」

蘇建和、劉秉郎、莊林勳的生命裡，確實留下齒痕。請問，冰棒是誰咬的？

4

蘇案關鍵性地影響了我對死刑的看法。以前只知道司法「應該」是社會正義的最後一道防線；直到蘇案，我才看見司法「實際」上不是這麼一回事。國家的刑罰，只要一不小心，就不是正義。

二十一年來，蘇建和案經歷了兩階段審理，所受待遇截然不同。第一階段是案發的八十年到八十四年死刑定讞，依照當年的法庭實務，檢察官從不到庭，法官與檢察官角色模糊難辨，理應中立的裁判者，往往情不自禁下場扮演追訴者的角色，予人「球員兼裁判」之譏。

第二階段是八十九年開啟再審到一〇一年無罪定讞。這時候蘇案已經是各界矚目的指標性案件，享有司法的最高規格待遇。九十一年刑事訴訟法大幅修正，更是一個分水嶺。蘇案再審以後，到庭執行公訴職務的檢察官均是一時之選。然而彈指之間，已經有兩位明星級的檢察官官司纏身。

李進誠在蘇案再審時擔任檢察官。他於九十四年榮升金管會檢查局局長，隨即涉入喧騰一時的「股市禿鷹案」。二審法院認定，李進誠放出對勁永公司不利的消息給聯合報記者高年億，導致勁永股價大跌，李進誠的友人早已放空勁永公司股票，即趁此機會低價回補。李進誠於九十七年依貪污治罪條例被判九年六個月有期徒刑，全案尚在進行。

更一與更二審的公訴檢察官是陳玉珍。一〇一年特偵組調查發現，陳玉珍檢察官以職務之便向電玩業者索賄兩千多萬，依違背職務收賄罪起訴。收押多時之後，陳玉珍一審時當庭認罪。案件還在進行中。

我常戲稱法庭旁聽是「無聊體驗營」。想像你正在看好萊塢電影的法庭戲，但是是毛片，一刀未剪，冗長、單調、焦點渙散。纏訟多年的案件大多呈現類似的樣貌：重複已經飽和，正義仍然稀薄。

只要有李進誠與陳玉珍在，法庭便稍減無聊，因為他們都頗擅長表演。否則的話，不難發現聽眾眼神呆滯空茫，視線凝結在蘇建和、劉秉郎和莊林勳的後腦勺。最長方形的頭是蘇建和，最正方形的頭是莊林勳，介於兩者之間、比較圓的頭是劉秉郎。

每一次開庭都有類似的疲憊感：這個空間裡有的是不斷重複與互相算計，「正義」的追尋所剩無多。法庭是檢辯雙方法律技術的競技場。最神聖的正義殿堂也無法避免意義的凋零，弔詭的是我們卻非如此不可。

5

立法院旁邊的濟南長老教會，是蘇案救援的一個歷史地點。他們死刑定讞以後，有好幾年的時間，所有救濟途徑輪流碰壁，司法的糾錯機制完全失靈。救援團體決定每日定點繞行，地點就選定這個古樸美麗的紅磚小教堂。聽說有時候小貓兩三隻，淒風苦雨，靜走變成苦行。最後，蘇案如願再審，救援小隊走進台灣高等法院第一法庭，光榮結束二百一十五天的靜走。

約莫十年以後，蘇案又在濟南長老教會辦活動。小小的露天廣場，溫暖的音樂與燈光，竟然來了一百多人。高中生穿著制服來，圍著蘇建和、劉秉郎、莊林勳；上了年紀的老先生坐在板凳上，不離不棄，直到最後。椰子樹高高撐起，在風裡搖曳，沙沙作響。我真希望當年那堅持靜走的兩三隻小貓能夠知道，現在隨便就叫來一百多人了。

救援團體帶著他們三人從最南到最北，最後剪成的短片再怎麼陽春也令我激動，那些路上隨便一句「你就是那個蘇建和喔？加油！」都多麼珍貴。忘記是哪一年，台北捷運初通車，蘇建和他們三個還在牢裡，最大願望是想坐捷運。於是我們帶著他們的人形立牌去坐捷運。我們在捷運上分發文宣，一位乘客接過以後，憤怒退還：「我才不要拿，你們都替兇手講話！」

曾經，他們不在，他們只是三個紙板。曾經，我們努力解釋，人家也不要聽。現在，蘇建和可以有模有樣地談法律了，有一回收到他的email，署名只簽個「蘇」，我乍看以為那是蘇友辰律師寫來的，細看才知是蘇建和。劉秉郎被問到如果沒有出境限制要去哪裡玩，他說沒有想去哪裡，「我們三個都一樣，自從出來以後，我們都很想回家。即使只是幾天而已，我很快就覺得，好想回家喔。」莊林勳得努力才能把下垂的嘴角往上揚。救援團體的人說，這一趟從南到北好累，可是帶莊林勳走出來，他改變很多，單單這個部分就值得了。

我知道誰不在：盧正不在，江國慶不在，鄭性澤不在，邱和順不在，徐自強不在……只看蘇建和案，覺得他們三人倒楣到不行；再看別的冤案，曾羨慕蘇建和他們三個怎麼那麼幸運。

用過去的記憶比對著現在的進步。那或許就可以滋養自己，不再多問什麼而繼續頑鬥下去。做就是了，看有什麼把戲什麼招數都使出來，就是，頑鬥到底。

每一次重複都有嶄新的意義，引領你向神靠近一步又一步。

——甘地

第一章——

跳過他自己

輓聯白中帶黑猶如他黃昏了的膚色
歌，僅僅
唱了一半便夜了

——洛夫

星期一早晨是憂鬱的，即使春天也沒有辦法化解。

週末的輕鬆已經結束了，世界又變回那個急急忙忙、張牙舞爪的樣子。星期一早晨，人人門口蹲著一隻惡犬，每個人都好想賴在房裡不要出去。在汐止小鎮，星期一早晨，人潮車潮向周邊的大都會輻射出去，公車族嘟著嘴掏出車票，開車族坐上駕駛座，臉上還印著睡痕。

真正的惡事已經發生了，就在吳銘漢與葉盈蘭緊鎖的房間裡。

吳唐接是吳銘漢的大哥，兩家住在同一個社區。吳唐接是台北監獄的犯罪矯治員，吳銘漢任職於建設公司。兄弟兩人一般高，長得也很像。這一天，吳唐接一早就去上班了，吳銘漢卻沒有踏出房門一步。

「二弟家裡出事了，你趕快回來！」接到太太打來幾近語無倫次的電話，吳唐接心慌意亂攔了一輛計程車，和所有汐止居民反方向，一路飛馳回家。社區外面圍滿了人，大家議論紛紛。所有人都來晚了一步，吳銘漢與葉盈蘭像兩株被砍倒的樹木，刀斧鑿痕處，年輪顯露出來。

吳銘漢三十六歲，葉盈蘭也是三十六歲。吳唐接看著倒在地上的弟弟與弟媳，體無完膚。他不敢昏倒，也不敢崩潰。媽媽已經七十幾歲了，她怎麼辦？弟弟的女兒才七歲，兒子才六歲，他們怎麼辦？

做大哥的吳唐接將擔子一肩扛起。他現在已經想不起來，當初怎麼那麼三頭六臂，做了那麼多事情。現場是他去清理的，弟弟與弟媳的血，是他跪在地上一點一點擦掉的。牆上血跡斑斑，像水彩。

說是想不起來，可是卻也忘不掉。

吳銘漢家族世居汐止。此地舊名「水返腳」，漲潮時，水勢自大海一路逆流，到此平息。吳銘漢比吳唐接小四歲，他們的父親赤手空拳養活全家，母親管他們很嚴。所以他們兄弟沒空調皮或打架，都在賺錢貼補家用。

吳銘漢高中時就在同學父親開的建設公司裡打工。同學的父親很欣賞他，吳銘漢退伍以後，就正式來上班。他很認真，做事有原則，堅持一切依照合約。公司裡有些新進人員老想偷工減料，吳銘漢很生氣，因此向公司請辭。他說：「我再這樣做下去的話會對不起公司。我們按照合約來，至少有正常的利潤，可是偷工減料的話，到時候驗收沒辦法通過，公司就得虧本重做。」

公司不讓他走，折衷的結果是准他兩個月的假。另外一個同學在南山人壽當業務員，對吳銘漢說：「那你來試試看吧，不然你兩個月的假要幹嘛？」他覺得也對，如果保險這條路走得通的話，不如就換條跑道吧。

結果他沒有回到建設公司，也沒有再去南山人壽；那天早晨，他沒有再踏出房門一步。吳唐接再看到他的時候，他的面容已經難以辨認。

從這一天開始，汐止不再是潮汐平息之處，而是靈魂磨難的起始點。

案子遲遲未破，兩人的遺體暫時冰存在殯儀館。吳唐接常常跑警察局，常常想該如何為吳銘漢夫妻討個公道，如何安頓他們的小孩，如何照顧年邁的母親。

他想很多，唯獨漏掉一個人，就是他自己。

他按照習俗，去求神問卜、去牽亡魂。來的是弟媳葉盈蘭，她的語氣有點哀傷，對吳唐接說：「大伯，我們要入土為安，案子才會破。」吳唐接立刻請人看日子，將他們夫妻葬在汐止公墓。家族裡所有的人都到齊了，只有他們的母親吳唐糖缺席，因為依照習俗，白髮人不能送黑髮人。

不明不白被人殺害，吳銘漢與葉盈蘭死得好冤啊。親友心中憤憤不平又依依不捨，然而又都按捺著心裡的痛楚，祝願兩人在此長眠，永遠安息。

一個禮拜以後，吳唐接又接到電話：「兇手抓到了。」

兇手叫王文孝，才二十出頭，是現役軍人。他起先承認獨自犯下這起血案，後來才供出其他的共犯。他說他弟弟王文忠幫忙把風，弟弟的朋友蘇建和、劉秉郎、莊林勳和他一起動手殺人。

軍法速審速結，五個月以後，王文孝就被槍決了，王文忠也依「加重竊盜未遂」的罪名，判處兩年八個月的徒刑。吳唐接到弟弟與弟媳的墳前燒香，告訴他們：「總算老天有眼。主嫌已經繩之以法，他弟弟被判刑，另外三個人還在審。」

這一拖就拖了十幾年。母親更老了，孩子長大了。那三個人被判過好多次死刑，卻始終沒有執行。後來案子又再審，吳唐接便再也不休假，因為他要把所有的假，都用來上法庭。

吳唐接老了些，胖了些，頭髮少了些，心情稍微平復了些。他仍然想很多，也仍然習慣性地跳過他自己。

第二章——

惡戰的序幕

我一想到唐吉訶德如果去荷蘭，
看到那麼多風車，就覺得很可悲。
——黃國峻

劉秉郎是家裡的老么，上面有三個哥哥、四個姊姊。他們是礦工家庭，老爸最大的願望，就是家裡能出一個大學生。劉秉郎的二哥和三哥都曾經幾乎要完成這個使命，但終究擦身而過；劉秉郎接下了最後一棒，「讀大學」成為他的任務。

雖然是家裡最會讀書的小孩，但是劉秉郎還是沒自信。聯考完他說：「人家別人有栽培的才考得上，我都是自己念的，怎麼可能會考上。」可他考上了，是第三志願，成功高中。

這是「劉氏夢想」最接近完成的一刻了！大學聯考時，劉秉郎沒有考上心儀的法律系，任性決定重考。他從小就喜歡看包青天啊。二哥劉秉政大方地說聲「沒有關係」，就出錢讓他去補習。

莊林勳家則人口簡單，就他和他弟弟兩個小孩。他弟弟莊國勳身體不好，所以從小父母親就比較擔心弟弟，對於莊林勳的課業或生活稍微放任些，反正這個方頭大耳的端正少年，除了不愛唸書以外，也沒什麼大問題，就是挺簡單挺開心的一個人。

國中時，劉秉郎一家從汐止搬到七堵來，劉莊兩家變成鄰居，劉秉郎跟莊林勳很快便玩在一起，兩位母親也就熟起來了。後來莊林勳一家搬到基隆，兩人還是常常聯絡。

當劉媽媽與莊媽媽一同踏入蘇友辰律師辦公室的時候，兩人背上都馱著過量的憂愁。警察到家裡來抓人的時候，兩位媽媽根本搞不清楚這是怎麼一回事，只是憑著母親素樸的直覺，知道一定是搞錯了。她們以為去警察局問清楚就沒事了。結果孩子一直沒回來，電視上卻宣布破案了。

蘇友辰律師讀著兩位母親帶來的剪報資料，眉頭也跟著鎖起來。蘇律師當過一年書記官，三年檢察官與六年多的法官；他始終有著公務員式的嚴謹與正直，也一向珍惜令譽，慎選案件。報上說這樁血案不僅奪去兩條人命，還殘忍地猛砍數十刀，遇害的吳銘漢、葉盈蘭夫妻身後留下年邁的老母，與稚弱的一雙兒女。這樣泯滅人性的兇嫌，可以幫他辯護嗎？蘇友辰律師搖頭。「這種案子，太殘忍了，我不能接。」

莊媽媽大哭著下跪。她開美容院，是豪爽老闆娘那一類型的，大開大闔的女人。她的聲音原本就低沉，這幾天哭得更是沙啞破碎。那天，莊林勳聽到窗下有人喊他，下樓查看，就沒再回來。莊媽媽連對方是誰都不知道，跑了基隆市好幾個派出所，大家都說沒有抓他兒子。後來想起來那兩聲「阿勳」好像是劉秉郎的聲音？她打電話給劉媽媽，才知道兒子在汐止分局。

劉媽媽纖瘦、害羞，連為兒子喊冤都喊得十分內斂，滿腹委屈。她掏出一封信給蘇律師，那是士林看守所寄來的通知，簡短而冰冷：

受文者：劉張阿桃女士

主旨：本所在押被告劉秉郎自本月十六日起禁止接見及通信，請查照。

她不識字。別人向她解釋了信的內容，她還是不明白，不明白。但那是她手上僅有的資料了，她小心翼翼交給蘇律師，好像那是營救兒子的一枚關鍵信物，或者一句通關密語。她流著淚，一再向蘇律師保證兒子不會做壞事。

兩位母親看起來善良、平凡，蘇律師心裡天人交戰。在法界這麼多年，警察刑求逼供的事情，確實時有所聞。莫非這兩個才十八、九歲的孩子，真的因為不堪刑求，而承認了莫須有的罪名？但那可是滔天大罪啊！現場血流成河，光看報紙的描述都能感受到那種淒切慘況。萬一他們真的是殺人兇手呢？

案件還在偵查階段，相關的證物與資料都是不公開的，委任律師也看不到。究竟他們有沒有作案？警察有沒有刑求？蘇友辰心裡浮現許多問號。

蘇律師決定有條件接受委任。他願意先與劉秉郎、莊林勳見個面談一談，瞭解一下案情；如果發現劉秉郎、莊林勳確實有參與作案，就立即解除委任。

就這樣，執業十年以來，蘇律師第一次接下死刑案件。

除了莊林勳以外，劉秉郎還有兩個從小玩到大的好朋友，就是蘇建和與王文忠。他們小時候都住在汐止。

王文忠小時候爸媽就離婚了，哥哥王文孝跟爸爸住在雲林，王文忠跟媽媽、繼父住在汐止。王文忠跟哥哥一北一南，兩人的成長歷程沒有太多交集，也缺乏那種穿同一條褲子長大的兄弟情誼。王文忠對哥哥的事情所知無多，只知道他有時嗑藥，跟爸爸不和，當時正在海軍陸戰隊服役，休假時會北上來汐止暫住，常常跟媽媽要錢。

王文忠家對面就住著吳銘漢與葉盈蘭。三月二十四日早晨，吳銘漢的女兒發現爸媽沒有出門上班，而且房門打不開，門下塞了一條毛巾有血跡，直覺不對勁，打電話請住在附近的伯母過來。當員警獲報趕到現場時，小女孩在現場哭泣，小男孩則傻楞楞地發著呆。吳銘漢夫妻已經氣絕身亡。

突如其來的雙屍命案，令汐止分局的員警承受了雷霆萬鈞的壓力。刑事局的鑑識人員到現場蒐證，發現了一枚血指紋。警察得知住在吳宅對門的王文忠在案發後不久就去當兵了，但是經過比對，指紋不是他的。後來警察發現王文忠還有個哥哥王文孝，把指紋檔調出來一看，賓果！汐止分局員警火速通知海軍陸戰隊軍法組，逮捕了王文孝，將近半年的偵查功不唐捐。

但是，但是，還沒完。吳銘漢與葉盈蘭被殺得太慘了，兩人總共身中七十九刀。即使時隔四個多月，第一線的刑警們仍然記得現場濃重的血腥味，綻開的皮肉，截斷的手指頭。一定有共犯吧，否則一個人怎麼能殺兩個人？一定有共犯吧，否則一個人怎麼能殺這麼多刀？

去問王文孝。台北士林地院檢察官崔紀鎮訊問時，王文孝說只有他一人犯案[1]。警方帶他回到命案現場表演，並且根據他的供述，在頂樓的水塔下方找到了警棍一支、一個女用小皮包與一串鑰匙。王文孝說，他在八十年二月間就曾潛入吳家偷東西[2]。

但是入夜以後，警方「深入」偵訊，王文孝卻改口說，他與弟弟王文忠的三個朋友，共五個人一起出去玩，到二十四日清晨因為缺錢，大家決定一同犯案。於是王文忠把風，他夥同「長腳」、「黑點」、「黑仔」一起進去搜刮財物，並亂刀將吳銘漢夫妻砍死。至於「長腳」、「黑點」與「黑仔」的真名，他不知道，得問王文忠[3]。

王文忠那時已經在陸軍步兵學校服役。警察南下高雄逮捕他，他否認涉案，警察換個方式問：「那三月二十三號那天，你跟什麼人在一起？」他回想了一下，說出蘇建和、劉秉郎。但警察堅持：還有一個，一定還有一個。王文忠想，如果他跟蘇建和、劉秉郎一起出去玩，那還會找誰呢？喔，劉秉郎有個鄰居，只見過幾次面，好像叫做阿勳吧。

到汐止分局「深入」偵訊後，王文忠也承認涉案。警察滿意了。蘇建和長得瘦瘦高高像根竹竿，他就是「長腳」。莊林勳黑得像煤球，他就是「黑點」。剩下劉秉郎，那一定是「黑仔」了。

劉秉郎到案以後，才發現他一點也不黑。他很白。

不過，幾個小時的偵訊之後，莊林勳與劉秉郎都承認了。有了自白，黑白問題就拋在腦後吧。汐止分局發布消息，破案了！

「不該縱放兇手，也不該錯殺無辜。」蘇律師懷著一定程度的戒心，到士林看守所接見劉秉郎與莊林勳，渴望找到真相。

被捕以後收押禁見，劉秉郎第一個見到的人，就是蘇友辰律師。劉秉郎說，他是被警察刑求才簽下不實的自白。蘇律師雙眼銳利地盯著這個年輕人，手底下潦草地記下要點：「有哀叫有呼救，沒有用，要你死。」「他們寫好筆錄，要我簽字否則就再毆打刑求，因很痛苦，如果這樣死了，就沒機會申冤，不如先簽字，而後再申冤。」

莊林勳比較木訥，不善表達。他對蘇律師的第一印象是很誠懇。他告訴蘇律師，他是無辜的，不知道王文忠為什麼要咬他；警察逮捕他的時候並沒有向他的家人出示拘票，到了分局裡又被刑求，不得已只好承認涉案。

莊林勳說，警察一直逼問他：「開山刀在哪裡？」可是沒去作案，哪來的開山刀？他靈機一動，謊稱兇刀藏在家裡衣櫥與牆壁的縫隙裡。他想，這樣一來可以緩和警察的逼供，二來，又可以讓家人知道他被抓了。那晚聽到劉秉郎的叫喚就一去不歸，他一直擔心著家人的擔心。員警張中政與李秉儒聞言心喜，漏夜前去。這個謊確實為莊林勳換來了一、兩小時的安寧。然後兩位警察回到分局裡來，臉色挺難看，因為沒有開山刀。張中政手心攤開，幾個銅板叮叮噹噹跌在桌上。李秉儒坐下來繼續為莊林勳做筆錄：「……我將贓款花了剩二十四元，現已帶同警方在我家取回了。」

沒有拘票就抓人，那是違法逮捕。沒有搜索票就進入民宅翻箱倒櫃，那是違法搜索。蘇律師皺起眉頭想，假如警察辦案這般漫不經心，程序上一再出現重大的違誤，刑求的可能性便大增。

那時候蘇友辰在法界已經二十年了。依他的經驗，他認為劉秉郎與莊林勳說話真誠、自然，才十九歲，談不上什麼社會歷練，也沒有坐過牢，不像有能力編出這麼一個漫天大謊。會說謊脫罪的，通常是老練的罪犯，不是這種菜鳥。劉秉郎寫了一封信給蘇律師，對三月二十三日晚上的夜遊行程，說得很清楚，很詳細。

蘇友辰一絲不苟地將這封信存檔，連信封一起收在卷宗裡。十九歲的劉秉郎字跡稚嫩，信封上有點傻氣地寫著：「蘇律師先生收」。

他們對行蹤的交代彼此相符。莊林勳說那天沒有跟他們一起玩，根本不認識王文孝。劉秉郎所寫的夜遊行程，也說莊林勳那天確實沒跟他們在一起。

民國八十年九月三日，蘇友辰律師第一次為蘇案提出辯護狀。那時候他還不知道，他接下的第一宗死刑官司，將一直打到下一個世紀；他還不知道，這個案子將全面進占他的生活，他將忘記自己的結婚紀念日，忘記自己與太太、女兒的生日，但記得這案子的每一個重要日期。他還不知道，他將成為此案的代言人，而此案將成為他的代表作。他還不知道，此案將成為家喻戶曉的「蘇案」，成為台灣司法史上不可忽略的案例。

他更不會知道，十幾年後，辯方的抗辯主軸仍然是他在第一份辯護狀裡就提出的這些論點：不在場證明、刑求抗辯、違法逮捕、違法搜索。

那時候蘇律師不太喜歡接刑案，在看守所裡沒有什麼名聲，劉秉郎向獄友打聽，大家都搖頭說沒聽過，不清楚。蘇建和這邊則請傅雲欽律師為他辯護。兩位律師都很認真，但是檢察官還是起訴了，對他們三人，每人求處兩個死刑。

檢方認為，他們五人因為缺錢，所以決定進入吳家行竊，由王文忠在外把風，蘇建和、劉秉郎、莊林勳分持開山刀、水果刀與警棍，王文孝則從吳家的廚房順手拿了一把菜刀。他們以刀械押住吳銘漢與葉盈蘭後搜刮財物，臨時起意輪姦葉盈蘭，然後合力將兩人亂刀砍死。為了掩飾輪姦的罪行，他們為葉盈蘭換了一件睡衣，並輪流在浴室裡清洗，然後才離開。檢方掌握的證據除了自白之外，還包括這些物證：從莊林勳家裡找到的贓款二十四元硬幣，在頂樓水塔底下找到的一串鑰匙。至於兇器菜刀與警棍，已經被軍方扣押，所以檢察官這邊只有照片[4]。

檢方至少遺漏了兩個重要的物證沒有查。第一是王文孝的指紋鑑定書。王文孝的指紋是汐止警方偵破本案的最重要關鍵，可是檢方沒有去要這份鑑定書。第二是崔紀鎮檢察官到血案現場勘驗時，已經知道菜刀上黏著一根毛髮[5]，可是他卻沒有追查這根毛髮是誰的。

劉秉郎接受獄友的推薦，追加委任當時打重大刑案很有名的徐南城律師。一審的受命法官是湯美玉，剛從民事庭調過來，第一次辦刑事案件。受命法官又稱承審法官，是實際負責調查案情的人。受命法官會先開「調查庭」，蒐集證據、訊問證人，這個階段稱為調查程序。等到受命法官認為重要證據皆已掌握，便進入審判程序，擇期開「審判庭」。開審判庭的時候，會由資深法官擔任審判長，主持審判程序的進行。此外還有一位陪席法官。一般來說，三位法官裡，只有受命法官真正瞭解案情、形成判決，另外兩位只是形式上與受命法官組成合議庭。最後的判決書，通常也是由受命法官執筆。這是當年司法實務上的普遍狀況。

三人被起訴以後，全案由士林地方法院負責審理。終於可以閱卷了，蘇友辰律師迫不及待地去卷宗裡尋找答案。劉秉郎、莊林勳說得沒錯，他們三人的拘票，都是在他們被捕之後的隔天，檢察官才補開的[6]。卷裡沒有搜索票，只有「刑案臨檢記錄表」[7]，但是在公共場合才叫做「臨檢」，深夜跑到人家家裡去翻箱倒櫃，怎麼可以用「臨檢記錄表」就打發過去呢？

此外，蘇建和的警訊筆錄裡，交代了三月二十三日當晚的行蹤，他也說莊林勳當晚不在場，與劉秉郎、莊林勳的說法互相吻合[8]。

但蘇律師心裡有一個最主要的疑問。「如果劉秉郎、莊林勳、蘇建和沒有參與作案的話，王文孝為什麼偏要咬他們呢？」

卷子裡有三份王文孝的筆錄。第一份筆錄是崔紀鎮檢察官偵訊的筆錄，蘇律師一看就覺得不對。依照慣例，通常警察會先偵訊嫌犯，警察問過了筆錄以後，才請檢察官來覆訊。所以應該還有一份更早的筆錄，沒有拿出來。

崔檢察官偵訊時，王文孝供稱一人犯案，對於過程有栩栩如生的描述：「我從頂樓搭蓋之違建下來，經過廚房，順手拿菜刀進入房間，我怕被發現，可以嚇對方。」「我先砍男的一刀，滑倒，女的就起來，我再砍女的，然後就亂砍，因為對方可能見過我，我怕被認出來，才殺人[9]。」

接下來兩份筆錄裡才說有共犯，並且直接指明，共犯是他弟弟王文忠與蘇建和、莊林勳、劉秉郎。蘇律師又覺得不對，因為中央日報報導說，王文孝只知道共犯的綽號是「長腳」、「黑點」、「黑仔」，而不知其真名[10]。所以中間應該還有其他幾份筆錄，沒有拿出來。

通常，有所隱瞞的人，就是做錯事情的人。蘇建和、劉秉郎、莊林勳什麼都說了，汐止警局卻「暗嵌」了一些王文孝的筆錄，沒有移送法院。

蘇律師心裡的問號，開始朝向警察飄過去。

徐南城律師辦刑案很有經驗，具狀提醒法官應該儘速調查王文孝的自白。因為王文孝是現役軍人，送交軍法審判，而軍法審判向來比一般法庭迅速。如果王文孝被軍法定讞槍決，就死無對證了。

然而，幾位辯護律師已經嗅到不尋常的氣味，好像所有事情他們都被蒙在鼓裡似的。徐南城律師聲請傳喚劉秉郎的不在場證人，可是湯美玉法官傳證人出庭時，卻不通知徐律師。湯法官開調查庭傳訊被害人家屬、訊問三名被告，也不通知辯方律師。蘇律師聲請借提王文孝、王文忠兄弟到庭與三位被告對質，可是法官毫無動靜。徐律師火了，上個措辭嚴厲的書狀，要求法官尊重法律對被告的保障，也尊重辯護律師到場辯護與詰問的權利。於是好吧，湯美玉法官傳訊莊林勳的不在場證人時，終於記得通知律師了。

湯法官決定要聽聽本案關鍵人物王文孝、王文忠兄弟的說法，那時他們兩人分別被收押在高雄的陸戰隊看守所與海軍看守所。辯方只有傅雲欽律師能夠南下。

王文孝仍然堅稱蘇建和等三人「一樣罪有應得」[11]，但王文忠的證詞卻出現大逆轉。王文忠對湯法官說，他沒有把風，蘇建和等三人也是冤枉的，他不知道他哥哥為什麼要誣賴他們。

在軍事法庭審理的時候，她曾經當庭質問王文孝為什麼要亂說有共犯？王文孝說，警察逼他供出共犯，否則就要拖他媽媽下水。湯法官問：「你的意思是說，他為了救你媽媽，所以拖你下水？」王文忠稱是，並強調那天軍事法庭有錄音為證[12]。

四天之後，王文孝就被槍決了。蘇建和、劉秉郎、莊林勳三人永遠被剝奪了對質的權利。

此後，辯護律師又再度被排除於湯美玉法官的調查之外。律師曾經要求勘驗刑案現場，湯法官去勘驗了現場，但沒有通知律師。律師曾要求傳訊劉象縉法醫，湯法官傳訊了法醫，但沒有通知律師。

在湯法官的要求下，汐止分局又交出兩份王文孝的筆錄，但都是檢察官偵訊過之後才做的筆錄，而且其中一份還有清楚的塗改痕跡，本來寫的是第「二」份筆錄，被改成第「一」份筆錄[13]。這更坐實了律師們的懷疑：一定還有一份王文孝最初的筆錄，「暗嵌」在警方手裡。

崔紀鎮檢察官沒有查的物證，湯美玉法官查了。她發函汐止分局，要來了指紋鑑定書，確定血指紋是王文孝所有；汐止分局並說明：「現場僅採得犯嫌王文孝之指紋[14]。」菜刀上的那根毛髮，刑警張中政出庭作證時指出，經化驗確定是被害人的頭髮。此外，湯法官還將莊林勳家找到的二十四元硬幣送去化驗，結果沒有血跡反應[15]。

王文孝是真兇，這點檢辯雙方都沒有疑問。他的指紋留在現場，而且他說他以菜刀行兇，與現場跡證也吻合。可是蘇建和、劉秉郎或莊林勳是共犯嗎？沒有任何物證與他們有關；從莊林勳家裡找到的硬幣，又不能證明與命案有關。

沒有證據，只有自白。

他們的自白拼湊成一個駭人聽聞的恐怖犯罪。他們當著吳銘漢的面輪姦葉盈蘭，吳銘漢出聲，就砍吳銘漢，葉盈蘭出聲，又砍葉盈蘭。這樣邊姦邊殺，最後因為怕被認出來，所以亂刀將兩人砍死，再好整以暇地輪流洗澡，然後離開。

「邊姦邊殺」，實在匪夷所思。俗話說「細漢偷挽瓠，大漢偷牽牛」，大部分的壞人都是從情節輕微的小罪開始，然後漸漸練習、累積，終於犯下重罪。蘇建和等三人都沒有前科，他們做得出這等罪大惡極的事嗎？

他們的自白是如此破碎，若非前後矛盾，就是與事實不符[16]。例如莊林勳起先說，王文孝叫他先下樓把車子準備好[17]，後來卻說四人一起下樓[18]。王文忠起先說在四樓門口把風[19]，後來又改口說在一樓大門[20]。劉秉郎說王文孝「拿了一包用報紙包的東西下來，打開後裡面是開山刀三把、菜刀一把[21]」，可是菜刀明明是被害人家裡的東西，不是王文孝預先準備的。

每個人的認罪自白又是互相矛盾的。蘇律師做了一份自白對照表，以凸顯其中的諸多不合理，譬如說，王文孝說蘇建和拿開山刀，劉秉郎拿水果刀，莊林勳拿警棍，而他自己拿被害人家裡的菜刀。可是蘇建和、劉秉郎、莊林勳卻說菜刀是蘇建和拿的，王文孝、劉秉郎、莊林勳都拿開山刀。

但開山刀是大刀，水果刀是小刀，警棍根本不是刀；五人聯袂行兇，對凶器的記憶卻有那麼大的歧異，實在不合理。

又例如，王文孝說共搶得六千元與四枚金戒指，戒指由王文孝拿去典當。莊林勳卻說搶了十幾萬，還有一些金飾，而他自己只分到五百元與一些零錢。劉秉郎說搶到金幣四枚、金項鍊兩條、金戒指三只、玉手鐲兩個，他自己分到五百五十元。蘇建和則說不知道搶到多少，他什麼也沒分到。

但是他們既然因為缺錢起意偷竊，那麼分贓就是很重要的事情，何況三人與王文孝並不熟識，沒有道理幫著他偷、搶、殺人，然後不求回報地離開。

王文孝說他殺了人以後，把菜刀洗一洗放回去，但蘇建和卻自白說菜刀是他洗的。莊林勳自白說他們去王文孝家把血衣換下，但劉秉郎卻自白說是去蘇建和家把血衣換下。關於輪姦的先後順序，供述也不一致。

他們「認罪」的時間很短。劉秉郎最早翻供，崔檢察官來到汐止分局覆訊的時候，他就否認涉案[22]。蘇建和與莊林勳則是一離開警局以後就喊冤，檢察官提訊時向檢察官喊冤[23]；軍事檢察官借訊時向軍事檢察官喊冤[24]；法官訊問時向法官喊冤[25]……。

可是所有人都說：「那你們一開始為什麼要承認？」

一審只開了兩次審判庭，蘇建和的父親蘇春長都親自到場。他們父子長得很像，有著長長的頭型、瘦可見骨的臉頰，野草一般細瘦又微微彎曲的身子，與鋼鐵一般的意志。

蘇春長在鐵工廠當過黑手，開過計程車，後來則開自助餐店、賣便當為生。他們父子感情很好。蘇建和國中畢業那一年，父親載他去工廠實習。在路上，父親宣布：「小時候，你不乖的話我都用打的，但現在你已經長大了，以後我不會再打你了。你要為你自己負責。人生很多事情都不如意，你面對挫折要勇敢，不要畏縮，遇到不如意的事情不要覺得不幸，要想：那是你的命。」

蘇春長低調地、和氣地說著自己的人生體悟，送給兒子當作成年禮，其實也不知道這毛頭小子到底聽進去幾分。轉眼間，蘇建和從木柵高工順利畢業，等著去當兵。那一天，蘇建和手上提著兩袋便當正要跨上機車去外送，四名警察如潮水一般湧上來，他的人生從此擱淺。回想起來，父親的人生哲學竟似預言。

「那是你的命。」十幾年來，他一直玩味著這句話。

後來蘇建和總是淡淡笑著說：「我的人生不是大好就是大壞。先遇上大壞人害我冤枉坐牢，後遇上大好人救我、為我平反。」

當年的筆錄相當簡略。那時電腦還不普及，書記官的字跡龍飛鳳舞，往往只簡要記載法庭上的對話。第二次審判庭的筆錄裡記載，蘇建和最後陳述的時候說：「副局長也向我說要合作一點。」蘇建和沒說的是：「我本來以為他是大好人，結果是個大壞人。」

副局長？他是誰？簡簡單單這麼一筆，副局長之謎就懸疑了十二年。

宣判了。蘇建和、劉秉郎、莊林勳三人，強劫強姦，死刑。連續殺人，死刑。判決書上指出，本案的凶器開山刀與水果刀，都是王文孝所有，所以「在未證明其滅失前……依法宣告沒收。」

蘇友辰律師氣壞了。他在上訴狀裡痛斥：「此種違法裁判，以三條冤魂抵償兩條人命，不但吳銘漢夫婦死得不瞑目，被告如不幸走上黃泉之路，化作厲鬼也要向刑求逼供冤獄鑄造者索命。」蘇律師忍不住嘲笑法官，竟然可以將從未尋獲的開山刀、水果刀諭知「沒收」！

判決裡「宣告沒收」的那段話，最早見於軍事檢察官的起訴書。軍事檢察官杜傳榮起訴王文孝、王文忠的時候，本案的全貌還不明朗，蘇建和等人涉案的部分，尚由汐止分局調查中，所以杜檢察官這樣寫，不無理由。這段話隨後被抄進軍事法庭的判決書裡，軍事法庭寄了一份給士林地院參考[26]。

但湯法官把它直接抄進一審的判決書裡卻顯得荒謬，因為當一審判決的時候，王文孝已經定讞槍決，王文忠也已經判決確定；汐止分局、士林地檢署對本案的調查都已經結束。已經沒有別人在調查這個案子了，除了湯法官自己。開山刀與水果刀明明就沒有找到，要從何沒收起？

死刑判決對於看守所裡的三名少年是個過大的驚嚇，可是對於蘇友辰這樣資深的法界老兵，卻是一場惡戰的序幕。蘇律師判斷，一審在缺乏物證的狀況下，完全以自白為主，就判了死刑，二審、三審很可能會延續一審的採證，最後死刑定讞。蘇友辰知道，他不可能一個人搖撼整個體制，他需要戰友，而且不只是法庭內的戰友，更是法庭外的戰友。

蘇友辰力勸莊媽媽追聘許文彬律師。兩位律師在此之前並無私人交情，但互相慕名已久。許律師十分阿莎力，一口答應下來。蘇建和這邊，則委任余枝雄與盧國勳律師。

劉秉郎又跟獄友打聽。大家一聽就跳起來了：「許文彬！就是華定國那個律師嘛！」

那是一個很奇怪的案子：華定國的母親被殺死，華定國的養女手持沾有血跡的菜刀，身穿沾有血跡的襯衫。她起先認罪，後來翻供說人不是她殺的，是華定國殺了自己的母親以後，逼她穿上血衣、拿著兇刀，要她頂罪。華定國被高等法院判了十次死刑，第十一次更審的時候，找上許文彬律師。許律師一接手，就大逆轉改判無罪。檢察官上訴又發回，總共判了七次無罪，第十八次更審的時候，折衷改判無期徒刑定讞。雖然結果不盡如人意，但許文彬律師為死刑犯平反的名聲從此不脛而走。

有新律師加入辯護，獄中的三人打起精神來，繼續與自己的「自白」搏鬥。

01 台北地方法院士林分院檢察署八十年相字第二三四號（以下稱相驗卷），頁四九，八十年八月十四日筆錄。

02 相驗卷，頁四九，八十年八月十四日筆錄。

03 王文孝的第二份警訊筆錄，見台北地方法院士林分院八十年重訴字第三三號（以下稱一審卷），頁二〇五至二〇八，八十年八月十五日筆錄。

04 台北地方法院士林分院檢察署八十年偵字第六四三一號（以下稱偵查卷），頁一〇一，一〇二。

05 相驗卷，頁六。

06 劉秉郎的拘票見偵查卷，頁三十；莊林勳的拘票見同卷頁三一。

07 偵查卷，頁二七。

08 偵查卷，頁二四至二七。

09 相驗卷，頁四八。

10 八十年八月十七日中央日報第十一版，記者戚玉麟報導。

11 一審卷，頁一八六，八十一年一月七日筆錄。

12 一審卷，頁一九 ，八十一年一月七日筆錄。

13 一審卷，頁二〇八。

14 一審卷，頁一〇七，一〇八。

15 一審卷，頁二三二。

16 偵查卷，頁一至三，士林分院檢察署刑案資料查註紀錄表。

17 偵查卷，頁一三，八十年八月十六日筆錄。

18 偵查卷，頁一六，八十年八月十六日筆錄。

19 偵查卷，頁九，八十年八月十五日筆錄。

20 偵查卷，頁十，八十年八月十六日筆錄。

21 偵查卷，頁一八，八十年八月十六日筆錄。

22 偵查卷，頁三六，三七，八十年八月十六日筆錄。

23 偵查卷，頁七五，七六，八十年八月二十一日筆錄。

24 海軍陸戰隊九十九師八十年偵字第一二八號（以下稱海軍偵查卷），頁五四至五九，八十年八月二十日筆錄。

25 一審卷，頁一一，一二，八十年十月十一日筆錄；頁一一四至一一九，八十年十二月十二日筆錄。

26 一審卷，頁九七至一〇一。

第三章

黑洞隨便說

你哭著在地球儀上尋找航路
而眼淚泣不出你巴望的款式

——沙牧

二審的受命法官是林鄉誠。蘇友辰律師受託上了一個很特別的訴狀，請求法院考慮請楊日松法醫開棺驗屍。

一審判決認為王文孝、蘇建和、劉秉郎、莊林勳輪姦了葉盈蘭。但當初負責驗屍的劉象縉法醫並沒有採集檢體，在驗斷書上還記載著「下體無故」。認定他們輪姦的唯一證據，仍然是自白。

蘇律師在訴狀裡替他們表達了感受：「如因被冤判處死，被告寧可背負『強劫殺人』罪名，而不願背負『強劫強姦』莫須有罪名赴死。」「辯護人認為屍體應已腐爛，無從進一步檢驗，但被告並不死心，仍要求試試看，不得已一併提出聲請。如事實尚有可能檢驗，請求給被告求證之機會，以免渠等死得不明不白。」

這個心願終究沒有達成。莊林勳的高齡曾祖母、祖父、祖母與父親、母親，覺得再也不能保持沉默，憂心忡忡地向法院遞了一份陳情書，再次強調莊林勳是冤枉的，懇求法院積極調查他的不在場證明。

吳銘漢的高齡母親吳唐糖，也在八十一年的母親節遞出一封陳情書，要求高等法院「依法從重量處極刑，速審速決」。這封信語氣悲切，讀來令人動容：

今為「母親節」，家家戶戶皆充滿團聚歡樂……奈我唯思憬悲懷吾兒吳銘漢、媳葉盈蘭被歹徒劉秉郎等殘殺、姦淫凄殘雙亡，殘死狀呈現於眼前，吾兒媳本為和樂溫愛美滿之家庭，為左鄰右舍極為羨慕，奈因遭劉秉郎等歹徒之殘害致家破人亡，遺下一對嗷嗷待哺之子女，致令吾悲受世間最殘痛白髮送黑髮之苦，而又年邁體弱，本可享清福，今還要撫育其遺孤，眼見稚憐孤孫，即想到吾兒媳之殘死狀，終日以淚渡日。

爾等無人性狠毒心腸，吾恨想吃其之肉，啃其骨，亦難彌補心中之恨。現是法治國家，否則定會被有正義人性之人，活活將其鞭死。吾兒媳入殮時，夫婦皆雙眼睜大如珠，冤恨眼神迫人，瞻視遺容者，無不破口大罵，如此狠毒歹徒，將其夫婦頭部、臉部砍殺得近爛，而面目全非，辨識不出何人，此案如不判處死刑，國家律典等於虛訂。

一方哭訴冤死之恨，一方哭訴冤獄之情。法官的天平該向哪裡斜？

蘇案的證據在二審階段，有幾個重要的突破。一審的時候蘇律師曾要求調閱軍事法庭的審判筆錄，但沒有下文。到了二審，高等法院向軍法單位調來此案的相關卷宗，在裡面發現了王文孝落網後的第一份自白[27]，以及伏法前的最後一份自白[28]。此外，林鄉誠法官擺出千刀萬里追的架勢，三度發出公函，汐止分局才終於交出警方對王文孝所做的第一份筆錄[29]。

二審的卷子多達五百多頁，從卷證中可以發覺林法官審理此案的態度相當認真。除了追出這些重要筆錄之外，林法官也將扣案的警棍送化驗，結果沒有血跡反應[30]。

這個案子因為涉案人身份各不同，所以偵辦單位也多頭進行。王文孝是海軍陸戰隊，所以海軍有一名軍事檢察官在處理這個案子；王文忠是陸軍，所以陸軍有一名軍事檢察官在調查；蘇建和、劉秉郎、莊林勳是老百姓，所以由汐止分局調查這個案子，然後移送士林地檢署，崔紀鎮檢察官著手偵查；起訴以後全案由士林地院審理，調查工作又由湯美玉法官接手。

王文孝是本案的關鍵人物，從軍審卷裡可以看出王文孝「炙手可熱」的情形，每個單位都要向海軍「借」王文孝來問一問。所以算一算，王文孝一共做了二十份筆錄。

二審追出來的這三份筆錄都非常關鍵。依時間先後順序來看，王文孝落網後，軍事檢察官杜傳榮訊問，他說一人犯案。崔紀鎮檢察官訊問，他也說一人犯案。

到了夜裡，汐止警察偵訊王文孝，做了第一份警訊筆錄，他便承認有共犯，他們是王文忠、「黑點」、「黑仔」，和「謝廣惠」。汐止警方繼續訊問，做第二份筆錄，共犯名單變成王文忠、「黑點」、「黑仔」和「長腳」。「謝廣惠」不見了。然後是第三份筆錄，王文孝說「長腳」就是蘇建和。

這個自白變遷的歷程十分可疑。為什麼王文孝一落到警方手上就突然改口了？如果他良心發現，願意老實說出共犯，那為什麼每次講的共犯都不一樣呢？「謝廣惠」不是個很常見的名字，王文孝似乎不太可能信口胡謅，是否確有其人？

「謝廣惠」的出現與消失，都很難解釋。通常警方在偵查告一段落後，會將所有資料集結成卷，移交給地檢署，但汐止分局卻沒有把這份怪筆錄移送地檢署。一審湯法官要求汐止分局交出王文孝筆錄，汐止分局只交了第二份與第三份，而且把第二份竄改為第一份。直到辯護律師與高等法院緊追不捨，警方才十分不情願地拿出來。

一審時，王文忠說，是因為汐止警方威脅王文孝要拖他媽媽下水，所以王文孝才承認有共犯。湯美玉法官顯然不相信王文忠這番話，仍然做出死刑判決。但是軍審卷裡卻赫然出現王文孝母親唐廖秀的筆錄[31]。原來汐止警方確實曾經把王文孝的母親請到警局去，而這份筆錄不早不晚，就出現在王文孝改口的關鍵時刻。

在唐廖秀做筆錄之前，王文孝都說一人犯案。唐廖秀做過筆錄以後，王文孝就承認多人犯案了。

當然，這份唐廖秀筆錄，汐止分局又「忘記」送給地檢署了。

把王文孝的二十份筆錄一字排開，所產生的困惑比能得到的解答還要多。他的自白幾乎沒有一致性可言。就拿輪姦一事來說吧，王文孝「一人犯案」的自白裡說他由偷變搶，進而殺人；沒有提到性侵害。但莊林勳、劉秉郎被捕以後，在自口中承認四人輪姦，軍事檢察官據以訊問王文孝，王文孝仍然否認：「不知道為何他們三人會這樣說。」汐止分局二度借提王文孝，在第四份警訊筆錄裡，王文孝終於承認帶頭輪姦。崔紀鎮檢察官到汐止分局去訊問他，他也承認輪姦。然後汐止分局把王文孝還給海軍陸戰隊，軍事檢察官問他到底有沒有強姦，他又說沒有，「因為同案的劉秉郎、莊林勳都說有，我想辯解也無從說起，不得以便依據二人之供詞供認強姦葉盈蘭，況我想有無強姦大概對案情也沒什麼大的影響了。」軍事檢察官杜傳榮說：「為何現在否認強姦葉盈蘭？」王文孝說：「怕在警局被修理，因此承認，現在我感覺較安全，因此才說實話，真的沒強姦葉盈蘭。」陸軍的黃俊仁檢察官借訊時，王文孝也說沒有強姦。

只要在汐止分局，王文孝就承認輪姦，回到海軍陸戰隊看守所，就否認。怪的是軍事檢察官第五度訊問他時，他又承認了，並且說先前之所以不承認，是因為心裡害怕的緣故。杜檢察官說：「為何現在承認？」王文孝說：「覺得與案情已無影響，無隱瞞之必要。」

四個多月以後，一審法官湯美玉親自南下借訊王文孝，他又說沒有強姦。湯法官問他為何在警局與軍法官面前承認，他說：「警察局逼供的。檢察官說警察局承認了這裡也要承認。」

最後，王文孝被槍決前的遺言還是否認強姦。

自從承認有共犯之後，王文孝的供詞也不斷自相矛盾。例如共犯是誰，前後不一致；幾點進去作案的，前後不一致；除了菜刀以外的刀器是誰準備的，前後不一致；分贓怎麼分，前後也不一致。

事實上，誰是「黑仔」、誰是「黑點」，王文孝自己也搞不清楚。八月十七日的偵查筆錄，杜傳榮訊問時說劉秉郎是「黑點」，莊林勳是「黑仔」[32]，王文孝並未更正；八月二十日卻說莊林勳是「黑點」[33]。湯美玉法官訊問時，他又改口了：「『黑仔』指劉秉郎，『黑點』是隨便說的[34]。」

王文孝落網後，最初供稱「一人犯案」，並且比較合理地交代了行兇的經過。杜傳榮檢察官第一次偵訊王文孝時，他說他因為打賭博性電玩，欠了部隊附近的雜貨店三萬兩千五百元，那天夜裡想到這筆債務，心煩睡不著，到頂樓乘涼。恰好看到隔壁吳銘漢家的頂樓加蓋房門沒有鎖，所以想進去偷錢。他從頂樓侵入，經過廚房時，拿把菜刀自衛。進主臥室翻找東西的時候，吳銘漢醒來問他幹什麼，他一時心慌就往他身上亂砍，葉盈蘭亦驚醒，他也下手砍殺。兩人倒地後，他在衣櫃的抽屜裡找到六千元。他把行兇的菜刀洗了洗，放回廚房，然後循原路回自己家。沒有共犯[35]。

這一份筆錄應該是很重要的。軍方的記錄顯示，他們在八月十三日夜裡十一點多接到汐止分局的電話，說王文孝涉嫌殺害吳銘漢、葉盈蘭夫婦，並在現場留下一枚血指紋[36]。軍方查了王文孝的休假記錄，發現那天他確實不在營區，因此將他拘捕訊問，他承認了。做完筆錄以後，王文孝收押於看守所，時間是八月十四日凌晨兩點四十分。也就是說，這份筆錄的整個過程都由軍方主控，警察沒有機會以任何方式對王文孝的自白產生任何影響[37]。王文孝描述的犯案前的心情，聽起來也很真實。

一切都很對，但是這份筆錄裡卻有個非常突兀的情節，就是王文孝竟然說他因為怕留下指紋，所以回家拿了一副白手套來戴。他拿了刀，殺了人，偷了錢，然後將手套脫下，丟進吳家的馬桶裡沖掉，才離開現場。

這太詭異了。這樁雙屍命案能夠偵破的關鍵，就是因為吳銘漢的薪水袋上有一個血指紋。如果王文孝戴著白手套偷錢，那怎麼可能留下指紋？

沒有刑求、沒有威脅、沒有誘導，王文孝落網後的第一份筆錄，莫名其妙冒出一副白手套。難道他在掏錢的時候嫌手套礙事，所以脫下手套嗎？隔天軍事檢察官也發現「戴著手套作案卻留下指紋」的情節不合常理，問王文孝到底有沒有戴手套，他改口說沒有。那為什麼昨天說有呢？他說：「隨口說的[38]。」

總是如此。面對供詞的前後矛盾，王文孝總是非常乾脆地以今日之我否定昨日之我，連解釋都懶得解釋。「真相」是本案的第三位死者，被王文孝反覆無常的供詞，砍得體無完膚。

槍決前，王文孝為自己辯白：「不服判決結果，強劫殺人部分有做，強姦部分我沒有做[39]」。他以小學生一般稚拙的字跡寫給母親：「媽媽希望妳自己多注意身體健康、媽媽妳不要傷心、我很後悔作了這個案子、希望媽媽原諒我、希望來生再報答媽媽[40]。」另一份遺書寫道：「我被電玩所害，奉勸各位弟兄不要沉迷電動玩具[41]」。

臨刑前，王文孝是後悔的，但這後悔是指向他媽媽，而不是指向他所殺害的吳銘漢與葉盈蘭。他請求的是媽媽的原諒，而不是被害人的原諒。他後悔的是他因此惹媽媽傷心、不能奉養報答；而不是後悔殺了無辜的人。他為自己沒有做的犯行感到不平、不服，對於自己犯下的罪孽，卻未見愧悔。

他是個自我中心的人，非常典型。從頭到尾他想到的只有自己與母親的痛苦，甚至他打算用外在的、更大的邪惡勢力，來解釋自己的罪責——「我被電玩所害」。

對蘇建和、劉秉郎、莊林勳、以及弟弟王文忠，他沒有說一句話。他就要死了，他竟然沒有為被他冤枉的人說句公道話。

但是，他連他親手砍死的兩位被害人都不在乎了，蘇建和等人又算什麼呢？他們一來還沒死，二來就算會死，也不勞他王文孝動手。他隨口說說，然後顢頇的司法自然會為他買單。

而且，如果王文孝當初說謊誣陷，是為了保護媽媽的話，此刻他就更不可能說真話了。他就要死了，可是他媽媽還活著啊，他怎麼知道汐止警察不會報復他媽媽？他母親是他在這世上唯一的懸念。他能夠為母親做的最後一件事，就是把這個祕密帶進墳墓。

父母離異、監護權歸父親、與父親不和、對母親掛念眷戀、父母皆不識字、僅小學畢業、體格健壯、幾度因竊盜被判保護管束、有嗑藥習慣……軍方製作的「犯罪原因檢討」，這樣描述王文孝：「一、個性內向、沉默寡言。二、智能正常。三、心理正常，惟意志薄弱，致玩賭博性電動玩具成癮，積欠債務。四、體能良好。五、工作意願尚可，表現正常。」

根據卷證裡有限的資料側寫王文孝，只能以潦草的幾筆勾畫出一個黑忽忽的身影。一個黑洞式的人物，吸乾了周遭的光亮與溫暖。

蘇建和委任的余枝雄律師、盧國勳律師，都提出了一些新的觀點。吳銘漢與葉盈蘭一共被殺七十九刀，所以檢警認為兇手不只一人；但余律師在訴狀中指出：「被害人夫婦苟為被告等四人持刀押住而無抗拒之餘地，則被告等欲加以殺害，易如反掌，只需對準要害刺下幾刀即可斃命，何用在全身各處亂刺數十刀？此顯係王文孝單獨以一敵二在情急之下胡亂猛刺所造成之眾多不規則刀痕，而非被告等多人所加害。」

盧國勳律師則在訴狀裡提問：如果用以行兇的開山刀、水果刀與警棍，是王文孝事先準備好的，那麼為什麼恰好準備三件？當時王文孝在當兵，休假時才去汐止，如果他把這些刀器放在媽媽家，要藏在哪裡？他持菜刀殺了人以後，就去洗菜刀，但為何開山刀、水果刀卻不用洗？三人犯案後，把警棍還給王文孝，那為什麼開山刀與水果刀卻不還？

一切都不合乎經驗法則。盧律師寫著：「見被輪姦者號哭，滿身鮮血，旁邊又有被殺垂死之吳銘漢在掙扎中號叫，以素無惡行未滿二十歲之青少年有此『性趣』，恐佛洛伊德再世亦難理解。」最末，盧律師大膽提出他對案情的看法：「顯然是兄弟二人作案，弟任把風」。

打從一開始，警方與檢方就強烈懷疑王文孝有共犯，但是這個懷疑卻很奇妙地跳過了關係較近的王文忠，而指向與王文孝僅有幾面之緣的蘇建和、劉秉郎、莊林勳。

在偵查階段，辯方並未排除「王文孝有共犯」的可能性，蘇友辰律師在狀子裡也說過：「如王氏兄弟在分手之後，有乘機作案之情形，被告亦未參與[42]」。但盧國勳律師這個說法，是辯方第一次尖銳地提出對王文忠的懷疑。王文孝與蘇建和等人並不熟識，王文孝連他們的真名都不知道，誰叫什麼綽號也搞不清楚，要說僅有幾面之緣的人會那麼熱心協助王文孝解決債務，顯然牽強。如果兇手真的不只一人，那麼「兄弟聯手」，應該更有可能。

王文忠是王文孝的弟弟，蘇建和的國中同學，劉秉郎的小學同學；如果不是他，蘇建和等人與王文孝根本搭不上線。在被控犯案的這五個人裡面，王文忠居於人際網絡的中心位置，但檢警所認定的案情裡，他卻擔任最邊緣的把風角色。

王文忠被捕以後，在汐止分局做了兩份筆錄，崔紀鎮檢察官也做了一份。王文忠當時是軍人，所以移送基隆憲兵隊做了第四份筆錄，再移送陸軍第八軍團，做了第五份筆錄。

這五份筆錄裡面，王文忠雖有一些顛三倒四的地方，但全都承認把風，並指證蘇建和、劉秉郎、莊林勳等三人，都參與了這樁血案。由於只是把風，所以對於關鍵性的案情——誰拿什麼刀，有沒有強姦，砍殺與強姦的順序，誰去搜刮財物——他所知不多；王文忠自白的真正重點，是證實蘇建和、劉秉郎、莊林勳三人，就是王文孝所供稱的那三個綽號。

一審的湯法官訊問王文忠時，他說在警局會承認，是因為警察刑求之故。但是，王文忠翻供的時機顯然晚了許多。蘇建和與莊林勳都在一離開汐止分局以後就翻供，劉秉郎則更早，崔紀鎮檢察官來汐止分局訊問時，他就翻供了。

反觀王文忠，他做第四、第五份筆錄的時候已經離開了汐止警局，但他仍然承認自己把風、其他人由偷變搶[43]。在汐止警局時他兩度承認分贓分到一千元[44]，離開警局後則兩度強調他又把一千元還給王文孝了[45]；也就是說，離開警局以後，王文忠供詞的改變僅及於澄清自己沒有分得贓款。

軍事檢察官杜傳榮偵查之後，以「強劫殺人」與「強姦」兩罪起訴王文孝，以「加重竊盜」起訴王文忠。王文孝觸犯懲治盜匪條例是唯一死刑，但「加重竊盜」罪並不是。一直到被起訴以後，軍事法庭開庭審理，王文忠才翻供，說自己並沒有幫忙把風，「不知道為何會被我哥陷害。」王文忠的辯解沒有被軍事法庭採信，最後依「加重竊盜未遂」，判處徒刑兩年八個月。

在高院審理期間，王文忠還在服刑，林鄉誠法官兩度傳王文忠出庭作證。王文忠所說的與一審時差不多，最後也同樣未被採信。

二審結辯時，蘇律師提出辯護意旨狀，認為此案是：「檢察官草率偵結，原審嫉惡如仇，未能持平論證，且主觀武斷」。可是二審還是判了死刑。判決書裡有這麼一句話：「伸縮式警棍則由王文孝收回，連同所劫得內有鑰匙一串之女用皮包一只，藏匿於王文忠之前開住宅頂樓水塔下[46]。」這是蘇案判決中第一次提到小皮包，誰也沒想到，一段無關宏旨的描述，十幾年後竟然成為逆轉的關鍵。

上訴到三審，最高法院認為有些證詞明明對被告有利，但原判決沒有說明不採信的原因；而且有些二審判決認定的事實，並未見諸卷證，或者根本就張冠李戴，把甲的證詞誤引為乙的證詞。最高法院認為這個案子還有許多該查的事情沒有查，例如有幾位重要的不在場證人還沒有傳訊，現場遺留的毛髮究竟是誰的，也還沒弄清楚，因此將原判決撤銷，發回更審。

27 海軍偵查卷，頁五至八，八十年八月十四日筆錄。

28 一審時，書記官以電話請軍方提供王文孝伏法前的最後陳述，由書記官抄錄，見頁二八八。軍方隨後將筆錄原件寄交法院，那時一審已經判決死刑，被告上訴，案子移交高等法院審理，故筆錄原件見台灣高等法院八十一年上重訴字第十號（以下稱二審卷），頁二八，二九，八十一年一月十一日筆錄。

29 二審卷，頁三七八，八十年八月十四日筆錄。相驗卷，頁四八。

30 二審卷，頁三八四。

31 海軍偵查卷，頁二六至二九，八十年八月十四日筆錄。

32 海軍偵查卷，頁四三。

33 在八月十五日的筆錄裡，王文孝說「長腳」、「黑仔」與他一起殺人，而「黑點」並沒有殺人。八月二十日的筆錄裡，軍事檢察官杜傳榮問：「為什麼八十年八月十五日問你行兇者幾人，你指莊林勳未在場？」王文孝說：「當時莊林勳有在臥房內行兇，是我說的不對。」顯然檢察官與王文孝都認為「黑點」就是莊林勳。

34 一審卷，頁一八五，八十一年一月七日筆錄。

35 海軍偵查卷，頁五至八，八十年八月十四日筆錄。

36 海軍偵查卷，頁三五。

37 軍方記錄顯示警察只是打電話通知，但刑警張中政出庭時則說他們親自南下高雄，可是軍方不讓他們把人帶走。見一審卷，頁一二九，八十年十二月十三日。

38 海軍偵查卷，頁六十，八十年八月十五日。

39 一審卷，頁二八，二九，八十一年一月十一日筆錄。

40 二審卷，頁二八，二九，八十一年一月十一日筆錄。

41 二審卷，頁三十。

42 八十年九月三日蘇友辰律師訴狀。

43 陸軍第八軍團司令部八十年偵字第一三四號（以下稱陸軍偵查卷），八十年八月十六日筆錄，軍法警察官黃印宗訊問（無頁碼）。同卷頁三六至四一，軍事檢察官黃俊仁訊問，八十年八月十七日筆錄。

44 陸軍偵查卷，頁十三，八十年八月十六日筆錄。還有一次承認是崔紀鎮訊問，偵查卷，頁三四，八十年八月十六日筆錄。

45 陸軍偵查卷，八十年八月十六日筆錄，軍法警察官黃印宗訊問（無頁碼）。同卷頁三六至四一，軍事檢察官黃俊仁訊問，八十年八月十七日筆錄。

46 二審卷，頁五四二，五四三。

第四章——證據不說話

我向來很少有正義感。
我不願意看見什麼，
就有本事看不見。
——張愛玲

一直要到更一審，蘇案的現場物證才終於攤在陽光下。

這案子有個重要的爭議點，就是葉盈蘭的衣服有沒有破。檢方認為，根據三位被告的認罪自白，他們將葉盈蘭的衣服脫掉輪姦她、將她殺死，然後為了掩飾輪姦的事實，所以替葉盈蘭另穿一套睡衣。法醫劉象縉與汐止分局的員警都說，他們在現場看到的是葉盈蘭衣服沒破；葉盈蘭六歲的兒子也作證說，那天半夜媽媽起來倒水給他喝，穿的是一件式的睡袍[47]。後來陳屍穿著的卻是兩件式的睡衣褲。所以檢方說，睡衣應該沒有破。

辯方則認為，整個案子根本就是王文孝一個人做的，沒有共犯、沒有輪姦、也沒有事後換衣服。所以辯方說，葉盈蘭被殺得遍體鱗傷，刀刀見骨，衣服當然有破。

更一審的受命法官是陳貽男。他調來了刑案現場的蒐證錄影帶，當庭播放。

這是案發當天早上。吳家小小的客廳裡擠滿了人，鏡頭很快踅進臥室裡，法醫劉象縉以濃重的山東腔數著死者身上的刀傷：「……十、十一、十二，乖乖！」鏡頭俯視倒臥在地上、滿身鮮血的兩個人，然後仰角拍下懸在牆上、潔白純美的結婚照。

看完了刑案現場錄影帶，檢辯雙方還是各說各話。葉盈蘭背後肩胛骨有一個很深的刀傷，衣服上相對應的地方確實有個很明顯的痕跡。辯方認為那是刀痕，她就是穿著那件衣服被殺的，所以衣服被砍破了。檢方卻認為那不是刀痕而是血漬，是葉盈蘭裸體被砍以後穿上睡衣，但傷口還在繼續滲血，所以完好的衣服上有一塊血跡。

真相仍然不明。唯一可以確定的是，蘇建和、劉秉郎、莊林勳的情緒平靜，沒有畏懼或心虛的神情。

再來是指紋與毛髮。

現場一共採得三枚指紋，其中一枚是王文孝的，沾了血跡。另外兩枚指紋特徵不清楚，無法比對。

現場一共採集到三根毛髮，分別在浴室的水管、漏水孔與毛巾上。為了知道毛髮是誰的，警方另外採集了兩位死者的頭髮與陰毛，以及他們的兒子、女兒、一名親戚、兩名慣竊（當時一度懷疑他們涉案）的頭髮，一共九根已知的毛髮。二根未知的毛髮與九根已知的毛髮一起送刑事警察局比對，結果證實，三根未知的毛髮都是死者的[48]。

簡而言之，現場有找到指紋，但沒有蘇建和等三人的指紋；現場有找到毛髮，但沒有蘇建和等三人的毛髮。

為什麼沒有呢？有兩種可能。第一，他們非常狡猾，所以指紋都抹掉了，毛髮也都清理了。這是檢方的版本。第二種可能是，他們根本沒到過現場，這個案子跟他們無關，所以當然沒有指紋，也沒有毛髮。這是辯方的版本。

爭執的關鍵在於，兇手是很狡猾的人嗎？種種跡象所顯示的剛好相反，兇手應該是一個很粗心的人。他拿了刀，殺了人，不把兇刀丟掉湮滅證據，卻把刀拿去洗。他沒發現兇刀上面還黏著一根毛髮，就把刀放回廚房裡。更不用提那一枚關鍵血指紋了——它正傻呼呼地印在吳銘漢的薪水袋上呢。

兇手犯下最顯而易見的錯誤，可見他的腦子裡亂成一團，全憑衝動行事。

從錄影帶裡可以看到，臥室裡血流滿地，抽屜整個拉出來丟在床上。假設有一個警察走進來，他會看見死者身上有明顯的刀傷，然後他走到廚房，看見地上有一張沾著血跡的紙[49]。他會想：「趕快來仔細檢查一下廚房！」廚房刀架上掛著三把非常類似的方形菜刀，但是其中一把上面黏了一根毛髮——啊哈。你瞧，一點也不困難。滿地都是線索。

這不是一個計畫周詳的犯罪，兇手不是思考縝密的人。他慌慌張張，像隻無頭蒼蠅，根本不用腦子，也不曾用心掩飾自己的行為。難以想像他放著那麼明顯的跡證不管，而忽然狡猾地抹除了指紋、清除了毛髮，揮一揮衣袖，不帶走一片雲彩。

在王文孝、蘇建和、劉秉郎、莊林勳之中，最狡猾的人應該是王文孝。所有人都說是他提議犯案的，他是主謀，其他人只是小嘍囉。他年紀最大，有兩次因為竊盜被判保護管束[50]，他應該最有犯罪的技術和膽量，最懂得湮滅證據。

可是，唯一留下指紋的，就是王文孝。這就很奇怪了；江湖上只有小弟為大哥頂罪的事，沒聽過大哥幫小嘍囉清除一切跡證，而自己鋃鐺入獄的。

現場跡證顯示，這不是一個冷靜、狡猾的犯罪，而是一個莽撞、愚蠢的犯罪。不是「多人犯案、狡猾掩飾」，而是「一人犯案、露出馬腳」[51]。

證據與蘇建和等人的認罪自白是相牴觸的。認罪自白說，在現場搜刮財物的是莊林勳與劉秉郎[52]。如果是這樣的話，會留下指紋的是他們，而不是王文孝。

認罪自白又說，他們輪姦殺人之後渾身是血，所以四個人在浴室裡洗過澡以後才離開[53]。如果是這樣的話，浴室裡應該有他們四個人的的毛髮。如果浴室裡一根毛髮也無，或許檢方可以懷疑他們撿走了所有的毛髮。但是浴室裡找到三根毛髮啊。他們再怎麼狡猾，又怎能撿走自己的毛髮而獨留死者的毛髮？

大家都說：證據會說話。

但是證據不會走路，它不會忽然從法官桌上冒出來。證據的隱匿與出現，背後往往有一段曲折的道路。

刑案現場的錄影帶由汐止分局拍攝，但是並沒有附卷呈送法院。二審時，盧國勳律師具狀要求播放這個錄影帶，不過在盧律師上狀子之前，林鄉誠法官已早一步向國防部軍法局調閱了。軍法局說不在卷子裡，林法官去函汐止分局，汐止分局分局長陳如錠具名表示這支帶子「已因重複錄影致無法尋獲[54]」。

可是辯方律師不相信。一審的時候，刑警張中政曾經出庭，法官問他：「相驗時你們有錄影嗎？」他說：「有。錄影帶在局內[55]。」第二次出庭時，法官問他錄影帶在哪裡，張中政答：「不知交給軍事檢察官，還是檢察官[56]。」現在卻突然說重複錄影洗掉了！蘇友辰律師緊追不捨：「究竟因『何案』重複錄影，負責『另案』錄影是何人，何故會忘記本件重大命案錄影之存在而重複，為查明該局有無動手腳或湮滅證據之情形，實有進一步追查之必要[57]。」

或許感受到辯方律師絕不善罷干休的壓力，更一審時，警方終於把錄影帶交了出來。張中政說，他們在局裡找了好久才找到[58]。張中政說的未必是真話，但陳如錠說的顯然是謊話；帶子明明還在，為什麼說已經重複錄影洗掉了？

現場採得的指紋與毛髮，都由汐止分局送交刑事警察局化驗，化驗結果沒有隨卷呈送法院。一審的時候，湯美玉法官去函汐止分局，詢問現場有沒有採到蘇建和等三人的指紋[59]。汐止分局回函交出王文孝的指紋鑑定書，並且說明：「現場僅採得犯嫌王文孝之指紋[60]。」

不過，刑警張中政出庭時，說現場另有一到二枚指紋[61]。湯美玉法官履勘刑案現場時，被害人家屬吳唐接說現場採到三枚指紋[62]。隨後張中政第二次出庭，湯法官問他：「另外兩枚指紋？」他說：「鑑識組一直沒有給我們，我們可以自己去比對[63]。」湯法官沒有再追問，就判了。

到了二審，蘇友辰律師要求追查另外兩枚指紋是誰的[64]，汐止分局分局長陳如錠具名回覆法院：「現場所採得之三枚指紋皆為犯嫌王文孝所有[65]。」蘇律師不相信，要求法院調取指紋鑑定書[66]，但是林鄉誠法官沒有再追查，就判了。

到了更一審，陳貽男法官又問起指紋的事。汐止分局已經換了一位分局長，突然改口說另外兩枚指紋不清楚，不能比對[67]。新任分局長說的未必是真話，但陳如錠說的顯然是謊話；不確定就不確定，為什麼說三枚都是王文孝的？

在偵查階段，崔紀鎮檢察官就知道菜刀上有一根毛髮，已經送化驗[68]。可是他沒有繼續追查，就起訴了。一審時，刑警張中政說那根毛髮是被害人的[69]，湯法官沒有要求警方拿出檢驗書，也就信了。到了二審，蘇律師要求追查，分局長陳如錠以公函答稱：「搜獲之菜刀上毛髮經檢驗為死者吳銘漢所遺留之頭髮[70]。」蘇律師還是不相信，林鄉誠法官也擺出千刀萬里追的架勢，三個月之內五度發函汐止分局，最後警方終於交出毛髮的檢驗書。

毛髮的檢驗書有兩份。第一份證實菜刀上的毛髮是死者的[71]，但並沒有說明是哪一位，也沒有說是頭髮。陳如錠鐵口直斷說是吳銘漢的頭髮，不知根據為何。第二份檢驗書則更為重要，至此才發現原來浴室也有採集到毛髮，而且化驗結果並不是蘇建和等人的[72]。

汐止分局表現出來的抗拒，令人驚訝。警察是刑事偵查的第一線，他們應該中立地、客觀地辦案，應該尊重真相。然而汐止分局卻表現得很有「立場」。他們不想把指紋鑑定書交出來，不想把毛髮鑑定書交出來，也不想把現場錄影帶交出來。由分局長陳如錠帶頭，以公函或說謊、或搪塞，直到實在混不過去為止。

大家都說：證據會說話。可是在蘇案裡，證據被綁架了，嘴裡還塞著布條！

指紋、毛髮這一類的現場跡證，向來是檢方積極追索的有力物證，據以重建現場、揪出罪犯並將之定罪。可是在蘇案裡，一切都反了，警方蒐證以後，看了檢驗結果，不喜歡，便悶不吭聲，當作沒這回事。檢方竟然沒有去要現場的物證，僅拿著被告的自白就滿意了，起訴並求處兩個死刑。反而是被告這邊一路緊追不捨，毫不含糊地要求調查物證。

「被告要求調查現場跡證」，是饒富深意的。現場採集到三枚指紋，有一枚是王文孝的，有兩枚不詳；如果蘇建和等三人是共犯，他們會怎麼想？他們應該心底狂喜、悶不吭聲。他們絕對不會到處嚷嚷說要調查剩下兩枚指紋。萬一是他不小心留下來的怎麼辦？毛髮證據也一樣；他們再怎麼清理現場，難道能夠保證沒有遺漏自己的一根頭髮、一片眼睫毛嗎？

有罪的被告不會要求調查現場物證。他最怕的就是物證讓他現出原形。

無辜的被告才會要求調查現場物證。他只能寄望物證能夠還他清白。

解鈴還需繫鈴人。當初說他們涉案的王文孝已經槍決，現在只剩下王文忠是唯一的活口，劉秉郎在看守所裡自己寫了一份狀子，希望更一審可以再傳王文忠出庭。那時候王文忠已服刑完畢，繼續在軍中服役，但是不知道分發到什麼單位。法官表示已經拍電報通知軍方了，希望傳他在八十三年一月二十七日出庭作證。海軍陸戰隊回函說王文忠在烏坵當兵，未必趕得及，但盡量。

開庭當天，王文忠來了。庭上例行性地詢問證人身份：

「你認識王文孝嗎？」

「不認識。」

「你認識三名被告嗎？」

「不認識。」

「你知道本案嗎？」

「不知道。我接到傳票才來的。」

法官一陣錯愕，額上好像出現三條線。蘇律師站起來說：「這位王文忠不是我們要傳的王文忠。」

這個烏龍插曲過了不久，更一審就宣判了，還是死刑。律師上訴，最高法院又發回，進入更二審。

47 一審卷，頁九一，八十年十一月二十三日筆錄。

48 台灣高等法院八十二年上重更一字第十六號（以下稱更一審卷），頁一八三。

49 見偵查卷，頁八二。這張紙旁邊放著二號證物牌，但是警方似乎未曾保留此證物，也未曾進行任何化驗。

50 海軍偵查卷，頁三二，三三。

51 這裡我所使用的技巧叫做「犯罪個性側寫（profile）」。這是美國聯邦調查局結合行為科學所發展出來的辦案方法，他們仔細研讀犯罪檔案、親赴獄中訪談罪犯，歸納出罪犯們共同的心理與行為模式。累積許多經驗以後，擅長側寫的專家便能夠從犯罪現場與犯罪行為的一些細節，來判斷兇手的個性與特徵。詳見「破案之神——FBI特級重犯追緝實錄」，約翰·道格拉斯與馬克·歐爾薛克合著，時報出版，一九九七：台北。

---

52 偵查卷，頁十三，八十年八月十六日筆錄，頁十五，八十年八月十六日第二份筆錄，以上莊林勳。頁十九，八十年八月十六日筆錄，頁二一，八十年八月十六日第二份筆錄，以上劉秉郎。

53 偵查卷，頁十六，八十年八月十六日莊林勳筆錄，頁二二，八十年八月十六日劉秉郎筆錄。

54 二審卷，頁一九二。

55 一審卷，頁一二八，八十年十二月十三日筆錄。

56 一審卷，頁二〇三，八十一年一月十四日筆錄。

57 二審卷，頁三八九。

58 更一審卷，頁一七二，八十二年九月二日筆錄。

59 一審卷，頁二六。

60 一審卷，頁一〇七，一〇八。

61 一審卷，頁一二九，八十年十二月十三日筆錄。

62 一審卷，頁二〇〇，八十一年一月十四日勘驗筆錄。

63 一審卷，頁二〇三，八十一年一月十四日筆錄。

64 二審卷，頁二六九。

65 二審卷，頁二五三。
66 二審卷，頁二六九，二七〇。
67 更一審卷，頁二三〇。
68 相驗卷，頁六。
69 一審卷，頁一三〇，八十年十二月十三日筆錄。
70 二審卷，頁二五三。
71 二審卷，頁四一七。
72 二審卷，頁四一八。

第五章——我所言庭上不相信

紫雲樓下曲江平，
鴉噪殘陽麥隴青；
莫上慈恩最高處，
不堪看又不堪聽。
——楊玢

更二審的審判長是李相助，受命法官是龔永昆。這是蘇案纏訟十幾年的歷程裡，最原地踏步、最無所事事、最速戰速決的一審。總共開庭三次。八十三年八月十一日開庭訊問被告，八月二十五日傳王文忠出庭，但他沒來；十月十八日就辯論庭了。更二審的卷子薄薄一宗，裡面絕大部分都是律師的狀子[73]。更審彷彿只是形式，虛晃一招。法官什麼也沒調查。

辯論庭依照慣例要讓被告做最後答辯。根據當年那簡略的筆錄，劉秉郎是這樣說的：「我所言庭上不相信。」

劉秉郎的感覺是對的，法官確實不相信他。更二審又判了死刑。上訴到最高法院，法官認為上訴有理由，但是卻不依一般程序發回高等法院更審，而罕見地由最高法院「自為裁判」。八十四年二月九日，蘇建和、劉秉郎、莊林勳盜匪案三審定讞，每人兩個死刑。當年蘇律師判斷這個案子會一路以認罪自白當作證據，直是一語成讖。

73　台灣高等法院八十三年上重更二字第三七號，卷宗共一五九頁，第一次開庭筆錄四頁，第二次開庭筆錄一頁，第三次就是辯論庭了，筆錄五頁；其他都是律師的辯護狀或調查證據聲請狀。除了十頁的筆錄以外，未見法官進行任何調查。

第六章——

看破看不破

如果鮮血會使你肥沃
明天的枝頭上
成熟的果實
會留下我的顏色

——北島

劉秉郎拿到判決書，足足呆了半小時。同房獄友把他搖醒。他打了電話告訴家人，夜裡，流下憤憤不平的眼淚。他不甘心。「我所言庭上不相信」的那種不甘心。

被捕入獄已經三年多了，一審、二審、更一審、更二審，到最後三審，總共被判了五次死刑。劉秉郎開始說服自己認清事實。通常死刑判下來以後，都不會拖太久，他開始想有什麼後事還沒交代。

看守所依照慣例，對於即將執行死刑的被告特別禮遇，找了三個人去陪劉秉郎。劉秉郎對他們視若無睹，他的腦子變成一部倒轉的錄影機，一直倒回到他五歲的時候，很多已經忘記了的人，就那樣鮮活地從腦子裡冒出來。

劉秉郎在看守所裡信步亂走，耽溺在自己的人生影片裡。一個獄友迎面過來，劉秉郎看他一眼，掏出香菸給他。那人驚訝地說：「咦，你怎麼知道我要香菸？」而劉秉郎已經頭也不回走了。

通常定讞以後三天就會槍決了，他哪有那個閒工夫跟別人哈啦！據說他的眼神變得很可怕。看守所裡的老大笑笑地要跟他講話，他一轉過去，老大忽然被他的眼神嚇到，臉都僵掉了。

他就快死了，他什麼都不在乎。別人的眼光、別人的想法，全都像泥沙一般沉澱到湖底，他忽然變得很清澈。

蘇建和與莊林勳對三審定讞的記憶是一團慌亂。一般被告必須待在舍房裡，死刑定讞以後，管理員則特准他們在舍房外散步。可是行走如此沉重。

本來想到應該交代家人的事，等到家人來了，又忘得一乾二淨。好幾次，劉秉郎看不過去，只好將所有家屬聚在一塊兒，告訴蘇建和的家人，阿和有什麼牽掛的事情請代為處理；告訴莊林勳的家人，阿勳希望怎麼樣；劉秉郎一個人對六、七個人講話，竟也有條有理，他自己都暗暗驚訝，覺得真是激發潛能。平常哪有那麼鎮定。

他們留下了遺書。劉秉郎說：「原以為司法能還我清白，沒想到我還是被判死刑定讞，不但活生生被害死，最後還背負罪名遺臭萬年，真正是含冤飲恨。」莊林勳說：「被告正是警檢雙方為了給社會做個交代下的犧牲品。」蘇建和說：「法律絕對公正，可是執法人員呢？」

他們三個人十九歲入獄，被判死刑的時候才二十三歲，無妻無子，實在也沒有什麼「後事」可交代，還不就是囑託兄弟姊妹，好好照顧爸媽，代為盡孝。劉秉郎的二哥劉秉政對他說：「有一件事情你放心。我會回去唸書。」

那是劉氏夢想。老爸過世的時候，劉秉郎讀高一，全家人在病床前向老爸保證一定會完成他的遺願，那時候大家以為，劉秉郎念大學是遲早的事。沒想到老爸的遺願將變成劉秉郎的遺願。二哥怕他走得不安心，慨然許諾，將重披戰袍。一個育有四男四女的礦工家庭，窮畢生之力想要完成一個謙卑的夢想：讀大學。

他們牢房裡的東西都清乾淨了。與案情有關的卷宗資料，丟了。衣服，丟了。日記，丟了。所有東西要送出看守所都要經過所方的檢查，可是日記裡當然有很多「敏感」的內容是過不了關的，所以……全丟了。定讞了，三年多的努力付諸流水，他們將自己的人生經歷打包好，準備與此肉身一同丟棄。

二月十日是星期五，黑色的。三位母親聯袂來到許文彬律師的事務所。蘇媽媽、劉媽媽、莊媽媽身穿黑衣黑褲，表示看破一切。許律師在法界、政界交遊廣闊，人脈深厚。他立刻打電話給當時的檢察總長陳涵，沒有多說，只說：「我去看你。」陳涵應允。許律師緊急聯絡蘇律師，兩人趕到陳涵的辦公室，搶在第一時間裡，讓陳涵瞭解這三個年輕人是冤枉的，希望陳涵能提起非常上訴。

三位母親在許律師辦公室枯坐一下午之後，許律師風塵僕僕回來，帶給她們最需要的安慰：陳涵對於兩位律師的到訪非常重視，表示一定會仔細研讀相關卷證，不會貿然執行死刑。如有冤情疑點，就會提起非常上訴。

三審定讞以後，要再翻案只有兩條路，一條是聲請再審，一條是由檢察總長提起非常上訴；兩者都很罕見，通常三審定讞就是死了。但是，不僅許文彬、蘇友辰兩位律師不放棄，釋淨耀法師也不放棄。

釋淨耀法師長期在監獄與看守所擔任教誨師，見過很多很多死刑犯。可是蘇建和、劉秉郎、莊林勳是他十幾年來見過最特殊的死刑犯，根本就是「老實囝仔」。在兩位律師面見檢察總長的同時，釋淨耀法師也主動求見法務部長，為他們三人請命。釋淨耀法師的信念是：「能救命則救，不能則用佛法救其心靈。」另一位教誨師江珊媚修女，也非常照顧蘇建和他們三個人。

兩種宗教、一樣的慈悲情懷，成為他們三人獄中多年來，心靈的安定力量。

劉秉郎知道在忙「非常上訴」以後，原本平靜的心情受到強烈的擾動，得失心冒出來了。一線希望……雖然知道十分微渺，可是還是忍不住對它有期待。得失心出來了以後，想回到那個倒轉的人生影片裡，卻再也回不去了。

收到死刑定讞的公文以後，劉秉郎再也沒睡，一直到收到檢察總長提起非常上訴的公文。中間隔了整整十五天。莊林勳無聲無息地潛入憂鬱之中。蘇建和點燃了他這輩子的第一根煙，此後再也沒停過。

那年的清明節，許文彬律師陪著蘇媽媽、劉媽媽、莊媽媽，到汐止第一公墓去祭拜兩位受害人。許律師默禱：「祈求死者，到底誰殺你們兩個的，你們最清楚，希望你們顯靈，如果真的是他們殺的，你們趕快讓他們槍斃算了，我們也沒有話說。如果他們沒有殺你，你就保佑他們有朝一日獲得清白釋放。」

此後的日子就在訴狀與記者會之中過去。檢察總長陳涵二月二十日火速提出非常上訴，最高法院十天之後火速駁回；陳涵再提第二次非常上訴，一個月後被駁回；陳涵遂將全案呈給法務部長馬英九。

那三天，劉秉郎又沒睡。他像鬥敗的公雞一樣發著呆，覺得努力了那麼久、撐了那麼久，結果還是一樣，無、能、為、力。

馬英九看了蘇案所有卷宗，他也睡不著。諸多疑點，不查清楚，良心不安。檢察總長陳涵承認，其實他也睡不著。於是全卷退回最高檢察署，七月再提起第三次非常上訴，但八月又告失敗。這段時間裡，徐南城律師向法院聲請再審也被駁回。

莊林勳的媽媽想到莊林勳一直很乖，如今隨時可能被槍決，便花了一筆錢，為莊林勳做了一套好西裝。她還請了師公。結果案子懸在那裡，師公白跑了三趟沒收到屍，非常抱怨。西裝，莊林勳也沒用上，留給弟弟莊國勳穿。

司法救濟途徑不斷碰壁，蘇友辰律師、許文彬律師一邊尋求社會的支持，一邊高亢抨擊法院判決不公。

那時真是士氣低落。蘇律師夜裡夢見蘇建和、劉秉郎、莊林勳淒切哀求：「我們是無辜的，我們死得不甘心，請您救救我……」黎明前的黑暗裡，他驚醒，發現自己臉上有淚。

是夢嗎？蘇友辰是對法律有信仰的人，現在有三個無辜的人，眼看著將被我們的法律處死。多年來對公平正義的堅持，追求真相的努力……是夢嗎？他一改過去的激越，在《自立晚報》

發表悽惋感傷的〈哀無辜，哭死囚〉：

如果在你們求生的過程中，有眾多的貴人出現相扶持，最後還是要面對死亡，這是不是前世因緣的業障所造成，也是天命難違？如其然耶，那麼法院的青天老爺應該是你們業障的消除者，他們是你們的活菩薩。……這是你們結束二十年青春歲月所應付出的代價，我不知道是不是公平。

如果大限真的無可避免地來臨，你們還帶著沉重的枷鎖，背負著許多的不平，走到人生盡頭。不必回頭瞻顧，這世間虧欠你們太多。在未來的黃泉路上，你們三人要相扶持小心前行，不要再摔倒。如果遇到吳銘漢夫婦，就請他們安息吧！畢竟這件公案不管對錯，在陽間已經做了了斷。

第七章——蘇爸的消逝

我們賠了昨天卻賺夠了靈魂
任多餘的肌骨去作化灰的努力
——洛夫

八十四、八十五年間，「三少年殺人疑案」漸漸成為社會矚目的「蘇案」。法院方面，壓力愈來愈大，遂有兩次史無前例的「法官記者會」。

先是高等法院的李相助法官，找了判過蘇案的法官一起開記者會，公布四萬多字的「蘇建和等盜匪案被告等相關自白資料」，為自己辯解說絕無錯判。蘇建和看到這個消息「哼」了一聲，李相助！他就是更二審什麼也沒有調查的那一庭啊。「相關自白資料」，沒錯，這個案子從頭到尾就是只有自白！為什麼不是公布「相關證據資料」呢？

李相助法官指出，本案的物證包括：警棍、女用小皮包、鑰匙與二十四元硬幣的贓款。可是警棍、小皮包與鑰匙都是根據王文孝的供述而起出的，只能證明王文孝犯下此案，不能證明其他三人涉案。二十四元硬幣是從莊林勳家非法搜索所得，而且送去化驗也沒有血跡反應，沒辦法證明莊林勳與本案有什麼關連。李法官神來一筆寫道：「此二具屍體共被砍七十九刀為不爭之事實，即屬重要證據」！

蘇律師與許律師那天也到了記者會現場，主持人李相助法官不讓他們講話。有一位法官說，我考試考第一名，絕對不會判錯。許文彬律師一聽，當場站起來反駁：「如果第一名就可以保證不會判錯的話，那我也是司法官訓練所第十期的榜首啊！」後來發現蘇律師是第八期的榜首，兩人撫掌大笑：「唉喲，怎麼不早講，我們這邊兩個第一名，還贏他一個呢！」

蘇律師稍後印行文宣，回應這份「自白資料」，針對李相助「兩具屍體就是證據」的說法，重砲還擊。蘇律師指出，李相助庭長在更二審僅開庭三次，完全沒有調查任何證據。許文彬律師要求履勘現場，證明那個臥室空間狹小，不足以容納四個兇手與兩個被害人在那裡打鬥，更沒有空間輪姦；徐南城律師聲請傳訊劉秉郎的鄰居，與蘇建和的朋友，以證明他們案發當時均不在場；李法官對這些聲請均置之不理。

李法官所公布的「相關自白資料」，挑選的都是被告認罪的自白。他們離開警局以後聲聲喊冤、王文忠說蘇建和等人沒有涉案的證詞，都沒有公布。蘇律師寫道：「李庭長判決用力最少，事後說明辯解最多、最長。」

未久，最高法院法官也舉行記者會，發表「對蘇建和等盜匪案件研討結論」，宣稱這是最高法院所有法官一致同意的判決。

法官這一行，有一條行規叫做「法官不語」。意思是說，法官應該把他對案子的判斷，在判決書裡交代清楚，他為什麼認為這個足以採信，而那個不足以採信。判決要很完備，該解釋的要解釋，該說明的要說明，不能有所遺漏。除了判決書，他就不應該再說了；任何其他的場合，面對任何的批評，他都應該保持沉默，保持謙遜。他應該「八風吹不動」，不能「一屁過江來」。

高等法院與最高法院的兩次記者會，嚴重觸犯了這條行規。法官們有那麼大的危機感，是因為「蘇案」確實越滾越大了。監察院、律師團體、人權團體，陸陸續續加入了關心的行列。它不再是三少年殺人疑案了，它是「蘇案」，是台灣司法水準的試紙，人權保障的指標，是許許多多冤假錯案之中，最具代表性的一樁。

蘇友辰律師與許文彬律師仍然每隔一陣子就去看守所。劉秉郎發現，蘇律師與許律師是完全不同個性的兩個人。蘇律師憂國憂民，對案子的每一細節都要求徹底掌握。每次蘇律師來，劉秉郎都覺得好困難、好危險。許律師來，卻總是大手一揮，豪情萬丈地笑：「唉呀，沒問題啦！」

監察委員張德銘深入調查蘇案之後，做出一份措辭嚴厲的報告，強烈指責承辦這宗命案的汐止分局違法亂紀[74]。張德銘指出，汐止分局偽填蘇建和拘票上的拘提時間，以掩飾非法羈押的事實，又將王文孝的第二份警訊筆錄竄改為第一份，企圖掩飾第一份筆錄；對於指紋、現場錄影帶等重要證物，竟然說謊企圖隱瞞，動機可疑。「核其欺瞞偵審單位及偽造文書之情節至為明顯。」「汐止分局竟以如此曖昧閃爍之態因應審判機關之調閱，其居心實屬叵測！」「其前後態度矛盾曖昧，殊令人懷疑其究為辦案草率抑或另有隱情！」

張德銘對起訴這個案子的崔紀鎮檢察官也有很多批評。他說，警察沒有搜索票就去莊林勳家，找到二十四元，這個舉動涉嫌非法搜索；「而承辦檢察官竟引上開臨檢取得之硬幣作為犯罪之證據，是則其縱容汐止分局刑警不用搜索票實施搜索，置刑事訴訟法第一二八條之規定為具文，無異以非法程序偵查違法行為，類此檢察官指揮辦案之手法心態，莫怪乎汐止分局承辦警員直視法律為無物。」

報告中指出，各審判決認為是「證據」的那些東西，根本就不能證明什麼。比如凶器，自始至終只有查獲菜刀，王文孝供稱一人犯案時，就是說用菜刀行兇。等到他改口說多人犯案時，新增加的凶器水果刀、開山刀從來就找不到，而警棍經過鑑定卻沒有血跡反應。可是兩位被害人滿身是血，現場也滿地是血，如果莊林勳拿著警棍在現場、還幫忙押住被害人，那怎麼會都沒有沾到血？同樣的，如果依照莊林勳所供稱的，他一面殺人一面搜刮財物，那二十四元硬幣怎麼也沒有沾到血？化驗後沒有血跡反應的警棍不能證明任何事，化驗後沒有血跡反應的二十四元硬幣也不能證明任何事。

張德銘委員還提出一個很有意思的看法。他們的認罪自白說，那天晚上五個人先去打撞球，然後才犯案。把地圖攤開來看，會發現那家撞球場就在縱貫線旁邊，一邊往基隆，一邊往汐止。五個人裡面，兩個人住基隆，三個人住汐止。如果住在基隆的劉秉郎與莊林勳不回家，卻繞路跟他們一起跑到汐止，那表示他們應該是在撞球場就決定要一起犯案。可是，他們的自白卻都說，他們是在汐止王文忠家樓下才決定要作案的。

一個拼湊起來的故事，就像一件碎布縫成的百衲衣，處處是破綻。民間司改會也差不多在同一個時候，加入了檢視的行列。

八十四年十一月，一群改革派律師成立了民間司法改革基金會（簡稱民間司改會）籌備處。在司法改革的路上，過去有煙火般燦爛的烈士，例如高新武、彭紹瑾、許阿桂，後來有位高權重的官員，例如當時的司法院長施啟揚；但包括陳傳岳、林永頌、羅秉成、顧立雄、黃旭田在內的律師們都很清楚，司法改革必須是長期的而不是短暫的，必須是民間的而不是官方的。所以他們一起成立了民間司改會，相約誰都不准抽腿，志在「建立值得人民信賴的司法」。

懷著這樣的抱負，民間司改會決定針對一些具有指標性意義的個案來做判決評鑑[75]，從中歸納制度性的缺失，來督促官方司法改革的腳步。顧立雄律師是個案評鑑的負責人，負責評鑑

「蘇建和案」的專家包括台大法律系刑法教授蔡墩銘與李茂生、政大法律系刑法教授許玉秀、淡大公行系憲法與行政法教授許志雄，以及律師莊柏林。

在這份判決評鑑裡，李茂生教授針對王文孝、王文忠、蘇建和、劉秉郎、莊林勳五人的所有認罪自白，做出詳盡分析。他發現，幾位被告所陳述的犯罪情節，奇妙地「同步嚴重化」：從兩人行兇到四人行兇；凶器從三把開山刀到開山刀、水果刀、菜刀、警棍；從兩人姦淫到四人姦淫。

無巧不巧的，他們被羈押在警察局的時間都很長，王文孝、王文忠、蘇建和在汐止分局的時間都超過了法定的二十四小時。李茂生教授推測：「究其原因，縱或不是『刑求』，也是警方有所預設，而循序對各嫌疑人『開導』，以形成共通的陳述。」「這種錯誤的開導，學理上是所謂的『誘導』，方法上有威脅、利誘等。基本上會影響到自白的任意性。」

這份評鑑對於蘇案的歷次判決，有幾個重要的批評。

第一，各級法院對本案犯罪事實的認定只有陳述，沒有解釋採信與不採信的理由，「依直覺而判決」。

第二，歷次審判之間為了避免矛盾，就不斷互相抄襲，包括事實認定與理由說明；務求口徑一致，有錯大家犯。於是蘇案雖經三審，但呈現出來的不是審級的監督，而是審級的配合：第一審配合著偵訊筆錄，第二審配合著第一審的事實認定，第三審是法律審，於是盡量不去看證據的證據價值。「各級法院明顯欠缺獨立面對犯罪事實、獨立審視事實的勇氣和自信。」

第三，像這樣的重大血案，執法者個人的正義感和社會輿論的正義感，會對執法者造成很大的壓力，非破案不可。蘇案的執法人員便在這樣的壓力下用非常手段來應付問題，這樣「非但不能回應正義的需求，更另外製造新的不正義。」

莊林勳是「新的不正義」的最佳見證。他受不了一次又一次的失望、一次又一次的驚嚇，開始喃喃自語。看守所怕莊林勳出問題，安排蘇建和跟他關在同一房，蘇建和調皮地吃了他一顆藥，結果頭痛一個禮拜。

他精神恍惚，對外在世界沒有安全感。任何人稍微接近他，即使是最好的朋友劉秉郎，他都會全身綳緊，感到無比驚恐。他腦中出現幻聽，那個聲音說：「你把蘇律師全家都害死了，都是你，都是你害的！」

他老覺得別人會害他，不然就是覺得他害了別人。「害」，成為他與世界的唯一關係。這種時候，莊媽媽就會想起小蘭。小蘭是莊林勳入獄前不久交的女朋友。莊林勳被捕以後，她還是常去莊家走動，常去看守所探望；但是被判了死刑以後，莊林勳便不肯再見她了。他怕「害」了小蘭呀。

小蘭哭著對莊媽媽說：「我從來沒有交過這麼帥的男朋友……」後來莊媽媽搬家換了新電話，也不再與小蘭聯絡。母子兩人聯手將這個年輕女孩拒於門外，為了挽留她的未來。

首先披露「蘇案」的媒體是自立晚報。司法記者劉鳳琴瞭解案情以後，指出這個案子疑點重重，真相未明，卻判了死刑。當時的總編輯林森鴻全力支持，好幾次以整版或半版大幅報導蘇案。劉鳳琴也發現，在汐止分局經辦的案件中，蘇案並非唯一傳出刑求疑雲的。民國八十三年，汐止分局移送了一個殺人案件，一林姓男子被控殺害鄰居。他辯稱他之所以認罪是因為被警察刑求，法院調查後發現汐止分局的採證敗筆太多，遂依罪證不足判林姓男子無罪。

那時候超級電視台有一個節目叫做《調查報告》，專題式地深入探討社會議題。蔡崇隆本來一直是文字記者，這時決定換跑道轉行當電視記者，第一個引起他注意的議題就是蘇案。他想知道，人權團體與辯護律師都說這案子疑點重重，那當初審理的法界人士怎麼想呢？

透過超視跑司法的記者，蔡崇隆得知那時恰好有一個全國檢察官會議，當初起訴蘇建和等三人的崔紀鎮檢察官會出席。蔡崇隆不知道崔紀鎮長什麼樣子，但是他要來了座位表，知道崔紀鎮坐哪一個位子。會議結束後，蔡崇隆趨前試探性地喊：「崔檢察官？」他回頭。蔡崇隆表明採訪主題之後，崔檢察官轉身就走，順手指了旁邊另一位檢察官說：「你問他好啦！」那位檢察官一臉無辜：「案子又不是我辦的……」蔡崇隆一路追到會場外，問他對監察委員張德銘的批評有什麼意見，崔檢察官沒好氣地說：「叫監察院來追究我責任嘛！」

那一集節目裡，蔡崇隆訪問了二審的庭長、更一審的受命法官與庭長、更二審的庭長以及三審定讞的受命法官。其中林增福法官指出，當一審受命法官湯美玉南下訊問王文孝時，王文孝仍肯定地說蘇建和三人都有涉案，「一樣罪有應得」；王文孝既然已經難逃一死，卻仍指證蘇建和等三人，那一定是真的。

然而事實是，湯美玉訊問後的隔天，王文孝的死刑才確定；而且王文孝直到行刑當天清晨才被通知。湯美玉問王文孝的時候，王文孝根本還心存僥倖。更何況，如果死刑犯講的話一定是事實，那麼蘇建和等三人在死刑定讞以後仍然喊冤，這又怎麼解釋呢？

最後蔡崇隆問監委張德銘：「如果這個案子司法救濟行不通，那怎麼辦？」張德銘一瞪眼：「怎麼辦？流眼淚啊。」

蔡崇隆也得到土城看守所的同意，面對面訪問蘇建和、劉秉郎與莊林勳。片子最末的一景是蘇建和、劉秉郎、莊林勳站在一堵水泥灰牆前，直視鏡頭，眼神悲憤；字幕從右方漸漸推入，所有審過蘇案的法官名字，在他們的注視之下，一個個消過去。

在超視的《調查報告》之後，其他媒體再想要訪問看守所裡的被告，就全部碰壁了。但這一集節目觀眾反應熱烈，後來足足重播了十幾次之多，從此同事遇見蔡崇隆，都開玩笑叫他「蘇建和」。

投入救援行動的，除了民間司改會以外，還有台灣人權促進會（簡稱台權會）與人本教育基金會。

那時候王時思是台權會的祕書長。她曾經是非常活躍的學運份子，從清華大學社會與人類學研究所畢業後，進台權會工作。她對蘇案的第一印象就是蘇爸。

在台權會，每天都有人跑來訴苦，說他多委屈，可是蘇建和的父親蘇春長卻很不一樣。他雙頰凹陷，黑黑瘦瘦的，帶著一大袋資料。他總是安靜地等候，很少說話，從不抱怨。他以小人物的謙卑輕輕地說：「只要看過這些資料，就算像我只有唸過小學，也會覺得台灣司法很好笑啦。」

台權會瞭解案情以後，認為其中有侵害人權之處，決定聲援他們三人，工作人員也跟三人的家屬越混越熟，大家暱稱蘇春長為「蘇爸」。王時思倒是刻意保持一點距離，她覺得如果有太多情緒的牽連，會影響她對情勢的評估與判斷。她寫給蘇建和的第一封信是這樣說的：「我們約好，將來在陽光下相見。」

除了命運的偶然以外，王時思從「蘇案」上看見更多必然。蘇建和、劉秉郎、莊林勳，以及其他更多台權會、民間司改會接觸的個案，都有一些共同特徵：第一，他們社會地位不高，不認識有錢有勢的人。第二，他們對語言生疏，沒辦法用國語很順暢地表達。

蘇案三人都可以說是「識字第一代」，他們的父母基本上不識字，頂多勉強認得一些。他們住在汐止、七堵、基隆一帶，區位上、經濟上、知識文化上，都是邊緣的，對於法律更是陌生。總有人說：「警察幹嘛不冤枉別人，偏要冤枉他們呀？」答案就在這裡，他們是社會裡弱勢的家庭，他們被欺負的時候，叫天天不應，叫地地不靈。

當律師尋求法律上的各式救濟管道的同時，社運團體忙的是喚起社會大眾的瞭解與關切。人本教育基金會發起成立「死囚平反行動大隊」，發動七十名義工，趁著黑夜在敦化南北路的路樹上繫滿「平反冤獄／免除恐懼」的黃絲帶、舉辦大型說明會、在司法院門口接力靜坐，最後動員了兩千人參加遊行，要求平反冤獄。

人本基金會在財務拮据的狀況下，特別約聘陳振淦為專案總幹事。陳振淦原來是民眾日報的記者，因為採訪的關係，跟人本很熟，是個很有正義感的人。他在人本拿的薪水是原來記者薪水的一半，卻沒日沒夜為蘇案串連奔走，也就這樣與蘇爸熟起來。

蘇建和剛剛被抓的時候，蘇爸覺得真相一定會水落石出。他經朋友介紹找到傅雲欽律師，在委任狀上歪歪扭扭簽下「蘇～春～長」。傅律師辦案很認真，自己的兒子很清白，他以為這樣就夠了。一審辯論庭的筆錄裡留下蘇爸講的一句話：「蘇建和平常一人在左鄰右舍都受到讚賞，不可能作案。」

結果認真與清白是不夠的。二審還是判決有罪，蘇爸才猛然醒覺不能寄望於司法了。他識字不多，能做的就是蒐集與案情相關的資料，請姪女幫忙查民意代表、法學教授、媒體記者的地址，把資料寄給這些有頭有臉的人，彷彿將瓶中信箋擲入蔚藍的大海。

他總是這樣寫著：「我是死囚蘇建和的父親蘇春長……」。他的衣櫥裡不是衣服，都是影印的資料。估計這些年從他手上寄出的文宣資料超過百萬份，他因此負了不少債。八十三、八十四那兩年，他瘦了二十公斤，原來的正業都成了副業。他已經不是蘇春長了；他是「死囚蘇建和的父親」，蘇春長。

蘇案救援行動表現出來的能量，反映了多年來台灣社會對於司法改革的殷切期待。黃雅玲、葉怜惠，以及許許多多熱情熱心的人，都在這個時候接觸到蘇案，並且開始定期去土城看守所探監。

當時葉怜惠是專職母親，在人本基金會當義工。去探視蘇建和、劉秉郎、莊林勳，是她第一次踏進看守所，雖然有點緊張，但還是試圖溫暖地與他們寒暄交談。後來見面次數多了，互動就越來越輕鬆，可以像老朋友一樣聊家庭，聊他們以前交過的女朋友。

可是蘇案的救援毫無起色。律師在法律層面的一切努力，傳回來的都是壞消息。告警察瀆職，結果警察獲得不起訴處分了；聲請再審，抗告了兩次，最後還是被駁回了。每有壞消息傳來，探監氣氛就變得凝重。

黃雅玲起先在人本基金會，後來到民間司改會工作。她想，我們這些救援團體為了蘇案，開記者會、印行文宣、辦座談會、辦活動、連署、遊行……能做的我們都做了，還能怎麼辦呢？

她決定組織義工定期探監，至少讓獄中的三人知道，我們沒有放棄。

以前看守所的管理沒有那麼嚴格，探監時可以面對面說話。這些常常去探監的義工都有個共同點，就是個性開朗善良，有一年還相約包了紅包給蘇建和、劉秉郎、莊林勳，討個吉利。

民國八十六、八十七年，是膠著的兩年。劉秉郎對黃雅玲說：「不用再來看我們了啦。何必浪費時間、浪費力氣！」黃雅玲趕緊安慰他兩句。偶爾也反過來，去探監的人彷彿從蘇建和、劉秉郎、莊林勳的笑語中，得到繼續參與救援行動的能量。

大部分的時候，絕望像一隻粉紅色的大象站在會客室裡，大家很有默契地假裝沒有看見牠，仍然互相微笑著說些充滿希望的話。

法律層面看起來此路不通，救援行動轉向行政救濟，也就是呼籲總統特赦，並推動赦免法的修正。立法院一如往常，黨派的紛擾高過一切，但赦免法好不容易排入議程，列入優先法案，眼看著那天晚上就可以三讀通過了。就在緊要關頭，當時的總統李登輝打電話指示國民黨黨鞭饒穎奇：「那個法案要慎重處理！」赦免法就此擱置，留下令人遺憾的殘壘。

此路不通，彼路也不通。

這時候，王時思已經到民間司改會當執行長，繼續參與蘇案的救援；顧玉珍出任台權會的祕書長。和王時思一樣，顧玉珍對社會運動也有長久而深刻的投入，但兩個人風格不同。王時思個性很冷靜，而顧玉珍個性很熱情。

為了打破僵局、對抗遺忘，三個救援團體聯合發起「走向黎明」的靜走活動。從八十九年四月十五日開始，每天下午五點半到六點半，義工們穿上印著「平反」兩字的背心，繞著濟南教會靜走。

每一天每一天，車水馬龍的下班時間，他們放下手邊的事情，用一個小時的時間來提醒路人與自己，不要忘記。蘇建和、劉秉郎、莊林勳的紙板立像與真人一般高，沉默地、憤怒地、壓抑地凝望。

社運團體選擇用帶著反省意味的靜走，來展現他們救援蘇案的決心。這是很大的考驗，靜走走到後來幾乎變成苦行。每一天每一天，他們體驗著蘇建和、劉秉郎、莊林勳三人被囚的無奈、無力與無聊。顧玉珍每天必到，覺得自己已經變成《一千零一夜》裡面那個擅長說故事的女生，對路過的好奇行人一遍一遍解說什麼是「蘇案」，為什麼來靜走……。

同一個故事，他們說了又說，為的是希望國王不要再殺錯人。

在救援策略上，也有冷熱兩種路線。冷路線強調無罪推定、程序正義，典型說法是：「我們今天救援這個案子，是因為沒有足夠的證據來定罪，既然這樣，那就應該放人。」熱路線強調蘇建和等人是無辜的，典型說法是：「他們真的沒有做這個案子，他們有不在場證明，他們是被冤枉的。」

熱路線比較能激發眾人的同情，有利於動員；冷路線處理的是更核心的問題，不僅指向司法系統改革，也指向社會大眾法治觀念的改造。兩種路線加起來，便拓展了蘇案的論述光譜。顧玉珍覺得蘇案就像個麵粉團。所有人濕著手探進來，都免不了沾上一手麵粉；誰坐視不管，誰就良心不安。

蘇案裡有很多「麵粉級」的人物，蘇爸就是一個。他不會像麥芽糖一樣黏著惹人討厭，他只是自然地存在著，安靜地堅持著。

可是當你不經意發現指尖的一點白色痕跡，你會忽然想起他。

八十九年三月，台灣出現首度政黨輪替，民進黨的陳水扁甫當選總統，就主動表示考慮特赦蘇建和等三人。出乎大家意料之外的，五月十九日，高等法院居然裁定准予蘇案再審。延宕多年之後，蘇案終於露出一線曙光。三天以後，高等檢察署提出抗告，到底能不能再審，大家又得重新拔河。

像靜走一樣，繞一圈，又回到原點。能不能再審，還是不知道。但是蘇案卻因此與總統特赦失之交臂——既然案子現在還在最高法院審理中，表示司法程序尚未完成，代表行政最高首長的總統如果貿然特赦，豈不是行政干預司法，有違三權分立的基本原則？那一年十二月十日的世界人權日，陳水扁總統宣布特赦「耶和華見證人」教派的信徒、工運人士曾茂興，與冤枉入獄的蘇炳坤，留下蘇案三人繼續在司法之網裡苦苦掙扎。

聽說莊林勳開始對著牆壁講話了。莊媽媽好努力地想替莊林勳打打氣啊！可是莊林勳說：「裡面的人說，你這個案子不可能把你放出去的啦，一定把你關到死為止。他們跟我說，外面有人在幫我抗議，那都是騙我的，沒這回事，不然怎麼可能幫了這麼多年，我還是在裡面？」

聽說劉秉郎精神也不大好。聽說蘇建和應該還撐得下去。但是，獄外，蘇爸不行了。

八十六年蘇爸第一次被診斷為肺癌，開刀切除了左側的肺葉。他打從心底忽視這件事，救援活動照常參加，謙卑對每一個遇見的人道謝。然而體內的腫瘤悄悄地長大，塞住了右邊的氣管，壓迫到食道，弄得蘇爸一直咳嗽，又吃不下飯。可是他不理會，照樣每天來靜走。

那天剛好是「走向黎明」活動集結出書，舉辦新書發表會。蘇爸突然身體不舒服，躲在角落裡猛咳，陳振淦半哄半強迫把他送進了台大醫院。

在皮諾契特軍事統治時期的智利，有個煤礦工人叫做阿奇維多。有一天，他的兒子和女兒因為非法持有武器，被軍政府逮捕。那是個藐視人權的恐怖政權，許多人被抓以後未經審判，就被折磨死了。

阿奇維多四處陳情，但沒有用，他人微言輕。他告訴所有記者、官員、政黨領袖、工商界名人，任何願意聆聽的人：「如果你們不想想辦法，免除我孩子的折磨，我就在身上澆汽油，到教堂前引火自焚。」

到了預定的那天，阿奇維多果真帶來一桶汽油、一支番仔火。他警告圍觀群眾不要靠近，否則他就要點火。一名警察越線，阿奇維多轟的一聲，熱烈地燃燒起來。

他被送進醫院，一個卑微的小人物終於贏得了一個卑微的機會，與女兒見上一面。但是阿奇維多燒得太恐怖了，醫生不讓女兒進去，只讓他們以對講機交談。阿奇維多說：「但我怎麼知道真的是妳？」女兒說出自己的乳名，父女悲戚相認。

如他所願，這對兄妹走出了酷刑室，按照正常司法程序接受審判。阿奇維多活了七小時，他自焚的那個廣場，從此就叫做「阿奇維多廣場」。

蘇春長與阿奇維多的不同點是，他選擇以很慢很慢的速度來自焚。先是體重慢慢慢慢燒掉了，然後家產慢慢慢慢燒掉了；然後是左邊的肺葉，在火光中發出一聲悶爆，燒掉了。再添點咖啡再加幾根煙，再燒掉一點休息與睡眠。這樣燒了九年，他躺在病床上已經跟一片樹葉差不多了。

蘇友辰律師多方奔走，看守所與法務部終於同意基於人道立場，准許蘇建和出來探望父親。蘇建和在病床邊告訴蘇爸：「你教育沒有失敗，我不是壞人……。」短短的十幾分鐘之後，蘇建和做出生命中最艱難的一個轉身，離去。蘇爸口鼻都插了管，眼中泛淚，緊緊握著蘇友辰律師的手。

這些年來，蘇爸與蘇友辰可以說是並肩奮戰。兩人互相疼惜互相敬重，互相要對方保重身體不要太勞累，可是又互相在三更半夜打電話給對方討論案情。

「這小孩以後全靠你了，」蘇春長那緊緊一握，是這麼說的。

蘇案確定可以再審的時候，蘇爸已經陷入昏迷。社運團體的朋友輪番在他耳邊告訴他：「蘇爸，好消息，建和的案子可以再審了！」

不知道跟這消息有沒有關，兩日後，蘇爸鬆手了。

74 張德銘委員監察院調查報告，見廢死聯盟網站，http://www.taedp.org.tw/story/2559。

75 見司法改革雜誌第三期，頁七至十二。「法律評鑑報告」見 http://www.taedp.org.tw/story/2560，「蘇建和案事實認定及證據調查的評鑑報告」見 http://www.taedp.org.tw/story/2561。

前往註釋 74 網址

前往註釋 75-1 網址

前往註釋 75-2 網址

第八章

夢幻隊伍

殺死，而又
殺活
——周夢蝶

這是人心浮動的千禧年。八十九年十月二十七日，蘇案確定可以再審了。當年，蘇案只是無數個不起眼的刑案當中的一件；但現在不同了，史無前例的三次非常上訴、五任法務部長都不執行死刑、各界強力聲援，這將是一場世紀審判。蘇友辰律師開始思考這一仗該怎麼打。

除了與許文彬律師繼續合作之外，蘇律師想到蔡兆誠律師與李念祖律師。李律師是中國時報的主筆，過去談到蘇案的社論既中肯又深刻，都是出自李念祖之手。蔡兆誠律師則在民國八十七年時，傳奇式地發現「懲治盜匪條例」早就失效了。

「懲治盜匪條例」是民國三十三年制訂的，對日抗戰尚未結束，世道混亂，所以「懲治盜匪條例」裡面有一大堆「唯一死刑」。這個不合時宜的法律讀起來像水滸傳，例如「聚眾出沒山澤抗拒官兵者」、「在海洋行劫者」，都是唯一死刑。蘇建和、劉秉郎、莊林勳被當做現代「盜匪」，判處兩個死刑。

蔡兆誠律師的當事人，也是一位現代「盜匪」。在研究案情的時候，蔡律師赫然發現此法時效為期一年，必要時可以延長。可是國民政府在三十四年四月二十六日下令延長的時候，「懲治盜匪條例」已經超過一年，換句話說，它早就失效了。

蔡兆誠律師的認真與投入吸引了蘇律師的目光，但蔡律師婉拒了，因為他正打算離開律師界。李念祖律師也婉拒了，因為他所屬的理律法律事務所曾經接受汐止分局警察的委任，恐有利益衝突。

蔡兆誠律師推薦顧立雄律師與羅秉成律師。其時顧立雄已經是台灣首屈一指的刑案律師，對於交互詰問經驗尤豐。過去台灣的刑事審判很草率，律師與被告幾乎都沒有機會詰問證人，每每令人氣結。蘇案的再審將引用交互詰問制度，這方面需要倚重顧律師的長才。羅秉成律師在新竹執業，蘇律師跟他比較不熟，印象中，是個穩重、有權威感的律師。

但蘇律師並不是唯一在為律師團人選傷腦筋的人；長期參與救援的台權會、民間司改會與人本基金會，也自有想法，他們希望大家能坐下來開會，一起決定律師團的人選。蘇友辰律師想，律師團要好好運作的話，成員必須能夠互相配合；如果救援團體屬意的律師，與他們意見相左的話，那不就麻煩了嗎？

那段時間大家心中有些芥蒂，蘇律師決定採取不合作的態度，不去開會。民間司改會與台權會知道，蘇律師手上有三位當事人的委任狀，他這麼多年一路奮戰，這是他的案子；律師團的人選最後勢必要經過蘇律師同意。但蘇案也是司法改革史上極具指標意義的案子，必須有第一流的法律協助，所以還是極力表達他們的意見。他們也開過幾次會，史英代表人本基金會，黃文雄代表台權會，王時思代表民間司改會，加上蘇律師；每個人自有堅持，最後不歡而散。

民間司改會的理想名單裡也有顧立雄律師。他平常吊兒啷噹，但是法律見解非常犀利，在法庭上可以面對最險惡的詰問狀況。他曾經在陪同當事人接受偵訊時，被調查局人員扯著領帶拖離偵訊室，同行的另一位律師也受傷掛彩；後來調查局道歉了事。還有甫自台北律師公會理事長卸任的古嘉諄律師。他很有外交手腕，冷靜、圓融，在任何團體裡都是潤滑劑。民間司改會也考慮過林永頌律師，他是百折不撓、像蜜蜂一樣勤奮的律師，在司法改革裡老是扮黑臉。不過林律師行事向來正直，得罪了不少人，所以大家覺得改由羅秉成加入律師團也蠻好的，他年輕，有一點世代傳承的味道。

即使衝突波折不斷，義務辯護律師團最後還是組成了。蘇友辰律師、許文彬律師，長年為這個案子義務奔走，三位被告與家屬都十分感激，他們是律師團的當然成員。新加入的四位律師各具代表性：顧立雄律師代表台權會，羅秉成律師代表民間司改會，古嘉諄律師代表台北律師公會，以及陳鄭權律師代表全國律師公會聯合會。辯護律師團是台灣法界的夢幻隊伍。

律師們不收錢、義務辯護，要上戰場了，子彈還自備。律師團成立之後的第一件事，是每人繳一萬元當作公基金，支付律師團會議的一切開銷。

原告是檢察官，代表國家糾舉罪犯。選派的檢察官陣容堅強，分別是費玲玲、李進誠、吳慎志三位，認真負責，風評甚佳。汐止血案的死者家屬也很重視這次再審，另外委託了五位律師，擔任他們的告訴代理人，分別是陳適庸律師、楊思勤律師、劉緒倫律師、林憲同律師和石宜琳律師，他們也是義務辯護。

法官就是裁定再審的刑二十一庭。審判長葉騰瑞，承審法官江國華，陪席法官黃國忠。蘇案受到各方矚目，三位法官全程蒞庭、親自看卷、瞭解案情，可以說是史無前例。一場跨世紀的再審，轟然展開。

第九章——

包青天與王迎先

他們的朝笏總是遮著
另外一部分的靈魂
——瘂弦

「走向黎明」的靜走整整走了兩百一十五天。最後，不是解散，而是走進了法庭。創下台灣司法史上多項「第一」的蘇建和案，將在台灣高等法院第一法庭展開再審。被告三人、檢官三人、法官三人、辯護律師六人、告訴代理人五人，各路人馬從不同的方向走進法庭，以不同的角度逼近真實。

所有人都有備而來，除了石宜琳律師。他本來要去第二法庭開庭，但在走廊上卻被攔截了。

在告訴代理人團隊中，石宜琳最年輕，但卻最早接觸這個案子。民國八十年兇手落網後不久，吳唐接就透過朋友介紹，找上石律師。石律師聽他說明案情以後建議他，刑事部分不用請律師了，但民事求償的部分比較複雜，需要律師來處理。不過，此案民事求償部分嚴重擱淺，十二年來已經換了七個法官，還是停在第一審。

後來刑事部分要再審，林憲同律師來找他加入告訴代理人的團隊。石宜琳猶豫了，因為十幾年前民事的部分有收取律師費，現在說「義務」，他老覺得心裡怪怪的。可是他最瞭解案情，告訴代理人團隊裡不能沒有他。吳唐接三番兩次來拜託，石宜琳還是沒有點頭。

但或許是天意吧，就在蘇案再審第一次開庭的那一天，石宜琳律師有另外一個案子也在高等法院，也幾乎同一時間。結果是，「黃袍加身」的戲碼奏效，石律師向第二法庭告假，走進第一法庭，簽下吳唐接早已備妥的委任狀；此後的兩年內，他幾乎從不缺席，成為公認最盡責的告訴代理人。

蘇案再審的時機，恰好落在司法改革小有成就的時刻，這個成就就是：原告出現了。

過去的審判模式是「糾問式」的。法官大人高高在上，升斗小民諾諾在下，左側是律師席，右側是檢察官席。但是右側的席位通常空空如也，因為檢察官是不到庭的。

法官與檢察官同樣通過司法官特考，一起受訓，訓練期結束時，才分發決定誰當法官、誰當檢察官。法官與檢察官的養成過程是一家親的，過去「推檢互調」還行之有年，法官當幾年，調去當檢察官，過幾年再調回來當法官。所以當檢察官不在，實際上就是法官代行檢察官的職務，進行調查與詰問。

審判過程好比是原告與被告之間的一場球賽，法官是決定勝負的裁判。可是檢察官不到庭的結果，就是法官親自下場與被告比賽，同時又掌握著決定勝負的權力，球員兼裁判。那被告怎麼可能贏球呢？

所以過去律師辦刑案沒有什麼技巧可言。只要準備一個訴狀，結辯的時候講一下就行了。律師如果想問證人，得先請示法官。法官通常會說：「你要問什麼，告訴我，我來問。」要透過庭訊過程瞭解真相，往往是緣木求魚。民間司改會的那群律師們之所以覺得必須推動司法改革，多半都在刑事案件中感受到非常大的挫折，官司輸了不是輸給檢察官，也不是輸給事實，而是輸給制度。

還有一個問題是審判程序的空洞化。受命法官負責訊問被告、調查證據，最後開審判庭的時候，審判長與陪席法官才到。認真的審判長會看卷，不認真的則只看前審的判決，或者看檢察官的起訴書。審判程序只是行禮如儀，審判長指揮訴訟也只是「過水」一下而已。

即使審判長與陪席法官認真一點，都看了卷子，那還是有個問題，就是違反直接審理原則。他只看到白紙黑字的筆錄記載，對證人與被告欠缺直接的觀察，他的心證失去了最重要的基礎。三位法官組成「合議庭」的目的，原本是三個人各自理解、體會、討論，以避免偏誤；可是如果沒有直接審理的話，合議便流於形式。

可是蘇案再審不一樣，以前不來的人都來了。三位檢察官全程蒞庭，三位法官也全程蒞庭；檢察官出現以後，法官自然退後一步，由原告與被告進行主要的攻防，法官站在一個聽訟中立的角色。

法官的法袍鑲著寶藍色的邊。檢察官的是紫紅色，律師的是白色。終於，法庭裡三色都到齊了；紅白對抗，藍色仲裁。

蘇案重啟再審之門，各界注目，救援團體也全力動員，法庭裡盛況空前。更多更多的人擠不進去，辯方要求現場直播。審判長葉騰瑞裁定照准，因為公開審理的本意，就是讓所有人都可以關心、可以瞭解，以示坦蕩。高等法院史無前例地在中庭裡架起了電視螢幕。

檢察官反對現場直播，事實上，檢方根本反對公開審理。李進誠檢察官表示，原確定判決認為女性死者葉盈蘭曾經遭到輪暴，因此依照性侵害防制法的規定，這一案件應該採取祕密審理，除非當事人同意公開。林憲同律師代表家屬表示反對。

辯方則指出，本案並不是單純的性侵害案件，而是盜匪的結合犯，盜匪罪較性侵害罪為重，所以依一般慣例，審判時應該依盜匪罪為準，不屬於性侵害防制法的範疇。這是雙方第一次過招，法庭接受辯方律師的解釋，維持公開審理。

告訴代理人林憲同律師主張，既然再審的原因是那個小皮包，那麼就應該以小皮包為起點開始審理。

那是一個暗灰色的女用小皮包。吳銘漢的女兒很喜歡這個皮包，這是堂姊送給她的禮物，才七歲的她一直當作寶貝。王文孝第一次潛進吳家的時候是八十年二月，只偷走了這個小皮包與一串鑰匙，還有兩捲錄影帶。三月間王文孝又潛進吳家，跑進主臥室翻箱倒櫃，驚醒了吳銘漢與葉盈蘭，才鑄下大錯。

這個灰色小皮包原本是一個滿載著祝福與友愛的禮物，因為王文孝的緣故，被扔到水塔底下不見天日，直到王文孝落網坦承不諱，警方才將灰色小皮包起出，成為贓物。小皮包是二月那次竊盜所得，不是三月這次殺人搶劫所得；它跟蘇案一點關連也沒有。但是自從二審判決錯把灰色小皮包當作證物以後，歷次判決也一錯再錯，硬是把這個無關的小皮包拉進來參一腳。

從禮物、贓物到證物，不起眼的灰色小皮包走過漫漫長路，始終妾身未明，直到八十九年，終於成為重啟審判程序的關鍵證物。這不是蘇案判決中唯一的錯誤，但卻是槓桿的支點，一使力，天地就為之變色。

受命法官江國華在法庭上說明他們為何裁定再審。他說，如果被告沒有永遠與世隔絕的必要的話，法官是很不願意判死刑的。這次裁定再審，表面上是因為這個小皮包，但其實是對於自白的任意性與真實性有所懷疑。只是台灣過去實務上，對於再審採取十分嚴苛的標準，所以只好以小皮包為理由。然而我們的法律承襲日本，日本法律承襲德國，日德對於再審都沒有那麼嚴格。因此，刑二十一庭的三位法官決定以與日德相同的標準，裁定再審，雖然檢察官提抗告，但最高法院已經駁回，表示最高法院支持再審的裁定。

至於林憲同律師的意見，審判長葉騰瑞則表示，根據刑事訴訟法，案件一旦裁定再審，就回復到原審判決的基礎。也就是說，雖然一個案子要有新事證才能夠再審，但是再審卻不只是檢視新事證而已，而仍應考量一切人證物證，做出判決。因此，小皮包雖是蘇案再審的關鍵性事證，卻不必「先」來審這個小皮包。

在告訴代理人的要求下，檢察官聲請葉騰瑞法官、江國華法官迴避，因為他們兩位就是裁定再審的法官。檢察官指出，要重開「再審」之門，必須有「足以動搖原確定判決」的新事證才行。兩位法官僅僅因為一個無關緊要的小皮包，就形成無罪判決的心證，忽略其他罪證；這表示他們心中對於蘇案已經自有定見，立場偏頗。而且江國華法官接受自立晚報採訪的時候說過：「身為法官不能光是保護自己，如果判決有錯，就應該認錯，再給人家一次機會，為什麼要迴避呢？」

檢察官在聲請狀內再次強調，死者之一葉盈蘭曾遭輪姦，所以此案應依循審判不公開的原則進行，然而審判長葉騰瑞卻准許在庭內架設攝影機即時轉播，可見其立場之偏頗。再說，程序上，一個案子裁定再審以後就應該報結，抽籤重新分案；但本案卻沒有重新分案，直接讓裁定再審的刑二十一庭來審，檢察官也認為有不妥之處。

高等法院隨後駁回了這個聲請。高院認為，根據刑事訴訟法第四三六條，一旦裁定再審之後，整個案件就回歸原點，法官必須全盤考量對被告有利與不利的證據。也就是說，不管法官在裁定再審的時候怎麼想，反正一旦開始再審，一切就要歸零，法官要重新透過調查證據、訊問證人等種種方式來發現真實；不能僅因為他裁定再審，就斷言他一定會做出偏頗的判決。那頂多只是公開心證是否得當的問題而已，不能據此推定說法官與被告有故舊恩怨。至於要不要架設螢幕轉播，是法官指揮訴訟的職權範圍，檢察官如果不服，應該依刑事訴訟法第一七四條提出異議，不能據此認定法官「偏頗」、聲請法官迴避。最後，要不要重新分案，是法院的內部規範，跟法官行使職權無關。所以聲請駁回。

程序上的攻防暫告一段落，各方寄予厚望的三位法官，按照慣例開始訊問被告。蘇案的再審終於正式進入實質的審理，旁聽席上，每個人都不自覺挺了挺腰，坐正了。

訊問重點是三人在案發當晚的行蹤。王文忠四月初就要去當兵了，所以三月二十三日晚上，蘇建和、劉秉郎和王文忠決定聚一聚，約在汐止「迪斯耐撞球場」打撞球。劉秉郎打電話約莊林勳也來，但莊林勳拒絕了，因為那天莊林勳爸爸過生日。

蘇建和騎機車先去載劉秉郎，到了撞球場以後，發現王文忠帶了一個朋友來，很沉默，原來是他的哥哥王文孝。其他人跟王文孝不熟玩不起來，幾個人像一盤被打散的撞球那樣，懶洋洋地不起勁。打打沒什麼意思，王文忠便請蘇建和先載哥哥回汐止家，然後蘇建和再回來，三個人轉移陣地去基隆打撞球。劉秉郎和蘇建和想帶王文忠去嫖妓，可是王文忠不好意思去，臨陣脫逃。等劉秉郎與蘇建和回來以後，三人去基隆夜市吃了點東西，這時候已經是清晨三點了。該回家了，蘇建和騎車，他們「三貼」先送劉秉郎回家。在門口聊一下天，遇見鄰居彭金龍與卓鳳淑夫婦。劉秉郎叫他們住下來，但王文忠說要回家，不然會挨罵。蘇建和送王文忠回去以後，自己也回家。從頭到尾，莊林勳都沒參加。

這大概是史上最無聊的青少年夜遊行程了，卻拜冤案之賜，成為被複述最多次的「史上經典行程」。

八月十五日，王文忠、蘇建和、劉秉郎、莊林勳在一天之內陸續被捕。蘇建和與劉秉郎驚愕了好一會兒才明白，問題出在半年前那個微涼的夜，在撞球場短暫相遇的那個沉默青年。因為一枚無可抵賴的血指紋，王文孝承認那夜亂刀砍死兩人。然後，在台灣警界偏重自白的辦案方式下，王文孝說出「長腳」、「黑點」、「黑仔」三個綽號，蘇建和、劉秉郎、莊林勳被一把攫住，自此無法脫身。

莊林勳是三人之中最結實、最壯碩的。他根本不認識王文孝，跟王文忠只見過一次，跟蘇建和也不太熟；他只認識劉秉郎。關鍵的一夜、致命的球局，他沒參加，所以一問三不知。他向法官表示，汐止分局的警察刑求他，灌水、用打火機燒下巴、用電擊棒電擊下體。在孤立無援的狀況下，他承認了，任憑警察牽著他的手，在自白上面捺下指印。

莊林勳性格簡單樂觀，他不是堅忍卓絕那一型的。他在昏沉之中，感到前所未有的孤絕。他不知道那天夜裡，莊媽媽在基隆與汐止之間無盡往返奔波，慌張、急躁，哀哀無告。確定莊林勳被抓進汐止分局以後，她在分局外等候，淒風苦雨淋到天亮。

直到警察問他開山刀的下落，莊林勳才突然看見了一線求救的曙光。他騙警察說開山刀藏在家裡衣櫥的夾層裡。

刑警去莊林勳家的時候，只有莊林勳的弟弟莊國勳在家，那年莊國勳還不滿十六歲，還是個小孩子。警察踢破了衣櫥的背板，裡面沒有開山刀，只有一地銅板。兩位刑警順手抄起其中的二十四元，成為蘇案的唯一物證。

那個衣櫥背板與牆壁之間有個縫隙，莊林勳兄弟把那裡當作存錢筒。一個狹窄無比的入口，通往一個無限寬廣的夢想。他們有零錢就往裡面丟，像童話裡賣牛奶的女孩一樣，幻想將來可以用那些錢來買車、買房子、買各種不切實際的幼稚夢想。

現在，那個聚寶盆似的神祕空間被攻破了，幾個銅板相互碰撞的清脆聲響，即刻兌換為手銬與腳鐐的沉重撞擊。十九歲的莊林勳與十六歲的莊國勳，在那驚懼交集的一夜急速長大，青春夢想從破碎的夾板裡飛出來，告別了他們。

莊媽媽沒有放棄，但是莊林勳放棄了。警訊筆錄裡承認了以後，士林地檢署崔紀鎮檢察官來偵訊，他也承認了。

檢察官的筆錄上是這樣記的：

問：共有多少兇器？

答：是王文孝上樓拿了三把兇器，我、王文孝及劉秉郎三人各拿一把開山刀，侵入屋內尚未進入房間時，蘇建和去廚房拿菜刀，房間門未反鎖，我們進入，王文孝押住女主人，蘇建和押住男主人，我們翻東西有二人。王文孝提議強姦女主人，他先強姦女主人，衣服脫光強姦她。男主人有反抗，蘇建和就砍他。蘇建和第二個強暴，劉秉郎第三個，我是第四個。第一次王文孝強暴時，女主人有反抗，王文孝有砍她，我們後來三人強暴時也有砍她，強暴完時，她尚未死，我們大家商量決定殺人滅口。

莊林勳十分合作，問一句，答一串，典型的「坦承不諱」。六百字不到的筆錄，末尾十分正式地簽下日期時間：中華民國八十年八月十六日十一時五十分。

劉秉郎也在法庭上陳述那些忘不掉的回憶。被抓到汐止分局以後，警察問劉秉郎三月二十三日當夜人在哪裡。劉秉郎說那天莊林勳沒有跟他們一起玩，警察一巴掌就甩過來，「你們串供串得很好！看我怎麼修理你！」

十年以後，劉秉郎的敘述仍然栩栩如生。他說，他被帶到樓下的小房間，兩個刑警一左一右將他架起，胸前墊上一本很厚的電話簿，然後另一個警察用大鐵鎚用力敲擊電話簿。每敲一下就問他：「有沒有做？」「沒有。」再敲。「有沒有做？」「沒有。」再敲。「有沒有？」「沒有……」這樣撞擊直到他吐了一地，豔黃與嫩綠。

接下來，警察弄來許多大冰塊，要他脫光了衣服後坐上去，用水淋濕他，再打開大型的電風扇往他身上吹。他冷得發抖，而對話仍然一樣：「有沒有做？」「沒有。」再吹。「有沒有做？」「沒有……」他覺得自己凍成了冰塊的一部份，全身的熱能都被吸光了。他掙扎，跌倒，掉進下一階段的刑求。

「把你吊起來灌，看你怎麼掙扎。」警察把他的雙手雙腳綁起來，吊在一根鐵管上，用毛巾摀住口鼻，然後往他口鼻灌水，直到他快要窒息為止。「有沒有做？」「沒有。」再灌。「有沒有做？」「沒有……」灌水之後灌尿，灌尿之後，灌的是辣椒水。非常辣，他用吃的也沒吃這麼辣。灌進去以後，上自頭顱下至胸腔，好像全部貫通，變成一個很大的壓力鍋。壓力還在繼續增加，他覺得自己脆弱的頭顱肋骨肌肉皮膚已經快要通通解體了；他覺得自己會在任何一刻爆炸。

劉秉郎已經不再想包青天了；他想起了王迎先。為了一個不曾犯下的銀行搶案，計程車司機王迎先被逮捕，被刑求，被帶去模擬犯案過程的時候，從秀朗橋上落水溺死。警察說他畏罪自殺，結案。後來，真正的搶嫌李師科落網，贓款成捆地堆在家裡，還來不及花。大家恍然大悟：王迎先是因為被刑求所以才承認的呀。但是他已經來不及喊冤了。

於是劉秉郎承認了，在警訊筆錄上捺了指紋，為自己保留一個喊冤的機會。

當檢察官崔紀鎮來到警局，對劉秉郎而言，那簡直就是白馬王子翩然駕臨！崔紀鎮穿白襯衫、打領帶，沒有穿法袍，但是劉秉郎想考法律系啊，他知道檢察官是幹嘛的。所以他翻供了。

檢察官的筆錄裡寥寥數語：

問：職業？

答：無。

問：警訊所供實在否？

答：不實在，我並沒有參加。我們打完撞球直接回基隆。

見劉秉郎不肯承認，崔紀鎮檢察官叫王文忠進來，問王文忠：「你們打完撞球共幾人回你們住處？」王文忠依照警方的版本答：「有五人，他們上樓作案約半小時，下樓後我們五人分乘兩部機車到基隆。到時約四時許，時間我不確定，因我沒戴錶。打完電動玩具，劉秉郎及蘇建和去找妓女，我們另外三人在電動玩具店等他們二人回來，然後再解散。我與我哥哥搭計程車回去。」

檢察官再繼續問劉秉郎。

問：你究竟有無參與殺人及強暴之事？

答：沒有。

問：知否他們要行竊？

答：不知道。

問：王文忠、王文孝兄弟與你有無仇恨？

答：沒有。

問：莊林勳供說你有參與，有何意見？

答：我沒有參加。

六問六答，這就是筆錄的全部了，共計一百三十字。

儘管劉秉郎「攔轎喊冤」，但他的白馬王子卻不相信他。更糟的是，白馬王子沒有帶他走。檢察官訊問筆錄簽下的時間是中午十二時四十分，冒險翻供的劉秉郎被留在警察局，直到晚上七、八點。

包青天不是包青天，劉秉郎差點就變成王迎先了。

他們是同案被告，所以依慣例分別訊問。終於輪到蘇建和的時候，他在法庭外已經等很久了。十年來他執意要記住被刑求的每一個細節，對於自己飽受摧殘的身心而言，遺忘是最嚴重的背叛。

「他們要我把衣服脫光，放我躺在地上，用毛巾或是抹布蓋在我鼻子上面灌水，讓我無法呼吸。他邊灌水邊講：『要不要承認？』每隔一段時間，他就把毛巾拿起來問我要不要承認？灌了多久我不知道，後來我受不了了，只好說：『好，我說我說……』可是警察問我時，我又不知道要怎麼說了。他們就又灌。」

「後來又進來一個警察問說：『還沒搞好？』就又叫另一個人進來，有人講了一句：『這硬斗，把他吊起來。』他們把我的手跟腳重新綑綁，拿一根黑色的棍子從手腳中間穿過去，兩邊放椅子把棍子頂起來，我被吊在中間，再灌。我很痛，一直掙扎，只好說我要承認。」

「這時候他們才把我鬆開讓我休息，但我因為沒作案，不知道要怎麼說。想了很久，我還是說：『警察大人，我真的是被冤枉的，請相信我。』但他們不相信，把我雙手反綁在椅子上，然後拿了一張長方形板凳把我的雙腳立直，並拿有點彎度的竹刀打我腳底板……」

「接下來，警察拿出電擊棒，那隻電擊棒長約一尺半，按下去以後，會發出啪啪啪電流的聲音。他說：『我再問你一次，你有沒有去作案？』我說：『沒有。』他們說這個案子不可能只有這麼少人做，你還不承認！於是用電擊棒先掃過我的大腿兩側，我很痛，一直叫，他們拿抹布或毛巾，把我的嘴綁起來。」

蘇建和愈說愈激動，聲音也哽咽了：「法官大人，你知道嗎？他們……他們電我的生殖器，我全身……我被電得全身都痛……」

「有一個警察出去後拿了一些筆錄在翻，他說：『王文孝說你有拿凶器，有沒有這回事？』我說沒有，他就電我，我受不了，只好說有有有。他們又翻筆錄說劉秉郎說你怎麼怎麼樣。我被電怕了，所以就隨便說有，這樣他們也不高興，說我回答得太快了，也要電我。我很累，意識很模糊，但他們一直反覆問……」

「到了早上警察押我上車，他拿一把槍指著我的頭說：『等一下要回你家，你如果敢亂說話，就把你帶到海邊殺掉丟到海裡，說你畏罪潛逃。』所以回到家我就不敢講話。」

蘇媽媽坐在旁聽席上，忍不住母親的心痛，失聲痛哭起來。再聽一遍，往事如同巨輪，又從身上碾過一回。

蘇建和本來就是三名被告之中最健談最外向的。如今在庭上，他將累積了十年的委屈連本帶利地一次說個痛快，絮絮叨叨說了又說。審判長忍不住制止他了：「回答我的問題就好，其他的現在不用講。」蘇建和以清亮的男高音，禮貌但堅持地回答：「法官大人，我現在講的只是一小部分而已！」以前參與救援活動的陳振淦來旁聽，繼續關心蘇案。聽到這句話，他不禁笑了。難怪當年蘇建和被刑求了一整天都沒有承認犯案！

蘇建和小時候其實是沉默的。他小學的時候不小心把門牙摔斷，碰到一個蒙古大夫說等到長大再補就好。所以他期待長大，期待得比同齡的小孩子更殷切一點。那顆缺損的牙一直到高中才補起來，他的好朋友也始終是王文忠、劉秉郎這幾個。

被捕的時候，蘇建和只有十九歲，懵懂、莽撞、天真。家裡開自助餐店，住在台北都會區邊緣的汐止小鎮。高工時唸的是建教班，半年在學校唸書，半年在工廠上班。工廠在竹圍，他一直聽說那裡的夕陽很漂亮，會把整個海面照成金黃色的，但他一直沒有機會去看。騎機車時速常常超過一百。不抽煙。身體有需要的時候，會去基隆鐵道旁的風化區「解決」一下。

現在蘇建和二十九歲了，比當年瘦了十幾公斤，全身都痛，每天服用止痛藥，近乎飲鴆止渴。十年前的刑求留下來的不只是陰影，更是烙印，紋身一般細細密密的刻畫。但是為了再審，他停止服藥，怕藥物會影響他的思考與陳述，靠意志力硬把痛楚的感覺壓下去。

陳振淦跟蘇爸相知甚深，他覺得蘇爸謙虛歸謙虛，卻是個十足的「硬頸漢子」，像牛一樣的執著。看到蘇建和這副不肯退縮的架勢，他只消一眼就明白了：那是蘇爸留給蘇建和最好的遺傳。

「搜完東西以後他們又帶我回警局。有一位自稱是副局長的人跟我說：『你怎麼不承認？』我說我確實沒有做，不知道怎麼講，我已經被打一個晚上了。他說這些警察很不應該，因為我被打成這樣都沒有承認，可能是冤枉的。他對我很好，我就請他一定要救我。他請一位警察幫我做筆錄，在筆錄裡我還是沒有承認作案。做完筆錄後，副局長說，到了法院以後，法官看了這份筆錄，就會很快放我回家；但是其他人有去作案，所以他要我配合，等一下長官來的時候要先承認。一位警察帶我去一樓的小房間拿王文孝跟劉秉郎的筆錄，要我承認殺人、強姦、偷竊。我說我沒有做，警察說剛剛跟你講那麼多，你還聽不懂？他們說要照三餐刑求我。」

「那時我在警局已經被刑求了一天一夜了。進去小房間以後，有一個男的穿白襯衫，警察說是他的長官，他旁邊坐一個女的，他們就開始問我話，說當天我們幾個人在一起、有沒有作案、我拿什麼凶器、有沒有殺人……我都是照警察教我的說。」

一天一夜的刑求加上誘哄，十八歲的蘇建和終於走到自己意志的極限。根據檢察官的筆錄，他是這樣承認的：

問：今年三月二十四日凌晨二時許，你們五人是否侵入吳銘漢家中？

答：我願意講出事實，我們五人從狄斯耐撞球場騎兩部機車到王文孝家，王文孝提議要偷，因為沒有錢花。王文孝不知從何處拿了三把開山刀，王文忠在樓下把風，王文孝他進去開門讓我們進入，進房間前，我記得王文孝從屋內拿菜刀給我。

筆錄最末簽下「中華民國八十年八月十六日十三時四十分」。

崔紀鎮檢察官問完三名被告以後，汐止分局舉辦了破案記者會，當天晚上八點，三名被告移送士林看守所。他們交出身上一切私人物品，隨身攜帶的，只有傷痕與屈辱。

隔天是七夕，中國情人節。蘇建和收到女友送來的一盒薄荷糖。

根據同房獄友的說法，蘇建和哭了。

第十章

枯萎的記憶

魚在餐盤中
忘了刀與砧板的共謀
——洛夫

被告這邊的抗辯主軸，從一開始就很清楚：刑求抗辯與不在場證明。

但是歲月的流逝為他們帶來額外的困難。十年過去了，不在場證人的記憶再怎麼確定，也都模糊了。如果幸運地依然保持清晰，則顯得更不可信，更有串供袒護的嫌疑。

另一方面，那些原本能夠指證刑求的證人，十年的時間，也很夠他們遺忘了。一切不願意記得的事情，都可以一筆勾消，連個藉口也不需要。十年的時間就是最好的理由。

蘇建和、劉秉郎、王文忠三貼回到劉秉郎家的那天晚上，在劉秉郎家門口遇到鄰居彭金龍與卓鳳淑夫婦。他們的兒子住在湖口，那天他們去兒子家聊天，開車回來時已是深夜。在路上夫妻兩人吵架，於是就把車停在高速公路泰山收費站附近想睡一下，可是警察過來取締，告訴他們說這是收費站不是休息站，不能把車停在路邊休息。因為有這麼個插曲，所以特別記得這一天。回到基隆的時候大約是凌晨三點多，看到劉秉郎家裡仍然燈火通明，劉秉郎和另外兩個朋友在門口，還有一輛機車。卓鳳淑跟劉家不算熟，常看到劉秉郎，但是很少交談，所以那天晚上隨口招呼了一聲：「這麼晚了怎麼還不睏？」劉秉郎沒有回話，只是朝她點了點頭。

另外兩個人，卓鳳淑都不認識，但是她記得蘇建和的樣子，「因為蘇建和看起來像兔寶寶，他的牙齒暴暴的，所以我對他印象很深刻。」卓鳳淑的先生彭金龍也曾經為劉秉郎出庭作證，但是這個案子拖延了這麼久，再審時要傳彭金龍出庭，才知道他已經過世了。

卓鳳淑的說法和劉秉郎家人的證詞是相符的。那大凌晨他們家裡燈火通明，是因為劉秉郎的哥哥姊姊們回來，在家裡打麻將。大姊劉美月、大哥劉秉廉、二哥劉秉政、三姊劉美真，都記得打麻將打到三更半夜，劉秉郎才回來。

莊林勳的不在場證人是郭明德。他是莊林勳父親的朋友，賣生魚片兼開計程車為業。莊林勳的父親欠他一萬元，所以那天他到莊林勳家拿錢。等著等著無聊，大家索性築起方城來，除了郭明德、莊媽媽和莊林勳之外，還有莊林勳的一個朋友，叫做安建國。此外，一位裝潢工人李金益正在趕工做櫃子和地板。牌局從夜裡十點打到隔天早晨五點，郭明德就在他們家睡下。他醒來時是下午五點，莊林勳還在睡。

當天在場的另外兩個人安建國與李金益，再審的時候沒有出庭作證，但是之前法庭已經記錄過他們的證詞。八十一年蘇案在士林地院一審的時候，安建國出庭作證，說他是二十三日晚上十點到莊林勳家的。他們念同一個國中，又住同一社區。他本來想找莊林勳去看電影，但莊林勳說想打麻將。打到隔天早晨六點左右，他就在莊林勳家跟他一起睡了。莊林勳沒有出門[76]。

李金益則是在八十二年高等法院更一審的時候，作證說莊林勳家的裝潢工程恰好於三月二十五日完工，所以他記得是從二十三日趕工，一直做到二十四日凌晨三點多，才回家睡覺。他也有看到「老闆娘、她兒子及兩個朋友」從十點多開始打牌，直到他凌晨離開時還在打。李金益口中的「老闆娘」就是莊媽媽。其間莊林勳並沒有出門，還問他裝潢做好了沒[77]。

經過了十年，證人腦子裡的記憶如同臉上的肌膚，無可避免地枯皺老化。在法官詳細的追問之下，記憶的漏洞與矛盾就無所遁形。劉秉郎的哥哥姊姊們作證說那天晚上因為在家裡打麻將，所以知道他半夜三點多就回家了，不可能跑去汐止作案；但是對於當夜牌局的細節，比如劉秉郎是幾點出門的？到底是哪四個人在打牌？那天誰贏？打到那麼晚，有沒有吃宵夜？吃什麼？眾人的記憶就稍有出入。

鄰居卓鳳淑雖然說在門口曾遇見劉秉郎等三人，但最困難的一點是，縱然曾經有過這麼一個牌局，有過這麼一次鄰居間的巧遇，可是十年之後，她如何能夠記得那一天「就是」三月二十三日深夜？

卓鳳淑說那天是聖母生日，而剛好夫妻吵架，所以記得。庭上問她是否記得第一次為蘇案出庭作證是什麼時候？她不記得。

大哥劉秉廉說，他們打牌到很晚的時候，劉秉郎回來了，還記得他穿一件黑色衣服。但是葉騰瑞法官取出八十一年士林地院一審的卷宗，問劉秉廉：「你當時說的為何跟今天不一樣？」當時他說那天王文忠有來找劉秉郎，但其實那天是蘇建和來載劉秉郎的，他們跟王文忠、王文孝直接在撞球場會合。劉秉廉有點尷尬地回答：「因為時隔太久，難免有點出入，但我確實看到劉秉郎回來。」法官再問：「為什麼你那麼確定劉秉郎回來的時間是三點左右？」「因為當時我們已經玩得很累了，半玩半開玩笑，我還奇怪劉秉郎怎麼還沒有回來，說著他就回來了，所以才會有深刻的印象。」「你會記得三月二十三日，是因為農曆三月二十三剛好是媽祖生日？」「因為當天正好是國曆的三月二十三，為了聯想，所以我就記得。」

大哥劉秉廉證詞的最大弱點是，他八十一年作證時，並沒有提到「看見劉秉郎回來」這件事[78]。近十年之後再說他有看見劉秉郎回來，可信度自然大打折扣。三姊劉美真的證詞也有瑕疵：一審時，她說那天劉秉郎也跟他們打了一會兒麻將，大約是晚上十點半左右；但再審時出庭，則說劉秉郎是晚上七、八點出門的。二哥劉秉政的證詞是比較一致的，雖然也有些細節記不清，但是無關宏旨。

他們的證詞大體上彼此相符。但是在法庭上，辯方證人的任何矛盾，都是檢方表現詰問功力的好時機。

王文忠作證的時候，也曾提到他們送劉秉郎回家的時候，有聽到鄰居跟劉秉郎說話。李進誠檢察官追問道：「那個人是男的還是女的？」王文忠說：「好像是男的，但記不清楚了。」但是根據卓鳳淑的證詞，與劉秉郎講話的應該是她，而不是她先生。

莊林勳的不在場證人郭明德的證詞也有一點瑕疵。他說他三月二十三日下午五點多去莊林勳家，一直到二十四日下午五點睡覺醒來，莊林勳都沒有出去；但是一審的時候他兩度作證，第一次說是二十三日早上十點到莊家、二十四日清晨六點離開，第二次則說打麻將打到四點多就睡覺了，但是醒來時是三月二十五日。

不過，裝潢工人李金益與莊林勳同學安建國的證詞，都十分完美地證明了莊林勳那天沒出門。彭金龍與卓鳳淑夫婦的證詞，也可以證明劉秉郎那天約莫是三點多回到家的。而且，他們分別在民國八十一年、八十二年左右就出庭作證了，距離八十年案發還不算太久。

告訴代理人林憲同律師廣泛地質疑證人的可信度。他說：「證人證詞拼湊得太厲害了！……為什麼這麼多位證人，都在案發後一、二年的時間才陸續出現？這些證人都是他們的辯護律師在閱完卷以後才出現的，這是很令人懷疑的事！」

蘇友辰律師身材並不高大，但是他兩眼冒火的時候，就像武俠小說裡的高僧一樣，身軀暴漲數十丈，從辯護席上一站起來就氣勢懾人：「什麼叫做一、兩年後才出現？我們從一開始就要求傳訊這些證人！檢察官根本不理會，這些都有紀錄的，你有看過卷子嗎？我要求你收回你剛才講的話！」

「你有看過卷子嗎？」蘇律師刀未出鞘，卻直逼要害。告訴代理人五人律師團初成軍時，林憲同律師就要求法院正式寄送再審裁定正本，並請求庭上准予他們閱卷與到庭陳述意見。高等法院的答覆是：其他可以，但是閱卷一事，於法無據，礙難辦理。

林憲同律師行走江湖多年，這等場面他見識也多了。他從容地淺笑說：「是我誤會了！」當庭向蘇律師道歉。

三名被告說被警察刑求，而警察說沒有。那怎麼辦？辯方決定傳書記官出庭。檢察官偵訊的時候，都會帶著書記官同行，由書記官負責紀錄。如果三名被告確實被打得那麼慘，那麼書記官應該有看見一些蛛絲馬跡吧？

崔紀鎮檢察官偵訊的時候，書記官是李瑩芳。法官問她偵訊時有沒有錄音？「我不記得了，如果有的話，卷內應該會有。」「檢察官於八十年八月二十一日在士林地檢署訊問蘇建和，經本院當庭播放訊問錄音帶，內容不只兩句，為什麼偵訊筆錄只記載四行，問兩句、答兩句？」「我不太記得，因時隔已久。」「那次的訊問，除了筆錄記載的以外，蘇建和還講了什麼？」「我不記得了，太久了。」

隨後蘇友辰律師詰問。「你有沒有聽到蘇建和向檢察官表示他被刑求？」「不太記得。」「被告三人八月十六日在汐止分局裡接受檢察官訊問時，有沒有提到他們被警方刑求？」「不記得。」「八月二十一日檢察官單獨提訊蘇建和，你記不記得蘇建和有向檢察官提出他有被刑求，下體受傷，請求驗傷？」「太久了，我不記得。」

庭上問三名被告有沒有問題要問證人，蘇建和開口了。「妳是否記得，在汐止分局的時候，因為我一直流鼻水，妳還拿衛生紙給我擦？」「我不記得了。」

蘇建和對自己悽惋一笑，不知道應該感激她十年之前的憐憫，還是怨怪她十年之後的遺忘。

士林地院一審的時候，負責調查證據的是受命法官湯美玉，書記官是鍾秀媛。當初三位被告對於一審開庭是寄予厚望的，沒有想到，他們被刑求的事實仍然一再被輕忽，不但法官不調查、不採信，連筆錄裡面都沒有記載。再一次地，辯方把希望放在書記官身上：筆錄裡沒有記載，但是書記官應該有聽見吧？

審判長葉騰瑞問證人：「受命法官湯美玉於八十年十二月十二日到上林看守所訊問被告劉秉郎等三人，為什麼不提到法院訊問，而在看守所訊問？」「我不知道什麼原因。我也不記得了。」「前項訊問期間，被告蘇建和是否曾主張其下體遭警方人員刑求受傷，有潰爛現象，而要求法官予以檢視？」「我不記得了，因為時隔已久。我只知道我有跟法官一起去做筆錄，其他的事我都不記得了。」

蘇建和忍不住要求直接詰問證人，誰都聽得出他聲音裡掩不住的熱切：「當時去看守所訊問我的時候，妳有錄音，我當場要脫褲子給湯法官看，妳坐在湯法官的右邊，當時是在律見室，錄音機放在妳的前面，所以湯法官要妳將錄音帶拿出來說：這段不要錄，將錄音帶倒回去重錄。請妳回憶當時究竟有沒有錄音？」鍾秀媛書記官回答，誰都聽得出那聲音裡掩不住的黯淡：「記不得。」「八十年十二月十二日當時我陳述被刑求，為何妳沒有紀錄？」「記不得。」

證人下去以前，審判長照例詢問三名被告對證人的證言有什麼意見。蘇建和洩氣了，說：「她沒有照事實講。」莊林勳一如往常的淡漠，說：「沒意見。」劉秉郎賭氣似的，說：「證人都一問三不知，所以我沒有意見！」

十年了，遺忘是常理，無法再追究；記得是硬拗，居心必可疑。在講究嚴謹專業的法庭裡，十年前的記憶要被採信，似乎是個太過奢侈的夢想。只有蘇建和、劉秉郎、莊林勳三個倒楣鬼，他們的遭遇無法忘記，他們的記憶又未必被採信。

「準是有人誣陷了K，因為在一個晴朗的早晨，他無緣無故地被捕了。」這是卡夫卡的小說《審判》。這個K被莫名其妙捉了以後，又莫名其妙被放回去繼續過日子，但卻必須在每個禮拜天上法庭受審。審什麼呢？不知道。法庭是一棟幽深陰暗的建築，而K從頭到尾都搞不清楚自己以什麼罪名被起訴，誰在審判他，以及他該怎麼辦。

蘇案裡也有三個K一般的人物，那就是蘇媽媽、劉媽媽與莊媽媽。每次開庭，她們便千里迢迢轉車來旁聽，法庭裡在問什麼，她們其實並不清楚。但是為了給兒子一點精神支持，她們一次又一次走進法庭，參與一場無法明白的審判。

76 一審卷，頁一六八，八十一年一月六日筆錄。

77 更一審卷，頁一一四，八十二年六月十八日筆錄。

78 一審卷，頁二四七，二四八，八十一年一月二十八日筆錄。

第十一章——

自白的魔咒

有時候我們被事實絆倒，
但大部分人都會趕緊爬起來，
假裝什麼也沒有發生過。

——邱吉爾

「被告蘇建和宣稱在警察局受到刑求，可是他在警局的筆錄並沒有承認犯案，反而是在檢察官面前他承認了，這很可疑。」在蘇建和的慘烈告白之後，告訴代理人楊思勤律師適時表示了意見。楊思勤律師曾任全國律師公會聯合會理事長，亦曾任國大代表，後來加入台聯黨，在政界與法界都十分活躍。

楊律師認為蘇案先前的有罪判決並無不妥，案子延宕多年不執行死刑，是對司法威信的傷害。蘇案再審後，見被告的辯護律師陣容堅強，楊思勤主動表示願意為吳唐接義務辯護，加入告訴代理人團隊。

顧立雄律師則有不同的看法。他擔任台北律師公會刑事法委員會的主委已經兩任了，對於刑案的實務與理論都非常嫻熟。在他眼中，蘇案是個很普通又很典型的例子。

傳統的辦案模式是：只要有自白，法官就問：「你有沒有做？沒做那你為什麼要自白？」法官不去問這自白是怎麼來的，過程合不合法；卻老是要被告提證據來證明自己無罪，因為你已經自白了。如果你說你有被刑求，法官就傳警察出庭：「他說你打他，你有沒有打他？」警察說沒有，好，那就沒有。這樣就可以定罪了。

顧律師認為蘇案拖了十年，始終沒辦法判無罪，是因為有個「審判心理上的魔障」，就是蘇建和在檢察官面前認罪了。法官會想：警察有打你、所以你承認；可是檢察官會打你嗎？他不打你，你為什麼要在檢察官面前承認呢？

律師團的評估是：這個魔障尚未破解。隔了十年，不在場證人的記憶難免有些模糊或瑕疵。蘇建和、劉秉郎和莊林勳把刑求過程講得很清楚，他們的供詞跟歷次審判並沒有什麼矛盾，一路走來，始終如一。可是他們是被告本人，他們供詞的可信度本就有一定的限制。書記官什麼都說不記得，刑求抗辯尚缺有利的佐證。

根據無罪推定的原則，被告沒有義務證明自己不在場，也沒有義務證明自己被刑求；是檢察官有義務證明被告在場、犯案，是檢察官有義務證明被告的自白絕非出自刑求。話是這麼說沒錯，可是，唉，他們就是已經被「有罪推定」太多次了啊！律師團無可選擇的，還是必須自證無辜。

要證明他們被刑求、破解自白的魔咒，有兩條路可以走：第一，傳訊看守所內與他們同房的獄友；第二，傳訊辦案的刑警。

辯方律師團例行性地在萬國法律事務所開會。顧立雄律師在萬國已經十幾年了，現在是資深合夥人。每一位律師都是日理萬機的大忙人，為了蘇案排除萬難來開會。會議由蘇友辰律師主持，大家談到傳警察出庭的可能性。

傳訊刑警是冒險的事情。汐止分局的警察們一路隱匿對蘇建和等人有利的證據，蘇建和等人則指證警察對他們刑求，後來還控告警察瀆職；可想而知，警察的證詞一定對被告不利。

但是再審與過去不同；現在有交互詰問制度。

交互詰問制度是英美法庭的核心。美國人對於律師這個行業十分著迷，《洛城法網》（*L.A. Law*）、《律師本色》（*The Practice*）以及許多成功的好萊塢電影，都善於表現法庭上的機智對話、心理攻防，也塑造了不少聰明狡獪、機關算盡的律師角色。

在司法改革的風潮裡，交互詰問制度被引進台灣，由士林地方法院與苗栗地方法院從八十九年六月起首先試辦。蘇案是高等法院第一個實施交互詰問的案子，所以審判長葉騰瑞法官與三位高檢署的檢察官，都是「新手上路」。辯方律師則比較嫻熟，一方面因為顧立雄、羅秉成、古嘉諄這些人，本來就是台灣司法改革的推手，交互詰問制度的引進，可以說是他們大力促成；另一方面，他們也有其他的案子在士林地院或苗栗地院審理，所以那種臨場的問答攻防，對他們而言並不陌生。

律師團會議裡最特殊的風景，就是顧律師睡覺。只見顧律師把眼鏡放在桌上，閉著眼，頭愈來愈低、愈來愈低，朝著夢境甜美地傾斜過去。不知道誰在說：「……警察可能蠻難對付的，很刁鑽，何況交互詰問制度才剛上路……哪位有過在法庭上跟警察交手的經驗？」只有羅秉成律師點頭。風險，風險，風險。

只見顧立雄抬起頭來，睜開眼，準確地接話：「但我們不傳的話，檢察官也不會傳，那還怎麼玩下去？這個案子根本沒有證據，就是靠自白；可是他們的自白前、後、左、右都是矛盾的。他們每一個人有好幾份自白，前後有自我矛盾；然後每個人的自白又跟其他人的自白互相矛盾。所以我個人是覺得這個風險值得冒。我們要讓法官相信，自白縱使不是出自刑求，也是出自警察的誘導、串供。」

顧律師每次都睡覺，但他就是有這種「夢中開會」的奇特本事，從來沒有漏失過什麼。大家頻頻點頭，律師團決定火力全開，傳刑警！

當年汐止分局組成專案小組偵辦此案，員警包括陳瑋庭、李秉儒、嚴戊坤、李茂盛、黃泰華、張中政。律師們分頭研究卷宗，警察們在一審、二審以及後來被控瀆職時都曾經出庭作證，證詞前後有不少矛盾。逮捕、羈押過程裡有不少違法事項，要一一檢視。比對每一位被告被捕的時間與做筆錄的時間，中間的空檔可能就是刑求發生的時間。最後有個技術性的原則：要求庭上在同一次開庭的時候問完所有警察，不要讓他們回去串證。

第一位出庭的警察是陳瑋庭。當年他是汐止分局的刑事組長，也是關鍵人物，是他主導偵辦方向、指揮其他員警並分派勤務。時隔多年，陳瑋庭已經離開汐止分局，高昇刑事警察局。

王文孝在汐止分局做的第一份警訊筆錄，是詰問的重點。汐止分局沒有將這份筆錄移交檢方，還把第二份筆錄竄改為第一份，十分可疑。辯方律師輪番上陣，三度問到這個問題，陳瑋庭的標準答案是：檢察官來分局的時候，所有筆錄都給他看過了，只是他們記不清楚檢察官究竟有沒有將筆錄帶走[79]。簡而言之就是個小疏忽啦。

至於第二份改為第一份，據陳瑋庭的解釋，那是另外一個小疏忽。第二份筆錄是員警李茂盛做的，他本來註明是「第二份」，可是那是「他」李茂盛第一次對王文孝做筆錄，所以經小隊長提醒以後就改為「第一份」了。

忘記一次或許是疏忽，但如果忘記很多次，就是故意了。沒有交給檢察官，他說是忘了，好吧。一審時，湯美玉法官向汐止分局要過筆錄，而他們只交出第二份與第三份。也忘了？好吧。二審時，林鄉誠法官也向汐止分局要筆錄，還要了不止一次；而他們直到林法官第三度去函，才交出第一份筆錄。怎麼，又忘了？

第二個疏忽也很怪。筆錄的編號本來就是以被告為準，不管誰對他做筆錄，都接續著編下去；哪有因為是不同的員警做的，就要重新編號的道理？舉個例子，王文孝還有第三份筆錄，是張中政做的，按照陳瑋庭的邏輯，這也該改成第一份。可是沒有，它還是第三份。王文忠的第一份筆錄是嚴戊坤做的，第二份筆錄是李茂盛做的，如果李茂盛有此誤會的話，他應該會把王文忠的第二份筆錄也改成第一份。可是沒有，它還是第二份。

第一份筆錄「恰好」不見，而第二份筆錄「恰好」誤改為第一份；這不能不令人好奇第一份筆錄裡有什麼玄機，這樣見不得人？

關鍵就在「謝廣惠」。這人有名有姓，可是蘇律師聲請查過台北縣、市的戶口，都查無此人[80]。查台北縣市的原因是雙屍命案發生在汐止，與台北縣、市有地緣關係。

「謝廣惠」是誰？這不是一個「陳建國」、「林偉強」之類的菜市場名，會不會真的有這麼一個人？他會不會真的與王文孝共謀犯下殺人血案？警方沒有去追查，他們手上已經有蘇建和、劉秉郎、莊林勳了；七十九刀、四個人分，夠了。警方選擇直接把「謝廣惠」這個名字掩飾掉。

也可能「謝廣惠」並不存在，只是王文孝為了應付警察，所以隨口瞎掰。但如果這是掰的，那他其他的話還能信嗎？

王文孝的三份警訊筆錄裡，只有第一份筆錄裡有這個礙眼的「謝廣惠」，到第二份筆錄就改口以綽號稱呼共犯了：「長腳」、「黑點」、「黑仔」。當警方根據王文忠的口供，抓了蘇建和、莊林勳、劉秉郎以後，第一份筆錄裡的「謝廣惠」更明顯地成為破案的絆腳石。你可以輕易說綽號「長腳」的就是蘇建和，可是卻沒辦法說「謝廣惠」就是蘇建和。

第二份筆錄裡的綽號，給予警方辦案無限大的想像空間，只要找到三個人簽下自白，就可以破案了。即使劉秉郎那麼白，也可以硬是叫他「黑仔」。

王文孝的第一份筆錄，是最無法將蘇建和、劉秉郎、莊林勳三人定罪的筆錄，難怪警方不想把它交出來。蘇友辰律師在庭上冒險問陳瑋庭：「王文孝的那三份筆錄，在你看來是對被告有利，還是不利？」檢察官李進誠立刻提出異議：「這是價值判斷的問題，不是證人應該回答的。證人是陳述他經歷的事實，所以有利或不利，不是證人應該回答的。」審判長明快裁定異議成立，證人不必回答。這是檢方一次恰如其份的漂亮防守。

陳瑋庭答詢時伶牙俐齒。蘇律師問：「到目前為止，你們還是研判多人所為？」他說：「不是研判，是確信應是多人所為，因為我有接觸到被告，我們瞭解實情。」蘇律師又問：「據你辦刑事案件多年的經驗，是否有幾十刀，就一定是多人所為？」他說：「如果我這樣認為，我就枉費國家的栽培，中央警官學校畢業！我是根據現場的全盤狀況來判斷，並不是單就被害人身中的刀數來判斷。」

古嘉諄律師要陳瑋庭描述兇案現場。他說：「我不明白問這個的意義何在，但是我從警十餘年來，包括案發後到今天，我從來沒有看過兇案現場像吳銘漢夫婦的兇案現場這麼慘烈。我相信今天在場的很多人，如果當時有在現場可能會嘔吐、會暈眩，待不下去，但是我們基於職責，必須在現場勘驗。既然你要我描述，我就描述給你聽。一進去，吳銘漢的屍體是頂著門的，所以消防隊去的時候有把他推開。進去第一步就會踩到血跡，吳銘漢全身穿的衣服都被血染成紅色，牆上有死者的血掌從上往下滑的痕跡，也有噴射狀的血滴，也有像切斷動脈所噴射的血滴，在屍體的旁邊就看到一個斷掉的指頭，還有一些毛髮，仔細一看，是頭皮。女主人的身上並沒有全部沾染血跡，只有局部，仔細一看，她的左手腕部被切斷，只有皮肉相連。」

古嘉諄律師長得端正帥氣，笑時露出一口整齊的白牙。即使是詰問敵意證人的時候，他看起來仍然熱忱敦厚，頗能解除對方的心防——好像他真的會相信似的。

血案現場的慘狀向來是誤判與錯殺的重要誘因——鮮血勾引人們的憤怒，使人們大膽假設，卻忘記小心求證。古律師很清楚陳瑋庭的這一段話，在心理層次上，對辯方是有威脅性的。他以一貫的溫和態度輕輕一問：「你們在現場有沒有採集到任何跟蘇建和、劉秉郎、莊林勳有關的證據？」

這麼一問，陳瑋庭便從心理的戰場上跌出來，掉回了法律的戰場。他承認：「雖然我們極力蒐證，但是我們確實沒有找到有關他們的任何毛髮等證物。」

隨後費玲玲檢察官詢問製作筆錄的情形，倒是意外問出陳瑋庭辦這個案子的心證與判斷。他說：「當時我們是隔離訊問，有的在寢室，有的在辦公室，全部都是活動的，有很多人來探頭看。我們一開始問，就強烈感覺到，被告等在案發後彼此一定有串供。他們以為此案是唯一死刑，所以大家都不要承認，所以我們在訊問間，直接可以感受到，每一個人都閃爍言詞、避重就輕、反反覆覆。所以在整個偵訊過程中，我們都希望能記起來他們承認的部分，把整個犯案的過程整合完整，但是事實上，因為他們每一個人的記憶力還有表達能力不一樣，使得我們的承辦人員很難得到一個完整的過程，所以我就指示大家依照涉嫌人的供述記載[81]。」

審判長葉騰瑞問道：「你如何很強烈認為，他們一定有串證？」

「這是一個非常慘烈的命案，涉嫌人都是朋友，一定有討論案情，如果有朝一日任何人被查到，都不要講出來。但是警方從王文忠那邊先予突破心防，因為他是把風的角色，兇嫌陸續出現，才能夠突破劉秉郎及莊林勳的心防。蘇建和本人始終不願承認，所以警方在他自由意志下訊問他請他簽名按指印。」

審判長追問：「根據你剛剛的答案，你還是沒有說出如何判斷？」

「我主觀地判斷，他們之間有質疑：是不是他們之中已經有人承認了？他們一直問別人有沒有承認，所以我們有這種感覺。他們懷疑有人違背他們的默契[82]。」

劉秉郎聽見陳瑋庭吐出「主觀」兩字，想笑又不敢笑，輕輕咬著自己的舌頭。終於說出來了吧！是你「主觀」的判斷。

日後在結辯裡，檢辯雙方都從陳瑋庭的證詞裡擷取了不少靈感。三位被告的自白互相矛盾，這件事始終是檢方的困擾，尤其這個案子又是那麼依賴自白。高等法院李相助法官在「蘇建和等盜匪案被告等相關自白資料」裡對這點提出解釋：「或因各人記憶力之不同，或由陳述力之差異，而無法期其所供內容彼此全部一致。」陳瑋庭的證詞與李相助法官的說法類似，後來檢方在論告時，也延續此一看法：「被告莊林勳國中肄業，劉秉郎高中畢業，蘇建和高工畢業，王文孝則僅國小畢業，彼此教育程度不均，記憶力互有不同，各人陳述能力有差異。」

辯方則指出當年偵辦的刑警有強烈的主觀臆測。說來說去都不是這個案子有什麼「證據」，而是被告三人給他們什麼「感覺」。最重要的是，陳瑋庭說出，被告的自白是以「他們承認的部分」，加以「整合完整」。

自白要具備兩個條件才能當成證據，一是真實性，二是任意性。真實性指的是需與事實相符，有補強證據來支持。任意性指的是自白完全出自被告的自主供述，沒有任何脅迫、暗示或誘導。陳瑋庭所謂「整合」做成自白，說穿了，就是警察從中穿針引線幫忙串供。王文孝說他們由偷變搶，警察就跑去問劉秉郎是不是由偷變搶；莊林勳說有三把開山刀，警察就跑去問蘇建和是不是拿開山刀。這樣形成的自白當然是「大致相符」的。將同案被告隔離偵訊，就是為了發現真實，看他們在獨立供述的情況下，所言相符還是相異；「整合式」自白違反了隔離偵訊的原意，這樣取得的供詞再怎麼相符，也沒有意義了。

十幾年前，蘇建和、劉秉郎、莊林勳在汐止分局，度過了最難忘的一天。十幾年來，他們偶爾還夢見刑警們的臉孔，免不了被嚇醒；真希望也有個機會跑到警察的夢裡去，也把他們嚇醒。

現在，莊林勳沒有夢。他每四、五天才能睡半天，腦子裡面像錄影帶快轉那樣一直轉一直轉，眼睛乾澀無淚。他很累，可是睡不著。他不止戴著看守所的手銬腳鐐，還被關在憂鬱症的鐘形瓶裡面，對他而言，世界越來越魔幻了。他出不去。而世界進不來。

79 台灣高等法院八十九年再字第四號（以下稱再審卷），九十年一月十一日筆錄，頁三三。

80 更一審卷，頁二二七，二三五，二三六。

81 再審卷，九十年一月十一日筆錄，頁六六。

82 再審卷，九十年一月十一日筆錄，頁六七。

第十二章——

隧道症候群

如此刻意地迴避主題
他們如此刻意地繼續舞蹈下去
直至潰爛

——夏宇

繼陳瑋庭之後，當年承辦此案的警員李秉儒、嚴戊坤、李茂盛、黃泰華，也一一出庭應訊。辯方律師原本希望在同一次庭訊中問完所有警察，不過有待釐清的問題太多，動輒問上兩、三小時，結果每次開庭都只問完一位。法官也只能象徵性地「諭知」證人回去以後，不要跟其他作證的員警討論開庭的事情。

但是每一位警察出庭時，都可以看到陳瑋庭坐在旁聽席上旁聽。辯護律師認為陳瑋庭是故意坐在那裡，對作證的員警形成心理威脅，請求庭上禁止陳瑋庭旁聽，但審判長認為旁聽是陳瑋庭的權利，駁回了律師的請求。

隨著他們的出庭，當年偵辦過程裡各種嚴重的違法事項，也一一浮現。首先是違法逮捕。按照正當程序，警察逮捕犯人應該要出示檢察官開具的拘票。也就是說，警察沒有權力決定要逮捕誰，那是檢察官的職權範圍。拘票有兩聯，一聯留給嫌犯的家屬，讓他們知道嫌犯被什麼分局的什麼人逮捕了。可是當年逮捕蘇建和、劉秉郎、莊林勳，都沒有經過這樣的程序。

陳瑋庭說，他們是根據刑事訴訟法八十八條第一項第四款的規定，「逕行拘提」：「所犯為死刑、無期徒刑或最輕本刑為五年以上有期徒刑之罪，嫌疑重大，有事實足認為有逃亡之虞者。」

但是逕行拘提也有逕行拘提的規矩。同一條法律明白規定，當警察逕行拘提時，「以其急迫情況不及報告檢察官者為限，於執行後，應即報請檢察官簽發拘票。」

陳瑋庭說，那天新聞已經曝光，他們認定被告有逃亡之虞，所以電話向檢察官報告，檢察官同意他們拘提。將人帶回分局後，再打個電話報告檢察官。

可是，王文孝是八月十三日深夜落網的。八月十四日，電視就已經播了。八月十五日中午，蘇建和在家中被捕，當時他正提著一袋便當要去外送；當天晚上，劉秉郎在隔壁二姊家被捕，當時他在二姊開的雜貨店裡幫忙；然後莊林勳在自己家中被捕，當時他跟女朋友在房裡聊天。

送便當、幫忙顧店、在房裡聊天——這樣很急迫嗎？警察既然直接到他們家裡抓人，就說明連警察也研判他們沒有逃亡。既然嫌犯都在家裡，那麼警察不能一邊跟監一邊請檢察官開拘票嗎？

員警嚴戊坤等人到鳳山步兵學校逮捕王文忠更是違法的。警方沒有申請拘票，而王文忠在陸軍步兵學校受訓，根本沒有機會逃亡。

這是違法逮捕。陳瑋庭無法解釋為什麼有急迫到來不及申請拘票，也不能證明三名被告「有逃亡之虞」；而就算是「逕行拘提」，依照警政署頒布的「警察偵查犯罪規範」，事後也應該以書面連同資料向檢察官報告，並填寫正式的報告書。就算這是「逕行拘提」，那也是一個漏洞百出的「逕行拘提」。

違法逮捕以後，汐止分局又違法羈押。憲法、刑事訴訟法、軍事審判法都規定，警察逮捕嫌犯之後，二十四小時之內就必須移送審判機關，也就是說，警局羈押嫌犯不得超過二十四小時。蘇建和是八月十五日下午一點被捕的，但卻遲至八月十六日晚上八點四十五分才移送士林看守所，很明顯超出了二十四小時的羈押上限。

怎麼辦呢？「有人」大筆一揮，把逮捕蘇建和的時間給改了。蘇建和的拘票上，「實施拘提時日」一欄原本應該填「13時」，因為蘇建和的警訊筆錄裡明確記載，他是下午一點被抓的；可是拘票上卻被塗改成「22：00」。拘票上蓋的是員警李秉儒的印章，但是李秉儒推說不確定

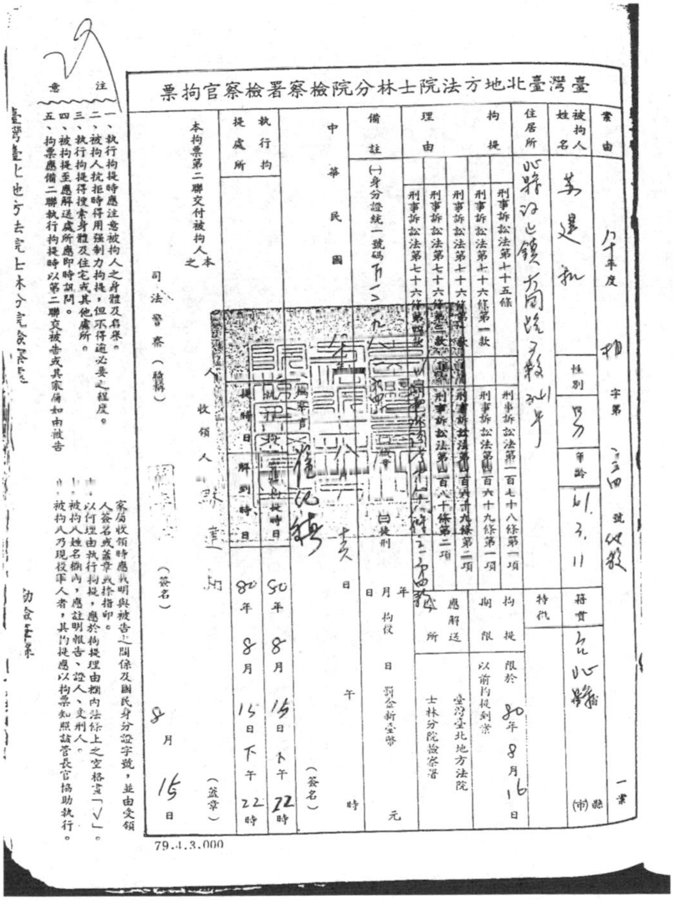

臺灣臺北地方法院士林分院檢察署檢察官拘票

案由：八十年度 偵 字第 號 殺人 案

被拘人姓名：　性別：男　年齡：61.3.11

住居所：　籍貫：　縣（市）

特徵：

拘提理由：
刑事訴訟法第七十五條
刑事訴訟法第七十六條第一款
刑事訴訟法第七十六條第二款
刑事訴訟法第七十六條第三款
刑事訴訟法第七十六條第四款
刑事訴訟法第一百七十八條第一項
刑事訴訟法第四百六十九條第一項
刑事訴訟法第四百六十九條第二項
刑事訴訟法第四百八十條第二項

拘提期限：限於80年8月16日以前拘提到案

應解送處所：臺灣臺北地方法院士林分院檢察署

備註：㈠身分證統一號碼　㈡提刑　年　月　日　拘役　日　罰金新臺幣　元

中華民國　年　月　日　午　時

執行拘提處所：

提時日：80年8月15日下午22時

解到時日：80年8月15日下午22時

（簽名）

本拘票第二聯交付被拘人之本人

收領人　（簽名）

司法警察（職稱）　8月15日（蓋章）

注意
一、執行拘提時應注意被拘人之身體及名譽。
二、被拘人抗拒時得用強制力拘提，但不得逾必要之程度。
三、執行拘提得搜索身體及住宅或其他處所。
四、被拘提至應解送處所應即時訊問。
五、拘票應備二聯執行拘提時以第二聯交被告或其家屬如由被告家屬收領時應載明與被告之關係及國民身分證字號，並由受領人簽名或蓋章或捺指印。
六、以何理由執行拘提，應於拘提理由欄內法條上之空格畫「√」。
七、被拘人姓名欄內，應註明報告、證人、受刑人。
八、被拘人乃現役軍人者，其拘提應以拘票知照該管長官協助執行。

79.4.3.000

是誰填的[83]；員警黃泰華則說拘票上填「22」時應該是筆誤[84]。

——多麼瓜田李下的一個筆誤！本來是對的，「筆誤」以後反而變成錯的；「筆誤」了以後，違法羈押的事實就恰好被掩蓋了。

王文忠被捕的時間與離開汐止分局的時間都跟蘇建和差不多，他也同樣在汐止分局待了三十二個小時。奇怪的是，這幾位嫌疑人在警察局待了這麼久，筆錄什麼時候不好做，卻都是在凌晨四、五點，一個人最累、最睏的時候做的。

王文孝的兩份筆錄分別是夜裡十一點半、凌晨四點半；王文忠的兩份筆錄分別是夜裡十一點與凌晨四點半；蘇建和的筆錄是凌晨五點；莊林勳的第一份筆錄是凌晨四點；劉秉郎的第一份筆錄製作時間沒有明確記載，但他十五日晚上十一點被捕，而第二份筆錄是隔天早晨七點做的，所以第一份筆錄想必是在凌晨十二點到七點之間做的。

為什麼非挑這個時間不可呢？員警黃泰華作證時指出，他是接受組長陳瑋庭的指示，在十六日凌晨五時做蘇建和的筆錄。蘇友辰律師與員警李茂盛則有如下的對答：

「有關王文忠及王文孝的訊問，依照筆錄的記載，時間都是在凌晨四點半，為何訊問的時候會選擇這個時間？」

「因為這是組長指派我的。」

「組長指派你是否也指定時間？」

「是的。」

不只如此。顧立雄律師問員警李秉儒：「你們問完蘇建和以後，到檢察官來之前，時間有多長？」李秉儒說：「問完後，檢察官已經在對其他的被告進行訊問。」但是蘇建和的筆錄是凌晨五點做的，而崔紀鎮檢察官是當天早晨十一點半開始偵訊。也就是說，蘇建和被連續偵訊超過六個小時，顯然是疲勞訊問。

當年，刑事訴訟法規定：「訊問被告應出以懇切之態度，不得用強暴、脅迫、利誘、詐欺及其他不正之方法。」目的就是要確保自白的任意性。疲勞訊問折磨被告的身心、扭曲他的意志，顯然是「不正之方法」。八十六年刑事訴訟法修正，明文禁止疲勞訊問，這些都是從蘇案的痛苦中得到的教訓。

再來是違法搜索。莊林勳供出「開山刀藏在家裡衣櫥夾層」之後，刑警李秉儒、張中政就前往莊林勳家搜索證物。照理說，他們應該向檢察官報告、申請了搜索票，然後等到白天再去；因為刑事訴訟法第一二八條規定，「搜索，應用搜索票，搜索票於偵查中由檢察官簽名」；一四六條規定：「有人住居或看守之住宅或其他住所，不得於夜間入內搜索或扣押」。但警察們再一次僭越了檢察官的職權，在半夜三點逕自前往搜索。

那時莊林勳的媽媽和弟弟在外奔走打聽，等到弟弟莊國勳回來的時候，李秉儒和張中政已經在他們家裡了。他們踢破了衣櫥夾層，找不到開山刀，就隨手撿起二十四元硬幣。既然沒有搜索票，他們便掏出「刑案臨檢記錄表」，要莊國勳在上面簽名。記錄表上填的是：帶同被告莊林勳回家查贓[85]。

可是依據警察勤務條例，「臨檢」僅限於公共場所。兩位刑警跑進私人住宅翻箱倒櫃，那才不叫臨檢。當年莊國勳不滿十六歲，他的簽名沒有法律效力。就算他同意也沒用，違法搜索還是違法，不是說當事人同意了就算合法。而且莊林勳說，他整夜都在汐止分局被刑求、訊問，李秉儒與張中政根本沒有帶他回家「查贓」。根據警政署的規定，重大刑案的嫌犯落網以後，警察如果要將之帶離警局，不論是去現場模擬還是查贓，都必須填寫員警出入及領用槍彈登記簿，回來以後還要填執行勤務工作紀錄簿[86]。但是汐止分局卻提不出任何書面資料來證明莊林勳有被帶離警局。

兩位刑警的證詞在這裡出現裂隙。二審時，法官先後傳訊李秉儒與張中政，李秉儒說那天有帶莊林勳回家[87]，但張中政說沒有[88]。到了民國八十四年，蘇建和等三人控告警察瀆職，檢察官雷雯華又傳李秉儒與張中政出庭，兩人已經口徑一致：他們去了莊林勳家兩次，第一次沒有帶莊林勳，沒有找到開山刀，所以李秉儒便回到分局去帶莊林勳一起來，起出贓款二十四元[89]。可是如果莊林勳確實在場，那為什麼不叫莊林勳本人簽名，而偏叫他弟弟簽名呢？李秉儒說，是疏忽。

二審是民國八十一年，兩位刑警分別出庭，證詞互相牴觸；到了八十四年瀆職案的偵查庭，雷雯華檢察官傳陳瑋庭、嚴戊坤、李秉儒、張中政一起出庭，兩位刑警的說法便忽然「整合」成功了[90]。

眾所矚目的蘇案，是高院首次起用高科技產品輔助庭訊。法官、檢辯雙方和證人席上都配有超薄型電腦螢幕，庭上的每一問答都由書記官當庭鍵入，立刻顯示在螢幕上，以便相關人士即時確認筆錄內容。高科技的連線那麼迅速，但為了遷就書記官打字的速度，訴訟的進行卻反而因此變得非常牛步。一問之後，是長長的空白，直到那一行問話出現在電腦螢幕上，證人才回答。法庭裡的時間變得格外遲緩，好像用電影特效處理過似的。

在正常轉速下，一問、一答，證人沒有機會編織謊言。倘若他在某個問題前沉吟、猶豫，這就是說謊的跡象。可是轉速變慢以後，說謊者就獲得了他最需要的禮物：時間。證人可以字斟句酌地小心回答每一個問題，在心裡先把一個謊圓好，再一字一字說出。交互詰問制度等於廢去一半的武功。

每一位員警都被問到兩個問題：第一，在崔紀鎮檢察官偵訊蘇建和之前，警局裡是不是有一位「副分局長」與蘇建和談過話？第二，葉盈蘭右肩胛骨的那一刀，衣服到底有沒有破？

針對第一個問題，每一位員警都回答得很標準：「沒有看到。」「不記得。」「印象模糊。」

針對第二個問題，每一位員警都說「應該」沒破。不過律師再三追問以後，卻發現他們對於現場的記憶有許多錯誤。比如李秉儒和嚴戊坤以前出庭都說吳銘漢沒有穿上衣[91]，可是不對，吳銘漢穿著上衣與短褲。沒有記錯的員警，也承認當天並沒有刻意去看。所以最後總結他們的證詞，大致是：「不能確定有沒有破」。

唯一堅持衣服沒破的是刑事組長陳瑋庭。既然他這麼有把握，羅秉成律師便問：「你說你看到衣服沒有破，那衣服是穿在葉盈蘭身上，還是脫下來的時候你看到的？」

陳瑋庭說：「我是親眼目睹。屍體就在我旁邊，我在屍體旁邊一、兩個小時，我看得很清楚。」

法醫相驗屍體的時候，要將衣物除去。羅律師追問：「葉盈蘭的衣服是脫掉的，還是剪破的？」他不記得。「那麼葉盈蘭有穿胸罩嗎？」他也不記得。

羅律師問：「你當時有沒有看到葉盈蘭背部右上肩胛骨有一個傷口？」

「有。」

「你發現葉盈蘭的背部有傷口，衣服卻沒有破損，你當時沒有覺得懷疑嗎？」

陳瑋庭立刻便有些黯然。他承認他「沒有反應過來」。

羅秉成律師在這部分的詰問，成功打擊了陳瑋庭記憶的可信度，更進一步凸顯出他證詞的矛盾。當年陳瑋庭已經是經驗老到的刑警了；葉盈蘭被殺那麼多刀，他若看到衣服沒破，自然應該將這件血衣當作重要的證物保存下來。可是他沒有，他把那件衣服交還給被害人家屬，丟掉了。現在他一口咬定說那衣服沒破，豈不奇怪？

再審中角色吃重的羅秉成律師，是律師團裡最年輕的一位。他是嘉義人，台大法研所畢業，因為不喜歡台北那種無邊無際的感覺，選擇去新竹執業。

從一開始當律師，他的表現就很亮眼，但是辦刑案，卻令他有很大的挫折感。刑事庭裡法官、檢察官不時羞辱被告、順便羞辱被告的律師，羅秉成總是吞下去，因為他必須考量到當事人的利益。但是這種隱忍會得內傷。他自問：「難道我要一輩子唯唯諾諾，提個公事包跑進跑出，低聲下氣為當事人爭取權利？」於是他投入了司法改革。研究所時，羅秉成學的是公法，對憲法的信仰讓他勇敢起來，去對抗不公不義的事情。

共同投入司法改革使得羅秉成、顧立雄、古嘉諄有深厚的革命情感，古嘉諄總是笑嘻嘻地說：「『鑼鼓』是不能分的嘛。」顧立雄也稱讚羅秉成是個有天分的律師。

在法庭上，羅秉成沉穩、篤定，起身發言時帶著得體的微笑，偶爾低頭嘟著嘴翻閱文件。除此之外，大大的黑臉上，再也看不出別的情緒。他是一只不沾鍋，任憑鍋裡火爆熱炒、鍋下急火相煎，這只鍋子一體成形，耐高溫，抗高壓，終生保固，永不變形。

嚴戊坤當時是小隊長，奉命去鳳山步兵學校逮捕王文忠。嚴戊坤說，他們早上十點左右到達步校，王文忠一開始就承認涉案，下午四、五點才把他帶回汐止分局。但羅秉成律師追問：「這中間有長達四、五小時的時間，你們為何不製作筆錄？」他卻無法提出合理解釋。

黃泰華與李茂盛是刑警中比較資淺的。黃泰華負責製作蘇建和的筆錄，而蘇建和在筆錄中並未承認犯案。在法庭上，黃泰華很爽快承認有拿其他人的筆錄來訊問蘇建和。蘇友辰律師問：「你有沒有提示王文孝的筆錄給蘇建和看？」他說有。但是，王文孝的第一、二份警訊筆錄都沒有指證蘇建和，黃泰華就沒有拿給蘇建和看；只有第三份筆錄有出現蘇建和的名字，他才拿給蘇建和看。蘇律師問：「這是否是選擇性的提示，目的在誘導？」黃泰華嘴硬說：「不是。」

顧立雄律師則指出，蘇建和八月十五日中午就被帶到汐止分局，卻到八月十六日清晨五點才做筆錄，中間長達十七個小時，令人懷疑警方就是在這段期間脅迫、刑求蘇建和。辯方也懷疑，汐止分局是故意設個圈套，對蘇建和做一份無辜的筆錄，獲取他的信任，以便誘騙他隨後在檢察官面前「配合」承認。

李茂盛當初是代理偵查員。「撇清關係」是他作證的最高指導原則，連當初為哪一位被告做筆錄的都說不記得。至於做筆錄的過程，則說是組長問的，他只負責記錄。少說少錯，他的回答都十分簡短：「不記得」、「不知道」、「沒有印象」、「我要看卷宗才知道」。

在英美法庭裡，審判是兩造的對決，原告、被告，各有說詞、各有立場、各有信仰；在唇槍舌劍之間，真理越辯越明。這裡卻完全不是這麼一回事——哪有另一造？在刑警連篇的「不記得」、「不清楚」、「要問我們組長」、「我沒有參與」之中，旁聽席上的眾人心中狐疑，匯聚成一個巨大的問號：「那到底是誰說他們三人涉案的呢？」

抓也抓了（三個人），關也關了（十年），判也判了（死刑）；現在，竟然連當初偵辦此案的刑警都一問三不知。法庭裡沒有你來我往，只有你來我躲，你來我閃，你再來，我就溜了。

即使面對如此滑溜的對手，辯方律師仍有所獲。顧立雄律師請李茂盛說明汐止分局的空間配置，得知一樓是刑事組的辦公室，是開放空間。顧律師問：「筆錄在哪裡進行？」

李茂盛說：「在一樓的辦公室。」

「所有的涉嫌人，都是在一樓的辦公室訊問的？」

「是的。」

「沒有在任何其他地方？」

「沒有。」

「沒有被問的犯罪嫌疑人在何處看管？」

「在一樓辦公室。」

顧律師忽然提高聲調：「也就是說，一個人在做筆錄的時候，其他被告就在旁邊聽？」

李茂盛立刻改口：「喔，有時候如果人很多，就會帶去旁邊的裁決所裡問筆錄。」

李茂盛說筆錄是在刑事組做的，有可能是實話，也有可能是因為蘇建和等人總是說他們被警察帶到「小房間」裡去刑求，所以李茂盛刻意要避開那個充滿刑求陰影的小房間。可是同時他卻跌入另一個陷阱，因為刑事訴訟法規定：「被告有數人時，應分別訊問之；其未經訊問之人，不得在場。」所以他非得改口不可；如果不改口，他（與他的長官）就犯法了。

但是，如果他連為誰做了筆錄都已經不記得，這他又怎麼記得呢？

蘇友辰律師問：「你說是組長問話、你負責記錄，但為什麼筆錄上面『談話人』沒有你組長的名字，而是寫你？」李茂盛看過當年的筆錄之後說：「喔，因為我以為寫完以後就要蓋我的章，所以我就拿我的印章，蓋在『談話人』那裡。」

出庭作證的五位警察，都有類似這樣「收放自如」的記憶功夫。蘇律師最後下了一個總結：「他們對被告有利的就記不清楚，對被告不利的就記得清楚。」

辯護律師們下了不少工夫來準備詰問警察。他們聚在一起沙盤推演，年紀最大的蘇友辰律師扮警察，應付詰問油條到不行。被蘇律師荼毒過以後，後來律師們實際在法庭上詰問刑警，都覺得不過如此。

詰問敵意證人有一個技巧，叫做「三邊牆理論」。從三個不同方向把他堵住以後，他再想落跑，就會讓他的人格與可信度受到質疑。顧立雄律師發現，警察對於迴避問題都有一定的模式，他回答的時候不是按照事實來回答，而是按照對他有利還是不利來回答。所以詰問的技巧就是設計一些周邊的問題，讓他漸漸掉進來，可是不讓他知道真正要問的核心問題是什麼，讓他無從閃避起。經此一役，顧律師後來再詰問調查局的人，就覺得游刃有餘了。

但是大家最想念的一個人遲遲沒有現身，就是張中政。根據過去的筆錄來看，張中政是個衝動、莽撞、直率的人，這種人最有可能在詰問中脫口說出他不願意說出的真相。可惜這次再審，他屢傳不到，高院一再向汐止分局函詢，才得知他已經離開警界，據說到大陸做生意了。

經過詰問，員警的辦案心態至此大明。山嘉諄律師在辯護狀裡引用李昌鈺的話：「刑事偵查工作，最怕的是存著既定的想法，認定一個方向，一頭就栽進去，完全不顧其他浮現出來的證據，只是主觀地朝著既定方向發展，不考慮其他的可能性。這種辦案的態度被稱為『管見』，英文是『像隧道般的眼光』（tunnel vision）。」

蘇建和案就是非常典型的一個「管見」辦案的結果。「製造自白」是偵辦的重點，「科學證據」與經驗法則通通不重要。警察將他們三個人先後逮捕，沒有自問：「王文孝早就落網了，這三個人若是共犯，怎麼不逃呢？」王文孝的供詞反覆無常，警察沒有自問：「我到底可不可以相信他？」劉秉郎那麼白，警察沒有自問：「他怎麼會叫做『黑仔』呢？」他們三個人對於當夜行蹤所供彼此相符，刑事組長陳瑋庭卻說：「我們一開始問，就強烈感覺到，被告等在案發後彼此一定有串供！」

這不是「科學辦案」，這是「感覺辦案」。警察們跟隨著自己「強烈的感覺」，一頭鑽進狹小的隧道，頭也不回地奔向虛擬幻境。

「管見」以後，什麼法律、什麼正當程序，就通通拋在腦後了。警察心裡或許是這樣想的：「反正他們是壞人，他們把人家兩夫婦殺得那麼慘，他們根本不配享有什麼人權，什麼憲法保障，什麼程序正義。他們是壞人！」他們忘記了物證，忘記了經驗法則；「管見」終於淪為沒有事實基礎的臆測。

警察們始終辯解：「我們跟蘇建和他們三個人無冤無仇，我們何必陷害他們？」一個可能的答案是：因為警方的辦案手法不乾淨。警方違法逮捕、違法羈押、違法取供、違法搜索，結果就是，他們非得跟嫌疑犯為敵不可。

如果蘇建和他們是無辜的，那警察既冤枉好人、又違反程序正義，這還得了！但如果蘇建和他們是壞人，那警察就解套了，警察可以說：我們辦案容或有小小的瑕疵，但是，看哪，我們逮到壞人啦！所以，請容忍我們在程序上小小的不正義吧，別那麼吹毛求疵啦。

違法辦案是不歸路。警察一旦違法在先，後來勢必想盡辦法入人於罪，以證明自己那「強烈的感覺」是正確的，程序的不正義是為了捉到罪犯的必要之惡。事情到了這地步已經無關乎真相，只關乎輸贏。難怪汐止警方會隱匿王文孝的第一份筆錄、將第二份竄改為第一份、隱匿王文孝母親唐廖秀的筆錄、謊稱三枚指紋都是王文孝所有、謊稱現場錄影帶已重複錄影、遲遲不願意交出指紋鑑定書與毛髮鑑定書……因為只有當被告有罪，警察的違法偵辦才能脫罪。

蘇建和、劉秉郎、莊林勳自一開始就指控警方刑求，刑事組長陳瑋庭也承認他們的自白是警察「整合完成」的，加上違法逮捕、疲勞訊問與違法羈押，這一連串的程序失當，除了說明他們的自白不可信以外，更深刻的法律意涵是：這些自白沒有證據能力，不能成為判決的基礎。

證據必須是用「純潔」的手取得。「純潔」的意思就是要合乎程序正義，拘捕要有拘票，羈押要有押票，搜索要有搜索票等等。一個證據拿到法庭上來，我們首先必須問它的取得是否合法，也就是有沒有「證據能力」。然後才問它能否證明被告的罪行，也就是「證明力」如何。

蘇建和、劉秉郎、莊林勳、王文忠等四人的自白，因為是以違法方式取得，所以根本沒有證據能力。從莊林勳家取得的二十四元硬幣，是違法搜索所得，也同樣不具備證據能力。

法律對於程序正義的堅持其實相當嚴厲。一個東西如果沒有「證據能力」的話，縱然有十足的「證明力」，仍應排除在審判之外。執法者不可以用骯髒的右手非法取得證據，然後換到乾淨的左手來，說：「我要起訴你、審判你。」

為什麼要堅持程序正義？答案很簡單。

如果違法訊問取得的自白可以當作證據，那誰還要合法訊問？如果違法逮捕可以就地合法，那誰還要合法逮捕？如果違法搜索找到的物證可以成為呈堂證供，那誰還要合法搜索？如果侵入民宅搜索可以由警察填填「臨檢記錄表」就過關，那誰還要向檢察官申請搜索票？

如果「感覺辦案」行得通的話，那誰還要「科學辦案」？

常常有人覺得程序正義雖然重要，但總不如實質正義重要。把案子弄個水落石出、真相大白，比程序正義重要得多，不是嗎？

不是。

比如說，現在有個病患被送到醫院裡來，需要開刀。他可能會被救活，也可能回天乏術。醫師該做的事是先去刷手消毒，然後盡力救治。他再怎麼經驗豐富，都不可以預下判斷：「唉呀，這人必死無疑啦！」然後用充滿病菌的手，在病患肚子裡撥撥弄弄。如果他這樣做的話，他很可能就是害死這個病患的劊子手，而我們永遠也無法確知，那病患到底是本來就會死，還是因為醫師的不當處置而死。

程序正義就是這個「刷手消毒」的動作。程序一旦不正義，真相就被污染了，永遠沒有水落石出的一天。

真相，要到了審判終了才能明白。在那之前，警察、檢察官、被告律師，都僅能依著正當程序，做自己該做的事。程序正義的意思就是：在真相面前，保持一定程度的謙卑。

執法人員必須平靜地承認，我們是人，所知有限，然而我們所做的工作，卻需要神一般的全知全能。所以我們只能後退一步，一切按規矩來。執法人員最不該做的，就是自以為可以憑肉眼辨忠奸、明善惡、斷是非。執法人員最不該做的，就是用程序不正義去對付他「覺得」的壞人。

醫生必須把病患當成活人來醫，不能一開始就把他當成死人。有的人真的會死，但醫生不能因為這樣，就加速他的死亡。除非他死了，不然的話，一定要把他當成活人。這是為了保障活人，不是為了保障死人。

所謂「無罪推定」，也是這意思。除非證明他有罪，不然的話，一定要把他當成無辜的人。這是為了保障好人，不是為了保障壞人。

電影《魔戒》裡，遠征軍除了強大的敵人之外，還有「悃悃的威脅」，是一隻妖怪「咕嚕」，老是跟蹤他們，不懷好意。主角佛雷多惱了，抱怨道：「當年叔叔本來有機會殺死他的，都怪他一時心軟，如果當年叔叔殺了他，不就好了嗎！」

睿智的老巫師甘道夫說：「謹慎哪。這世界上，許多人應該要死卻逃過一劫，也有的人命不該絕卻意外身亡。你可以為他們決定生死嗎？」

佛雷多聽了一愣。他沒有回答，眼睛裡卻出現了謙卑。

不到宣判之日，法官不會輕易洩漏心證。無論證人說了什麼，辯護律師說了什麼，三位法官端坐庭上，面容總是無悲無喜，波瀾不驚。

法警就不一樣了，他們帶被告出庭，必須全程站好「三七步」在旁戒護。碰到蘇案這樣各方矚目的大案，開庭一整天，他們就得站一整天。

看守所裡，大家都要戴腳鐐。是銲死的，足足有三公斤重。關在看守所裡的人都是被控有罪但是還沒有判決確定的，「無罪推定」說得好聽，看守所裡仍然是「有罪管理」。

出庭時也要上腳鐐，輕些，活動式的，用鑰匙打開。扣太緊的時候，走路只能「蓮步輕移」。有時拜託法警扣鬆一格，法警會不高興：「可以走就好了，幹嘛，想逃跑啊？」

劉秉郎總會回頭看一下旁聽席，有哪些認識的人。有時開庭開到晚上九點，看見母親堅持到最後，心裡滋味真是複雜。她大老遠跑來，只能看著劉秉郎的後腦勺。即使是庭訊結束後準備離開的片刻，她也沒有機會跟兒子講話。法警形成人牆，將他們隔開。

汐止分局的警察陸續步下證人席以後，那堵人牆忽然變得溫柔許多。腳步放慢了，媽媽們有機會上來說兩句不著邊際的叮嚀，兒子們也回兩句老生常談的問候。這樣就千金不換了。

有一回，一位法警低低嘆了口氣，對劉秉郎說：「以前不知道你們的案子這麼有問題……」

83 再審卷，九十年二月十五日筆錄，頁一三。

84 再審卷，九十年三月二十九日筆錄，頁一五。

85 偵查卷，頁二七。

86 警政署的規定見再審卷，九十年一月三十日公函。

87 二審卷，頁一八二，八十一年五月七日筆錄。

88 二審卷，頁三四五，八十一年八月六日筆錄。

89 台北地方法院士林分院檢察署八十四年偵字第四三七九號，李秉儒的證詞見頁三一，三二，張中政的證詞見頁三三，八十四年六月七日筆錄。

90 瀆職案中，蘇建和、劉秉郎、莊林勳是原告，四名警察是被告。可是雷雯華檢察官在八十四年六月七日傳訊四名刑警時未予隔離訊問，隔天六月八日傳訊蘇建和等人時卻予以隔離訊問。

91 二審卷，頁一七五，一七七，八十一年五月七日筆錄。

第十三章——

青春降靈會

像被板擦欺近的一行粉筆字，
突然知道自己如此的蒼白原來毫不為過。

——張亦絢

再審開始沒多久，辯方律師由蘇友辰代表遞上書請狀，要求法院調查各項證據。蘇律師本來就是一個嚴謹、細膩到有點龜毛的人，雅致的辦公室收得整整齊齊、乾乾淨淨，辦起案子來，更是鉅細靡遺。蘇律師要求法院調閱王文孝、王文忠、蘇建和、劉秉郎、莊林勳當初的警訊錄音帶，崔紀鎮檢察官訊問王文孝、蘇建和、劉秉郎、莊林勳的錄音帶，王文孝供稱一人犯案並赴現場表演的錄影帶，據稱的兇器：菜刀、水果刀、開山刀與警棍，以及死者的血衣。還有，蘇律師也希望調閱士林地院一審時湯美玉法官訊問王文孝、王文忠以及法醫劉象縉的錄音帶，看與筆錄有無出入。羅律師笑說：「蘇律師辦案真是上窮碧落下黃泉！」

高等法院裁定蘇案再審，是希望在司法程序內，終結這個爭執了十年的案子。所以刑二十一庭對於相關證據的態度相當積極，有人形容法官的審理策略是「焦土政策」：「你要我查的我都查，一直查到你不想查為止。」

高等法院發函給國防部南部地方軍事法院檢察署，要湯美玉法官訊問王文孝、王文忠的錄音帶。國防部回函，說錄音帶本來應該在海軍陸戰隊司令部看守所，可是該單位合併過來的時候，並沒有把錄音帶帶來。所以，錄音帶不見了。

高等法院向汐止分局要當年偵訊五人的錄音帶，汐止分局很乾脆地答稱沒錄音。吳銘漢夫婦的血衣已經發還給家屬。法院要王文孝現場表演的錄影帶，汐止分局說找不到了。所以，警方偵訊的錄音帶不見了，錄影帶不見了，血衣也不見了。

湯法官訊問法醫劉象縉的錄音帶，士林地院說已經消磁了。據稱的兇刀：水果刀與開山刀，從來就沒有出現過。高等法院向海軍總部調取扣案的菜刀和警棍，海軍總部回覆說警棍以前就已經交給高等法院了；而菜刀並沒有從海軍陸戰隊九十九師轉移到本部，檔案上也沒有紀錄。

菜刀是本案唯一查獲的凶器，當初因為是王文孝所使用，所以汐止分局將菜刀移交海軍陸戰隊九十九師，由負責偵辦王文孝盜匪案的軍法官杜傳榮親筆簽收。現在海軍總部說菜刀不在他們那裡，那麼是否還在海軍陸戰隊九十九師？高院發文繼續追查，海軍陸戰隊守備旅回函表示，為因應國軍精實案，「原軍法組已於八十八年十月份配合『地區制』移編裁撤，現已無軍法單位之編制，故無法協助提供案內所需之相關證物。」

唉！總而言之，菜刀不見了。

十年前，整個司法系統對於筆錄的完整記錄普遍不重視，偵訊的筆錄都由書記官手寫。檢察官與嫌犯一問一答講話速度那麼快，書記官自然不可能逐字記錄，所以檢察官一邊問，就一邊提示書記官什麼要寫、什麼不要寫。這過程通常也會錄音存證，然後錄音帶就附在卷證資料裡，再也沒有人去動它，從此不知所終。

在上天下地找尋證物的過程中，崔紀鎮檢察官偵訊莊林勳、王文忠、劉秉郎、蘇建和的錄音帶，奇蹟似出現了。

蘇友辰律師將十年光陰奉獻給蘇案，他最想要的是：真相。因此當庭上準備播放那幾卷錄音帶時，他感覺到自己的心臟微微顫動。那彷彿是甜美的、幸福的顫動，多年奮戰終於逼近了迷宮的核心。

播放的按鍵按下，磁帶轉著，發出細細的沙沙聲，不確定的情緒像一根羽毛搔著每個人的鼻子，沒有人知道那具錄音機將吐出什麼樣的話語。旁聽席上不知道誰按捺不住，打了個好響的噴嚏。

根據書面的筆錄，莊林勳在崔紀鎮面前是坦承不諱的，崔紀鎮問他有多少凶器，他就自己把犯案的經過和盤托出了，包括王文孝與蘇建和分別押住葉盈蘭與吳銘漢，另外兩人搜刮財物，然後王文孝提議強姦葉盈蘭，其後乾脆殺人滅口。最後莊林勳還說：「很後悔，也很害怕，希望法律能給我自新機會。」

然而錄音帶的內容卻令人吃驚。崔檢察官簡短地問莊林勳警訊筆錄是否實在，他說實在，檢察官便開始問案情。

「是誰提議要偷東西的啊？」

莊林勳說：「大家。」

「是誰先提議的？」

「是……」莊林勳沒有答出正確答案。

「是王文忠還是王文孝？」檢察官將範圍縮小為兩項。

「王文孝。」賓果！答對。

「是王文孝先提議，後來大家都同意，是不是？那一開始是拿幾把刀？」

「四把。」

叭不——答錯！「不是啊！有一把菜刀是人家家裡面的啊！那一開始是三把是不是？」

「是。」莊林勳很乖巧，知錯能改。檢察官說三把就三把。

「是不是？三把是開山刀啊？共有幾把兇器？刀是怎麼來的，誰拿的？」

「王……王文孝。」

「是王文孝上去拿的兇器。是拿三把開山刀嗎?」

「對。」

問筆錄有一個重點是「行為的祕密性」。一個犯罪行為有那麼多細節,若非實際參與犯罪的人,想掰也掰不來,所以嫌犯如果說出與事實相符的供詞,那自白的可信度就大為提高。可是崔檢察官問案的方式,未免太過「熱心」了。莊林勳答四把,檢察官卻糾正他說三把;莊林勳沒說什麼刀,檢察官卻說開山刀;結果對案情最關鍵的供詞,都是檢察官「供」出的,而不是莊林勳供出的。

「是誰提議要強暴的?」

「大家提議的。」

「那是誰先講的啊?」

「王……王文孝。」

「王文孝。王文孝提議強姦女主人。那是他把那個女主人的衣服脫掉的,是不是?」

「……」

「是他把那個女主人的衣服脫掉的,是不是?」

「是。」

類似這樣,幾乎每一個問題,檢察官都早莊林勳一步把犯案情節鋪陳好,只等莊林勳點頭說是。莊林勳成為檢察官的橡皮圖章。

而莊林勳的「坦承」也是漏洞百出的。

「你們幾個人是誰押誰啊？他們夫妻倆，誰押誰？」

「王孝文，押著那個女主人。」

叭不——答錯！檢察官糾正莊林勳：「王文孝啦！」

「對，王文孝。」

末尾，崔紀鎮檢察官倒是不忘確認莊林勳是否出於自由意志：「還是你編故事編出來替別人擔的？是不是替別人擔的？還有沒有人？除了你們幾個以外，還有沒有人？」

「沒有。」

「都實在的吧？」

「對。」

「或者是王文孝逼你講的？有沒有逼你？或者別人逼你講的，有沒有？有沒有人逼你啊？這故事是不是編出來的？」

「不是。」

「實在不實在？」

「實在。」

「是不是有人逼你來承認這個事情？有沒有？有做這事情嗎？」

「有。」

「還有什麼話要講沒有？」

「沒有。」

「那你做這事情，你現在想法怎麼樣？」

「很後悔。」莊林勳的回答一次比一次小聲，好像影片的結尾那樣，憂鬱地漸漸淡出。沒有人追問過他「很後悔」究竟是後悔什麼，但這句話在書面筆錄裡卻被加油添醋變成：「很後悔，也很害怕，希望法律能給我自新機會。」

再來是劉秉郎。崔紀鎮檢察官照例先開導嫌犯，告訴他：既然已經做錯事了，就要說實話，才對得起良心。「你講的這些事情實在不實在，你講過兩次是不是？筆錄有做過兩次，都有看吧？有沒有給你看？」

檢察官指的是兩份警訊筆錄。劉秉郎說：「沒有。」「那兩次講的，有的有錯誤。」

檢察官很寬厚：「沒關係啊！有錯誤可以說出來。」不待劉秉郎回答，他又一馬當先說出關鍵事實：「我問你啊！你是拿開山刀？還是菜刀？一共有二種刀。」

「我要講的是，我根本沒有參加！」
「你根本沒有參加喲！」
「對。」
「那你講的都是編故事編出來的？」
「沒有啊！我怕被打啊！」劉秉郎揭露了刑求的事實，但崔紀鎮檢察官對此毫無反應，兩人展開一段雞同鴨講。
「沒有參加啊！那你們那天打撞球打到幾點？」
「打撞球打到二點多。打到二點多我們就去基隆，去基隆那個他們、蘇建和就問我們要不要去鐵路街？我就說好，就去了。」
「去幹嘛？去找女孩子啊？」
「對。」
「沒有錢啊？」
「有啊！」
「就是沒有錢才想要偷啊？」
「沒有，我們有錢啊！……」
檢察官不耐煩了，錄音帶在這裡喀擦一聲中斷了。接下來的兩分鐘是檢察官訊問王文忠，王文忠坦承不諱，立刻贏得檢察官的芳心。檢察官提高了聲調教訓劉秉郎：「你都把別人當成憨人就對了！裝肖仔，生來給你開，不要緊啦！他都比你還老實、還忠厚一點，我跟你講。看你這樣子。」

崔檢察官翻六法全書給劉秉郎看。「字你看得懂啊！『科刑時應審酌一切情狀』，就是法院法官在判刑時應審酌一切情況，『尤應注意左列事項，為科刑輕重之標準』；這裡面最重要的一條就是這個第十款：『犯罪後之態度』。犯罪之後態度好的話，犯罪情況可以憫恕喲，如果你態度很好，法院還可以參酌各種情況，可以原諒，可以酌量減輕其刑。這法律有明文規定喲，我不會騙你。我要害你很簡單。你講不承認，我就寫不承認啊！我何必要對你浪費時間呢？對不對？」

劉秉郎生氣了。他說的話檢察官一個字都不相信，而且書記官也沒有在記！他抗議：「我們講的就可以不寫啊！」

「你的嘴巴還是這麼硬！是不是？你良心過得去就對了，是不是？」

「對啊！我現在要講的只是說，那兩份筆錄不是我心甘情願寫的啊！」

「那個不管啊！那個不管，這個筆錄不要送都沒有關係啊！我現在問你，你答我的話就好了！第一個是：『你到底有沒有做？』」

「沒有。」

「那你帶什麼？你是拿什麼刀？他哥哥上去拿了二把開山刀下來啊！裡面蘇建和又拿了一把菜刀啊？莊林勳已經講得很清楚啦！我有必要騙他嗎？我有必要騙你嗎？莊林勳刀子還畫得

很清楚。」

又來了！劉秉郎覺得自己快要發瘋了。到底有沒有在聽我講話啊……就跟你說「沒有」，兩個字而已，你到底是哪一個字聽不懂啊……天哪，原來惡夢還沒結束……他腦子裡亂成一團。

「不講喲！就以為沒罪了，是不是？他們有偷的事情你不知道嗎？」

「不知道。」

「你什麼都不知道？那你以為這樣就能夠把事情都掩蓋住嗎？是不是？」

「我沒有做。我沒有必要掩蓋啊！」

「沒有做喲！你跟他們都認識嘛？是不是？跟他們有沒有仇恨啊？」

「沒有。」

「你的外號叫什麼？」

「阿郎。他們都叫我阿郎。」

「阿郎喲！你有沒有其他外號？還有啊？」崔檢察官還是認為劉秉郎就是「黑仔」。

「沒有。」

「你還有沒有其他外號？」

「他們不是叫我阿郎，就是叫我郎仔。」

檢察官嘆了一口氣，苦口婆心地再勸一次。「莊林勳我在這裡也跟他講了很久啦！他也承認錯誤啦！那你認為他也亂講的嗎？這件事情你害怕，也是正常的心理。」「這麼大的事情，我就不相信你心裏一點負擔、一點感覺都沒有。」「這事情一開始當然都要怪他哥哥啊！他哥哥提議的嘛！他哥哥不提議，就不會有後面的事情嘛！對不對？如果真的、假如真的有這事情，你又不講清楚，而他哥哥講清楚的話，說不定他哥哥都還會判得比較輕。」「莊林動也是掙扎了很久啦，我跟你講。他的筆錄要不要給你看？你要不要看？要不要看？還是你要自己講？」

劉秉郎不吭聲。我說了你也不信，那何必還問我？

檢察官不高興了：「你不講就算了，我不給你機會了。」

劉秉郎還是不吭聲。我本將心托明月，誰知明月照溝渠！

「還是你要再考慮一下。」

「不用考慮。」

「你再考慮。我先問別人，再給你考慮一下。你自己良心，你再考慮一下。」

「不用了。」

「不用了？」

劉秉郎忍不住了：「沒有做！就是沒有做！」

「沒有做！那你認為是人家故意要扯你進來，是不是？如果別人講你呢？別人講你有呢？」

「我認了啊！」

「什麼認了？」

「我對得起良心就好了啦！我憑我的良心講我沒有做！我沒有參加啊！」

「你沒有參加啊？那莊林勳講你有，你有什麼意見？你並沒有參加。」

「我也是只能講我沒有參加啊！」

「那他會故意要扯你進來嗎？」

「我怎麼知道他心裡怎麼想？我又不是他。」

崔紀鎮檢察官偵訊劉秉郎大約二十分鐘。這二十分鐘裡，劉秉郎否認涉案，總共否認了二十次——平均每一分鐘就喊冤一次；而書記官記載的筆錄只有六問六答，一百三十字。

問：職業？

答：無。

問：警訊所供實在否？

答：不實在，我並沒有參加。我們打完撞球直接回基隆。

問：你究竟有無參與殺人及強暴之事？

答：沒有。

問：知否他們要行竊？

答：不知道。

問：王文忠、王文孝兄弟與你有無仇恨？

答：沒有。

問：莊林勳供說你有參與，有何意見？

答：我沒有參加。

對於刑求，檢察官不但不問、不理，連書面筆錄裡都抹得乾乾淨淨。當莊林勳接受警察的恐嚇，乖乖地承認涉案，檢察官表現得好像很重視自白的「任意性」似的。但是當劉秉郎表明因為「怕被打」才簽下兩份不實的自白，檢察官卻當作沒聽到，冷嘲熱諷，再也沒有問過他「筆錄是否實在」的問題。

所有承認作案的人都是好孩子。王文忠是崔紀鎮檢察官眼中的模範生，他說王文忠「忠厚」、「老實」[92]；刑事組長陳瑋庭甚至說王文孝「誠誠懇懇」：「他那種真情的表露你會相信，這個時候的王文孝是一個很純潔、很願意描述事實的狀況[93]。」

而膽敢喊冤的，都是刁民！

檢警雙方充分地表現了嫉惡如仇的正義感——有人殺人，便得有人償命！至於償命的那人究竟是不是殺人的那人，那可就不追究了。驚堂木惡狠狠地一拍，升斗小民對於正義的素樸信仰，便粉身碎骨。

輪到蘇建和了。

根據書面筆錄，蘇建和在崔紀鎮檢察官面前承認了幾項關鍵情節：第一，他拿菜刀；第二，他有下手砍殺；第三，他以菜刀押住吳銘漢；第四，殺人後他洗了菜刀，放回廚房刀架上。他只否認強暴與分贓。

這是一份啟人疑竇的自白，因為蘇建和在警局始終沒有承認作案。蘇建和被捕後十六個小時，做了僅有的一份警訊筆錄，交代了三月二十三日晚上的行程。他說他早早就把王文孝送回家了，根本不知道王文孝後來跑去作案[94]。

可是他後來卻在檢察官面前承認了。十幾年來，蘇建和一直在解釋這件事，但是好像怎麼樣也解釋不清楚。蘇建和在檢察官面前承認，比在警察面前承認，還要糟一百倍。警察問案刑求行之有年，大家心照不宣；但檢察官可不會刑求。如果蘇建和是無辜的，那為什麼要在檢察官面前承認作案呢？

根據蘇建和先前的供詞，主要原因有二。第一，他已經被刑求了一天一夜，實在撐不下去了。第二，汐止分局的「副分局長」假意同情他、幫助他，叫他要配合在檢察官面前說出警方認定的版本，其他員警拿劉秉郎等人的筆錄要他背。

此刻，法庭裡所有人的視線都凝結在那台老舊的錄音機上，十年前的聲音保存在薄薄軟軟的磁帶裡——真相要說話了。每個人的心神都飄到離地兩公尺處，輕輕地牽起手圍成一個圓圈，如同參加一場降靈會。招魂幡隨風飄動，少年蘇建和如一縷輕煙，幽幽地現身了。

崔紀鎮檢察官表明身份之後，告訴蘇建和：犯罪後的態度最重要。「莊林勳已經講得很清楚了，他還把那刀的形狀都畫出來啦！這莊林勳，他畫的開山刀就是這樣。他說你進去之後，菜刀是你拿的啊？菜刀、菜刀有給你看嗎？現在都生鏽啦！菜刀那時侯很利啊！後來洗一洗又放回去啊！菜刀你自己洗的，是不是？是不是你洗的？」

蘇建和說：「不是。」

檢察官問：「那誰洗的？你是拿開山刀，還是菜刀？機會你自己把握啦。你要不要講我不能強迫你啦！你自己對良心負責啦！三把開山刀啦！莊林勳講說。那你們四個，一個人拿菜刀啊？他說、他說看到你，是你拿菜刀啊？你強暴，你是第幾個強暴？我看看。他說、莊林勳說你是第三個強暴的啊！」「你要講的話，我就照你講的詳細寫，把這經過寫清楚。你心裡後悔，或是現在很害怕，我都可以給你寫。你要請求法院怎麼樣？你的請求我也可以給你寫，各種狀況都可以給你寫。你要是講沒有，什麼都不知道，一樣沒關係啊！我就照你講的寫，跟你這個一樣，你在刑事組講的，什麼都不承認。」檢察官手上顯然有蘇建和的警訊筆錄，在那份筆錄裡，蘇建和沒有承認作案。「那人家莊林勳，他們、他們、他們是什麼東西？他們就隨便亂講，他們就講你有。你就看他們較憨，對。以後判下去就知了。」

蘇建和說：「那我可不可以從頭開始敘述？」

檢察官很高興：「好！你說！你講！你如果心裡能夠放得下的話，你講嘛！不然這樣，我問你，我重點問你，那我問到你的，你就憑良心講就好嘛？好不好？」

「檢察官先生！那我可不可以講之前的？」

「之前怎麼樣？」

「就是、就是、就是在我載王文忠回去之前啊！我有去基隆啊！」

「去基隆怎麼樣？之前，之後的事情先不講，就是你們作這個案子的事情，我問你，你先講，好不好？」

「那個、那個、那個……」少年蘇建和囁嚅著，但仍堅持要「從頭開始講」。他說他們去了基隆的風化區，「然後我們就……」檢察官立刻接腔：「再回來打撞球。」

檢察官期待他供出的版本，是五人一同去汐止迪斯奈打撞球、然後一同犯案，所以迫不及待想要「快轉」到打撞球那一段，以便進入犯案過程的正題。但是蘇建和卻不合作：「不是！回去以後就送王文忠回去了。」

「送誰回去？」

「王文忠啊！」

「回來，回來這裡，回來汐止這裡？」

「對！」

檢察官忍不住親自下海與蘇建和辯論起來：「不是啊！你們去基隆，那時晚上幾點？十點多喲？」

「回到這邊是凌晨。」

「凌晨兩點多啊！」檢察官努力把蘇建和的供詞，納入警方認定的案情。

「然後就是……」

「那你們上去作案是幾個？我問你，你們上去作案是幾個人上去的啊！」

蘇建和沒回答。

「四個！那王文孝！王文忠是王文孝的弟弟啊！王文孝他說，說他在門口把風啊！他已經講得很清楚了，是你們四個。王文忠把風，對！」檢察官索性自問自答。

這個蘇建和啊！他語句破碎，吞吞吐吐，嚴重地不知所云。他嘴裡勉強說著警方與檢察官想要的版本，舌根裡卻藏著另外一個版本。他哀求檢察官讓他「從頭開始講」，企圖告訴檢察官的是：那天晚上他們去了基隆風化區以後，就送王文忠回家了；他根本沒有去犯案。但檢察官沒有聽出蘇建和的弦外之音，他一心只想把蘇建和的供詞整合到警方的版本裡去定罪。少年蘇建和語氣畏怯、虛弱，欲言又止：「當時情形我真的記、記不多啊！」

崔檢察官開始切入案情的關鍵：「那你們進去房間做這個案子，到底有幾個人？四個還是五個？王文忠是把風？還是也有進去？本來一開始你們是說要偷而已啊，是不是啊？是不是？樓下商量……這個事情都要怪王文孝啦！都是王文孝、王文孝先提議的啊？對不對？」

「對。可是之前他們提議的時候，我不知道。然後他們、他們分東西，我也不知道。我一進去……」

「分東西在那裏分的？東西到基隆才分的啊！那……」

「不知道啊！」

「莊林勳說你是第三個強暴、強暴那個女主人的，是不是？你是第三個？還第二個？」

「沒有啊！沒有強暴啊！」

「有沒有強暴？」

「沒有啊！這事查得出來。」

「還是只有玩一玩？」

「沒有。」

「你是拿、是拿開山刀？還是菜刀？你講清楚。莊林勳說他是拿開山刀。」

蘇建和沒有回答。

「你是拿什麼刀？」

沒有回答。

「你拿什麼刀？」

沒回答。

崔檢察官挺有耐心：「憑良心講啦！開山刀或菜刀或其他的刀？到底什麼刀搞不清楚啊！別人講、那個莊林勳說是你，看你拿菜刀啊！或者是你本來就預備有水果刀？」

「沒有。」

「隨身有攜帶水果刀？」

「沒有。」

「到底拿什麼刀？你們四個人進去，每個人都有拿刀啊！你到底拿什麼刀啊？」

「我進去的時侯沒有拿刀啊！」

「那後來你是拿什麼刀？」

蘇建和沉默。

「後來有拿刀啦！你們每們人都有拿刀啦！拿什麼刀？」

沉默。

「你心裡越講，會越放鬆，會越自然啦！我跟你講，你不用害怕。」

沉默。

「我們也不會把你當作笑話啊！因為我、我們處理這個事情，也是以一種很、很嚴肅的心情來處理啊！你講出來也不怕人家笑啊！這個事情，你講出來，我們也不會對人家……對人家到外面去給你亂講。」

沉默。

「莊林勳、莊林勳前面已經講得很清楚了。我現在看你講的，跟他的那個有一些前後次序，一些細節，看是不是一樣……」

沉默。

「好壞在你們自己嘛！對不對？」

少年蘇建和終於招認：「菜刀。」

眼見偵訊有了進展，檢察官便吩咐警察將蘇建和的手銬鬆了，讓他舒服一點，還問他要不要喝水。這友善的表示在蘇建和內心燃起一線生機——或許檢察官會幫我？

他暗示檢察官：「我知道的就只有這麼多啊！今天就是看他們寫的啊！」

「不要看他們寫的。你自己憑良心講，你自己記憶，那你跟我講，我再……」

「我只記得這麼多啊！」

但檢察官不曾停下腳步玩味他的暗示。有拿刀，他承認了，下一步是：那有沒有砍？「那你們進去，是因為人家失主發現了，起來要捉你們，你們才、才把他們砍殺了，是不是啊？」

「……」

「那你自己、你自己憑良心講，你砍了人家幾刀？那個上面有血跡啊！刀有拿去化驗！你砍了……男、女主人你各砍幾刀？」

「……」

「你砍了幾刀？憑良心講！他那個……莊林勳說他砍了十幾刀啊！全部加起來，我們算一算，大概有八十……八十刀以上。一個人平均大概有一、二十刀有……上面還有毛髮！你們拿的菜刀上面還有毛髮，還有血跡啦！沒有洗乾淨啦！後來是你自己洗的是不是？還是王文、王文孝洗的？」

「我真的不知道！」

「啊！怎麼不知道！你害怕、你害怕故意不去回憶，那我也沒辦法啊！那你是自己洗的？還是王文孝替你洗的？應該是你自己洗的啊！你是在浴室洗的？還是在洗臉檯洗的？還是在後面廚房洗的？」

「……」

「現場我去看過啊！這個是良心的事情啊！你看人家裡面死的那個狀況喔！你現在記不起

來，你……再讓你看錄影帶，讓你記起來，我跟你講！你這樣沒有必要，就不必要再讓你看啦！看了你自己良心更痛苦！你要看嗎？」

「看過很多遍了。」

「喔！看過很多遍了！那你這樣應該、應該記得起來吧？」

「……」

「菜刀是你自己洗的？還是王文孝洗的？」

「……」

檢察官不耐煩了，叫蘇建和不要再浪費時間。蘇建和承認在廚房洗了菜刀。檢察官說：「在廚房洗的？那你想想看，你大概砍了幾刀啊？現在回憶，也很難講了！但是你大概講個數目。你講多講少，我們也沒辦法確定啊！我們現在只能說，他們夫妻二個一共被砍了大概八十刀以上啊！然後推斷你們講的，每個人加起來的數目，看看是不是差不多啊！如果不一樣的話，就是有人沒有講實話啊！」

「就真的沒有砍啊！」

「沒有砍！他們還流、還流了那麼多血？還有毛髮？你……你現在又想講，又害怕……」

「不會害怕啊！我真的……」

「你砍了幾刀？一刀、兩刀……」

「就沒有啊！」

「三刀……他們講十幾刀，你講一刀、兩刀、三刀，我也不會怪你啊！那你憑良心講啊！你砍了幾刀？」

「記不起來！」

「你不砍，王文孝可能也會叫你砍啊！對不對？是不是？」

「他沒有叫我砍啊！」

「那你砍了幾刀？」

「我沒……記不起來了。」

「記不起來……那砍了幾刀啊！你大概講一下，不要講記不起來啦！男、女你都有砍嘛！你們每個人都有砍啊！莊林勳說都有砍啊！」

「我記不起來。」

「你有沒有砍？那你先講有沒有砍？再來講砍幾刀。」

「沒有。」

「沒有！那怎麼還有血跡？何必還要洗呢？那別人講你有砍啊！那七、八十刀都是別人砍的，你都沒有砍喔？」

「……」

「這個都是細節啦！我跟你講！這個喔！這個講清楚，反而對你們這個案子喔，要處理比較、比較清楚一點，比較快一點。」

「……」
「砍了幾刀？大概，你講大概的數目，我不會怪你，但是你要講清楚。」
「真的記不起來了。」
「有砍嘛！對不對？因為他反抗啊！然後後來又怕事後被發現。有沒有砍？你是砍手部？還是腰部？因為他全身都有刀傷啊！是頸部？還是頭部？」
「記不起來。」
「有沒有砍嘛！有沒有砍記得起來吧？你如果砍少的話，我也沒辦法求證你砍幾刀啊！」
「……」
「有沒有砍？是良心的問題啊！你何必要考慮這麼多呢？啊！你現在心裡會考慮，你講出來，你心理壓力就沒有啦！我已經承認錯誤啦！對死者也有交待啦！」
「……」
「有沒有砍？老實講！」
「有啊！」
「男、女都有砍嘛！砍幾刀？忘記了，是不是？」
「對。」
「因為很亂啊！是不是啊？」
「對。」

一陣子拉鋸戰之後，蘇建和承認砍人。

「你現在心裏，有沒有舒服一點？講出來有沒有舒服一點？憑良心講！」

「沒有啊！」

「你會緊張是難免的啊！但是……」

「不是會緊張！就是沒有啊！」

「會害怕嗎？」

「因為我真的記不起、記不大清楚啊！沒有跟你開玩笑啊！在我記憶裡，就是、就是這麼模糊啊！」

「有砍幾刀？你就砍幾刀，你記不清楚了，是不是？」

「對！檢察官！」

「啊？」

「那我希望說，我第一張寫的那個，你可以看一下。」蘇建和指的是他那份否認涉案的警訊筆錄。在半推半就地「配合」了之後，少年蘇建和企圖迂迴地喊冤。可是檢察官渾然不覺：

「啊！怎麼樣？」他翻了翻筆錄：「這裏啊！怎麼樣？你是說什麼事情？啊？」

「就是全部看一下啊！求證一下這一張啊！」

「他們問你，你根本沒講什麼嘛！」

「對啊！這就是……就是我的記憶啊！」

「對啊！我現在幫助你啊！你現在就說，你願意對你的良心負責，對被害人有交待。你願意把事情講出來，記不清楚的部分，我不會給你亂寫啊！就寫記不清楚啊！」

唉！梁兄哥啊梁兄哥，你山伯真是個呆頭鵝！

刑求他的警察就站在旁邊，檢察官卻不懂他的暗示。少年蘇建和心一沉，承認以菜刀押住吳銘漢。但是強暴一事他無論如何嚥不下，沒有承認。分贓他也沒有承認。檢察官對於蘇建和承認的部分似乎已經滿意，有點無心戀戰，所以不再與蘇建和纏鬥，只是問他：「那警訊時你為何不承認？組長和分局長問你，你剛開始為什麼不講？是害怕嗎？」

「不是害怕。」

「憑良心講，是不是害怕？害怕不敢講，是不是？還是誰叫你不要講的？你憑良心講，跟我講沒關係。」

「唉呀！因為我……我想……我想就是那樣啊！那天的行程就是這樣啊！」少年蘇建和想說出舌根下的那個版本，又不敢說。

檢察官再問：「那你這菜刀丟那裏了？」

「不知道。」

「啊？」

「真的不知道有什麼血衣、菜刀啊！」蘇建和快要忍不住了。真實的版本從他的舌下溜出來，爬到舌尖上。

「你那時侯有拿、手上有拿菜刀，你丟哪裏啊？啊？」

「就是不知道啊！」

「你記不起來了嗎？你記不起來，就講記不起來。那說大概丟哪裏，講大概丟哪裏。你不能確定，我不能強迫你講啊！丟在基隆？還是說坐摩托車到基隆途中，沿途亂丟？啊！想想看啦！丟那裏？」

「不知道啊！」

「再想想看！等一下！把事情想清楚。菜刀丟那裏？」

「根本沒有丟啊！」

「沒丟、沒丟啊！那你就是……喔！對！對！對！對！喔！喔……我講錯了，你就是洗一洗……」

「根本沒有看到東西，怎麼丟啊！」

「你說你在廚房洗好，放在原處，是不是？我記錯了，開山刀才是丟的啊！」

「不知道啊！」

「我剛剛問錯啦！」檢察官對於蘇建和委婉的喊冤毫無反應，再一次與真相失之交臂。

眾人集中心念召喚而來的少年蘇建和，是這樣的蒼白虛弱，神智恍惚如同鬼魂。他的敘述飄忽，囁嚅著、咕噥著，好像牙齒老是咬到舌頭。他在兩個版本之間慌張地擺盪，怕被刑求所以心不甘情不願地說出警方的版本，然而話才出口，那個真實的版本又不斷在心裡抗議。蘇建和的供詞是錯亂反覆的，所有關鍵問題他都否認，但是檢察官逼他幾次以後，他就棄守投降，但過不了多久，又回頭否認。

在這五十分鐘的偵訊裡，他好像左腳一直絆到右腳，左手反對右手做的事情。然而這場偵訊所留下的書面筆錄是這樣的：

問：今年三月二十四日凌晨二時許，你們五人是否侵入吳銘漢家中？

答：我願意講出事實，我們五人從狄斯奈撞球場騎兩部機車到王文孝家，王文孝提議要偷，因為沒有錢花。王文孝不知從何處拿了三把開山刀，王文忠在樓下把風，王文孝他進去開門讓我們進入，進房間前，我記得王文孝從屋內拿菜刀給我。

問：你是否有以菜刀砍男、女主人？

答：有砍，但砍幾刀我記不清楚。

問：你是否以菜刀押住男主人？

答：是的。

問：何人提議要強暴女主人？

答：王文孝他押住女主人是他第一個強暴，他脫光女主人衣服。
問：共有幾人強暴女主人？
答：我不清楚，我沒有強暴。
問：何人提議要殺人滅口？
答：是王文孝。
問：搶了多少東西？
答：我不知道只負責押人。
問：事後你分多少？
答：沒分到，都由王文孝保管。
問：王文忠有無進入？
答：沒有，他在外面把風。
問：警訊時你為何不承認？
答：我害怕。
問：作案後前往何處？
答：去基隆麥當勞附近電動玩具店，我找劉秉郎夫鐵路街附近找妓女，我用機車載他去。
事後我們又繞回電動玩具店，大家才分手。
問：菜刀丟何處？

答：我在廚房將菜刀洗乾淨，放回刀架上。
問：尚有何補充？
答：我迷迷糊糊跟著王文孝作案，我現在很後悔，希望法律給我重新做人機會。
問：你有無綽號？
答：長腳。

過去的法官都認為蘇建和在檢察官面前坦承不諱，自白有任意性，可見他真的有犯案。但是，確定判決認為蘇建和拿的是開山刀，他在這份自白裡卻自承是拿菜刀。

劉秉郎在心裡長長「喔」了一聲，全懂了。以前他也不懂蘇建和為什麼要在檢察官面前承認，現在原音重現，一聽就懂了。當年蘇建和講了那麼多，筆錄裡卻只記那些對他不利的，只看書面筆錄的話，當然不懂他為什麼要承認。但聽了錄音帶才知道，他講的「很多」裡頭大有文章。他大部分時候都否認，少部分時候勉強承認。整個對話裡，蘇建和的反覆與猶豫，合乎他所聲稱的「『副局長』要我配合承認」。

還有一個細節。在蘇建和接受偵訊的過程裡，不時有個疑似擤鼻涕的聲音。然後崔檢察官便說：「喂！去擦一擦。」之前傳當年的書記官李瑩芳出庭，蘇建和曾經問她：「妳是否記得，在汐止分局的時候，因為我一直流鼻水，妳還拿衛生紙給我擦[95]？」李瑩芳答不記得。幸好錄音帶不健忘，十年之後，公正無私地確認了蘇建和的記憶。

蘇建和供詞的可信度大大上升，辯方也士氣大振。顧立雄律師當庭指出幾點：第一，檢察官訊問莊林勳時問他：「你們本來進去就準備押人對不對？」莊林勳說對。但檢察官問：「你們是要搶還是要偷？」莊林勳卻答偷。這裡前後矛盾，顯然是為了配合警方的要求做不實的陳述。

第二，莊林勳連王文孝的名字都說錯，卻跟他一起犯案，與經驗法則不符。

第三，根據莊林勳的供述，王文孝、蘇建和、莊林勳、劉秉郎都有強姦女主人，但是王文忠卻說他們犯案之後跑去基隆嫖妓，不合常理。

第四，檢察官以「可以減刑」來誘使他們承認，這是一種詐欺的手段，因為懲治盜匪條例的強劫強姦罪是唯一死刑，檢察官說犯罪後態度良好就可以憫恕，根本是騙他們的。這樣詐欺而得的自白，沒有證據能力。

第五，刑事訴訟法第九十六條規定：「訊問被告，應與以辯明犯罪嫌疑之機會；如有辯明，應命就其始末連續陳述；其陳述有利之事實者，應命其指出證明方法。」檢察官顯然沒做到這一點。

羅秉成律師則在結辯狀裡提出「繼續效力」的問題。警察如對被告不當的訊問，取得第一次自白，那麼這份自白因缺乏任意性，所以不具證據能力，這點沒有疑問。可是如果再繼續訊問，被告又做出第二份自白，那第二份自白可不可以用呢？學者認為，關鍵要看第一次那「不當的訊問」效力有沒有繼續。

好比說如果警察一開始就威脅被告，做出第一份自白。雖然第二次訊問時沒有再次威脅，可是威脅的效力仍然存在，所以第二份自白也應視為缺乏任意性，而不具備證據能力。

崔紀鎮檢察官對蘇建和所做的筆錄就是這種情形。通常檢察官會把被告帶到地檢署去偵訊，但是崔檢察官卻很奇怪地跑去警察局問筆錄。警察對被告的威脅仍然存在，還繼續影響被告，因此，縱使檢察官沒有對他刑求，這份偵訊自白還是不具任意性。

羅律師也強調，蘇建和一再說自己是被騙「配合」承認，所以背誦其他人的筆錄來應付檢察官的詢問；這卷錄音帶裡問答的情狀，確實就是如此。所以崔檢察官問蘇建和是不是拿菜刀，他有個很奇怪的回答，他說：「應該是。我知道的就只有這麼多啊！今天就是看他們寫的啊。」顯然是無奈地胡亂承認。

蘇建和等三人離開汐止分局、移交看守所以後，崔紀鎮檢察官只開過一次偵查庭，只有傳蘇建和出庭。這一次偵訊的錄音帶也找到了，不過錄音品質很差，許多片段模糊難辨。

一開始就是蘇建和說：「檢察官，我送他回去後，我就沒有看到他。」檢察官問：「菜刀、開山刀都給你處理，這個來源？」蘇建和說：「我真的，我沒有拿到他任何東西。」檢察官：

「沒有拿？」蘇建和：「我送他回家後去基隆，然後我就沒有再見到他。」

蘇建和所指的「他」顯然是王文孝，因為所有人的筆錄裡都載明兇刀是王文孝提供的。檢察官隨後便說：「王文孝我問過了……你的心情、你的矛盾我能夠體諒。」蘇建和明確地否認涉案：「不是矛不矛盾的問題，就是真的沒有做。」檢察官問：「四個人輪暴葉……那個女主人……」蘇建和又否認：「沒有，絕對沒有強暴她。」檢察官：「沒有？」「對。」蘇建和強調當天的行蹤：「檢察官你一定要相信我，我那天三點多送劉秉郎回去後，再送王文忠回家，然後我就回家。」

那肯定是個令蘇建和失望的開庭，因為時間很匆促，崔檢察官只問了十幾分鐘就宣布退庭。檢察官仍然拒絕就刑求一事進行任何調查，但蘇建和至少澄清了幾件事：第一，他沒有涉案；第二，他交代了案發當天的行蹤；第三，他沒有強暴葉盈蘭。結果書面筆錄是不可思議的簡略：

問：你將菜刀及開山刀藏匿何處？

答：沒有。

問：你是第幾個強暴女主人葉盈蘭？

答：我沒有強暴。

被告否認涉案，並且交代行蹤，這麼重要的訊息，書面筆錄竟然沒有記載！蘇建和否認得很明確：「就是真的沒有做」。寫到筆錄裡卻變得答非所問，曖昧模糊——「沒有」什麼？沒有拿刀？還是沒有藏匿刀器[96]？

從頭到尾，崔紀鎮檢察官就是認定他們有做。所以對這些年輕人最仁慈的做法，就是哄他們，要他們坦白承認。刑事訴訟法第二條規定檢察官「應於被告有利及不利之情形，一律注意」；也就是說，檢察官的角色不必然是與被告對立的。可是崔檢察官太相信警方的辦案水準了，警察霸王硬上弓違法逮捕，他事後追認，讓他們先上車後補票；警察違法搜索，他照樣將二十四元硬幣列為證物。劉秉郎明確地翻供，只換來他的奚落，蘇建和迂迴地喊冤，他更是充耳不聞。

偵訊現場充滿了迂迴的翻供、顛躓的足跡，但在書面筆錄裡，這些全部被抹去，只剩下乾淨俐落的訊問，對答如流的認罪。

莊林勳被動、機械的答「是」，到書面筆錄裡變成主動、積極的認罪；他說「很後悔」，在書面筆錄裡卻加油添醋變成「很後悔，也很害怕，希望法律能給我自新機會。」

劉秉郎連續二十次否認作案，到書面筆錄裡剩下輕描淡寫；他明明說是「怕被打」才認罪，書面筆錄裡卻避重就輕地僅說警訊筆錄「不實在」。檢察官問蘇建和警訊時為何不承認，他明明說不是因為害怕，到書面筆錄裡卻變成「我害怕！」

日劇《Hero》裡面，木村拓哉飾演一位勇於挑戰傳統的檢察官。有一次，警方送來一名嫌犯，可是木村拓哉認為那人是冤枉的，拒絕將他起訴。輿論譁然，紛紛指責檢察官無能，才讓罪犯逍遙法外。那個嫌犯回家以後，受不了社會壓力，自殺了。後來事實證明他真的不是兇手。木村把辦案的警察叫來，只對他說了四個字：「秋霜烈日！」

「秋霜烈日」是日本檢察官的一個標誌，象徵著檢察官的榮譽。檢警單位手中握有大權，就像一輪烈日；平民百姓則脆弱如秋霜。如果檢警不夠謹慎、不知節制，一不小心就會傷害到平民百姓。秋日薄霜怎麼禁得起烈日照耀？被冤枉的小老百姓毫無反擊能力，一下子就「人間蒸發」了！

十幾年來一審、二審、三審，法官們看見的都是這些「坦承不諱」的書面筆錄。蘇友辰律師嘆道：「這也難怪！連原始的偵訊筆錄都有問題，後面的審判程序又怎能不出錯呢？」羅秉成律師則在結辯狀裡寫道：「司法的冤錯案常是一種垂直的累積錯誤。好比扣鈕釦一般，上面第一顆扣錯了，接著也跟著一路扣錯下去。」

審判至此，已經不是自白可不可信的問題了，而是：他們有自白嗎？

92 見崔紀鎮檢察官偵訊錄音帶譯文，參本章註五。

93 再審卷，九十年一月十一日筆錄，頁六三，六四。

94 偵查卷，頁二五，二六，民國八十年八月十六日筆錄。這份筆錄上記載的時間是八月十五日早晨五時，顯然是錯的，因為蘇建和是八月十五日中午才被捕的。

95 再審卷，八十九年十二月二十八日筆錄，頁三四。

96 以上崔紀鎮檢察官偵訊蘇建和、劉秉郎、莊林勳的錄音帶譯文，參見廢死聯盟網站 http://www.taedp.org.tw/story/2562。錄音帶的內容也已轉成聲音檔，放在 http://www.taedp.org.tw/story/2563，點進去就可以聽到當年原音重現。

前往註釋 96-1 網址

前往註釋 96-2 網址

第十四章——

如果、如果、如果

憂鬱是消沉後的熱誠
關於我的靈魂，請相信
那始終不變的部分……

——楊澤

當年，蘇建和最早落網，卻最晚承認。他被刑求的情形最為慘烈，也因此留下最多線索。依照士林看守所的「新收被告健康檢查表」記載，蘇建和進入看守所的時候，左右手都有紅腫，左膝有瘀青[97]。蘇建和的弟媳吳金珠在八十一年一審的時候出庭作證，說蘇建和被抓去的隔天，警察帶蘇建和回家搜血衣，她偷偷在手心裡寫一個「打」字，趁警察不注意的時候給蘇建和看，蘇建和偷偷點頭[98]。與蘇建和同房的獄友游先生說，蘇建和進來的時候有流鼻血、生殖器官潰爛等情形，蘇建和對游先生說，他剛被抓到的時候被打得很慘[99]。汐止鎮保安里第一鄰的鄰長高水木則在二審時作證說，警察帶蘇建和回家的那天，他看見蘇建和臉上有瘀傷，而且走路一跛一跛的[100]。

這次再審，辯方聲請傳喚另外兩位當時與蘇建和同一牢房的獄友出庭作證，首先出庭的是何先生。民國八十年的時候他因為走私案件遭到羈押，八月十六日與蘇建和同一舍房。

何先生說，蘇建和進來的時候「神情很差」、「人很虛」，嘴唇腫腫的，一進舍房就告訴同房的人說他是被冤枉的，被打得很厲害，還翻出內褲給他們看，內褲上有一小片血跡，長度大約三公分，寬約一至二公分，在鬆緊帶外面。第一天蘇建和沒有吃飯，也不太動，只是愁眉苦臉坐在那邊。費玲玲檢察官問何先生是否記得蘇建和的內褲是什麼顏色，何先生說是白色的，上面的血跡則是暗紅色。費檢察官再問：「你如何確定那是血跡？」何先生說：「我認為是，我的感覺上。」

另一位出庭的是黃先生，當年因煙毒案件入獄，八月十六日、十七日都與蘇建和同房。他說蘇建和進來的情形是這樣的：「主管開門推他進來，他就倒在門口，是我把他拖進來的。當時他嘴巴外面都裂開，有流血，一隻手抬不高，精神很不好。我幫他擦身體，他睪丸腫的比碗還大。」審判長問：「他有沒有跟你或其他同舍房的人談論他的案情？有沒有談起他被逮捕、訊問的經過？」黃先生說：「他有跟我說，他是被汐止刑事警察毆打，用電擊棒伸進他的嘴裡電擊，並且電擊他的睪丸。」

黃先生說，蘇建和在看守所裡根本沒有辦法吃飯，太虛弱了，也沒辦法洗澡，都躺在囚房不能動。黃先生好心把早上的稀飯留到下午給他吃，幫他用毛巾擦澡。「我幫他擦身體的時候，看到他身體肋骨的地方好像有擦到，都紅紅的，是一邊還是兩邊我不記得。兩隻手都有瘀青。」陳鄭權律師詰問時他則說，蘇建和第一天只能躺著、慢慢移動到廁所旁邊，然後把身體轉向廁所的方向尿尿。陳律師問：「他為什麼不站起來尿？」黃先生說：「因為他身體難過。」黃先生好人做到底，幫蘇建和用水把廁所沖乾淨。直到黃先生離開那間舍房，蘇建和都還是躺著的。

羅秉成律師問黃先生有沒有看到蘇建和下體有血跡，他說他不記得，只記得睪丸腫得很大。黃先生也說蘇建和的嘴巴有裂開，不過何先生說是上嘴唇腫大，黃先生說是嘴角與下嘴唇流血。李進誠檢察官也問黃先生蘇建和內褲是什麼顏色，他起先說忘記了，後來說：「好像是紅色或橘色，接近血色，現在我記不起來。」但何先生說是白色，蘇建和本人也證實應該是白色，他認為可能是看守所的燈光偏橘，所以黃先生記錯了。至於內褲樣式則兩人記憶一致，是三角褲而非平口褲。

「刑求」這件事很難證明。警察刑求本來就是一種「雖打過但不留痕跡」的打法，只會留下內傷，但外觀上卻不留疤痕或傷口。嫌犯被警察刑求不容易找到人證，又不容易留下可驗的傷，所以刑求的受害者，處於證據上的絕對弱勢。民國八十四年，蘇建和等三人曾經控告陳瑋庭等幾名員警瀆職，但是士林地檢署受理之後，很快就做出不起訴的處分。

汐止分局本來就是士林地檢署轄區內的分局。蘇案當初也是士林地檢署負責偵辦的；汐止分局等於是士林地檢署的下級單位。那時蘇友辰律師、許文彬律師曾經聲請轉移管轄權，士林地檢署也以有利益關係為由申請迴避，可是高檢署卻駁回兩位律師的聲請，還是裁定由士林地檢署來承辦這個案子。所以不起訴也是意料中的事。

在蘇案裡，蘇建和等三名被告提出刑求抗辯，不過，在蘇案裡提刑求，跟告警察瀆職時提刑求，是很不同的情況。告警察瀆職的時候，警察是被告，蘇建和等人是原告。原告必須舉證並且說服法官到「確信被告有犯案」的程度才行，也就是所謂「嚴格證明」。

但在蘇案裡，檢方是原告，蘇建和、劉秉郎、莊林勳是被告。檢察官必須舉證並說服法官到「確信被告有犯案」的程度。檢察官舉出他們的認罪自白為證據，而蘇建和等人則辯稱那些自白是刑求所得，不可以拿來當證據。

這時候，只要「自由證明」就行了，因為辯方只是在爭論這份證據有沒有證據能力而已，是一個關於程序的爭辯，而不是關於事實的爭辯；所以不必證明到「確信」的程度，只要證明到「非常可能」就可以了。

再審中，辯方提出關於刑求的證據包括：進看守所的體檢表、同房獄友與親戚鄰居親眼目睹，以及他們三人歷歷在目的敘述。衡諸他們當時的年紀與學經歷，應該沒有這等瞎編故事的高超能力才對。這些證據，要達到「自由證明」的標準是綽綽有餘了。

自白、自白、自白。所有的問題都圍繞著自白。

蘇案裡所有的筆錄可以分成兩個版本。第一個版本是「無辜版」：王文孝承認自己一個人犯案，其他四人說自己無辜。第二個版本是「認罪版」：王文孝說多人犯案，王文忠承認把風，蘇建和、劉秉郎、莊林勳承認殺人。

檢方認為「認罪版」是事實，「無辜版」是串供。

辯方認為「無辜版」是事實，「認罪版」是屈打成招。

案子的真相或許就在這裡：到底「認罪版」比較可能，還是「無辜版」比較可能？

如果、如果、如果。

如果蘇建和、劉秉郎、莊林勳有殺人。

三個十九歲的青年，如同電影《風櫃來的人》那樣，人生還沒有著力點，晃蕩著等當兵。在某個春天的夜裡，一念之差，竟然愚蠢魯莽犯下重罪。當他們離開現場的時候，心裡惶懼不安，不確定明天太陽還會不會升起。

如果、如果、如果。

他們或許想到要串供，三個人絞盡腦汁當起編劇來。如何撇清與兇案的關係？就說，不在場吧。可是誰會為他們說謊，當他們的不在場證人呢？

答案很明顯。要不是互相掩護，就是讓家人為他們說謊。

所以可能的串供版本有兩種，第一種是：「那天晚上我們三個人在一起玩，根本不曉得有什麼血案。」第二種是：「那天晚上我在我家，你在你家，他在他家，根本不曉得有什麼血案。」

然而實際上，他們的「無辜版」筆錄既不是「我們三人一起玩」，也不是「我們各自在家」。一審的時候，湯美玉法官隔離訊問蘇建和、劉秉郎、莊林勳，這是他們第一次完整陳述「無辜版」。首先是莊林勳，他說當天他跟郭明德、安建國在家裡打麻將，沒出門。再來依序是劉秉郎、蘇建和，他們兩人講的都一樣。那天約在汐止迪斯奈撞球場見面，王文孝、王文忠也在，共四人；先送王文孝回家；去基隆吉祥大樓八樓打撞球；去基隆的風化區，王文忠在風車遊樂場等他們；吃了東西後，蘇建和依序送劉秉郎、王文忠回家[101]。

三個人的「無辜版」筆錄彼此相符。莊林勳說那天沒有跟他們去玩，蘇建和、劉秉郎也說那天沒有莊林勳。蘇建和與劉秉郎的陳述也彼此相符，如果硬要雞蛋裡面挑骨頭的話，唯一有差異的是這兩處：離開吉祥大樓的時間，劉秉郎在檢訊時說是兩點多，一審時說是一點多。還有就是劉秉郎說是「吉祥大樓八樓馬克撞球場」，蘇建和在警訊筆錄中說「吉祥撞球場」，一審的筆錄記載則是「吉祥八樓」。兩個差異都無關宏旨。

串供是捏造一段虛假的經歷，創造一個共同的謊言。所以串供應該串得簡單、公平。簡單，所以每個人都記得住、記得清；公平，所以每個人都願意說同一個謊。最簡單最公平的講法，就是大家同進退。

「無辜版」既不簡單，也不公平。「無辜版」有夠複雜，說蘇建和與劉秉郎有跟王文孝玩前半段，而莊林勳完全沒參加。他們為什麼不省事一點，直接說三個人都不在場，不就好了嗎？又為什麼那麼自找麻煩的，一連說出四、五個地點呢？

「無辜版」對莊林勳最有利，因為他從頭到尾都沒沾上邊。其次是劉秉郎，因為蘇建和與王文忠都可以證明他三點多就回家了，而且劉秉郎家在基隆，而血案在汐止。再來是蘇建和，因為王文忠可以證明蘇建和送他回家後就離開了汐止血案的現場。

「無辜版」留下最可疑的人是王文忠與王文孝，因為他們就住在血案發生地點的對面。別人回家都是洗清嫌疑，唯獨他們兩人回家，就是接近兇案現場。

如果、如果、如果。

根據他們五人的關係看來，這樣的利益分配完全不合理。王文忠跟蘇建和、劉秉郎都是好朋友，又是王文孝的弟弟，只有跟莊林勳比較不熟，既然要串供，他理應獲得一個安全的角色。可是，串供前，王文忠不過是把風而已；串供後，王文忠卻變成兩名最有嫌疑的人之一。別人串供都是為了脫罪；王文忠為什麼反而串供讓自己的嫌疑變得更重？

在蘇建和、劉秉郎、莊林勳三人之中，劉秉郎跟蘇建和是好朋友，跟莊林勳也是好朋友；蘇建和與莊林勳的交集就是劉秉郎。如果要有一個人得到最「乾淨」的位置的話，那應該是劉秉郎，而不是莊林勳。

如果、如果、如果。

「認罪版」裡，大家都有份，大家都有罪，不過，王文忠罪最輕。

「無辜版」裡，只有王文孝有罪，王文忠有嫌疑，剩下三個人沒有罪。

如果「無辜版」是串供的話，那麼只有蘇建和等三人，藉由串供得到了好處。王文孝的嫌疑是一樣的，而王文忠則越串越重。所以王文忠與王文孝一定沒有參與串供。可能因為案發後王文孝收假回到軍營、王文忠剛好入伍服役，所以剩下的三人便串個對自己有利的供，把責任都推給王氏兄弟。

不過卻有幾點說不過去。第一，如果這事大家都有份，蘇建和等三人私下串供背叛王氏兄弟，難道不怕他們乾脆通通講出來嗎？

第二，王文孝剛落網的時候，在兩位檢察官面前都承認一人犯案，可是他怎麼會知道蘇建和等人正打算把責任推給他？

第三，從王文忠的角度來看，蘇建和、劉秉郎都是他的好朋友，應該有福同享有難同當，現在他們卻搞出一個對他不利的「無辜版」，王文忠應該覺得被好朋友背叛。而且，「認罪版」對他比較有利，他當然應該講「認罪版」，堅持四人共同殺人、自己在外把風。然而王文忠卻在軍事法庭上說，蘇建和等人都是無辜的；王文忠出獄以後，仍然為蘇建和等人出庭作證。怎麼會這樣？有人打了他的左臉，他還把右臉送上？

如果、如果、如果。

蘇建和被捕後第一次做出無辜的陳述，是在八十年八月十六日清晨，汐止分局的警訊筆錄[102]。劉秉郎第一次做出無辜的陳述，是在八月十六日中午，崔紀鎮檢察官偵訊的時候[103]。莊林勳第一次做出無辜的陳述，是八月二十日，軍事檢察官杜傳榮來看守所借訊的時候[104]。這些都是正式的紀錄。

也就是說，「無辜版」並不是後來才慢慢想出來的說詞。他們當初就是這麼講的，多年以後再審，他們的供詞仍然如此。「認罪版」有一個變遷的痕跡，犯罪情節不斷加重；「無辜版」則十分穩定。再審中他們有機會多講一點話，但這些補充的細節，與原先的無辜陳述仍然相符。

蘇建和、劉秉郎、莊林勳三人是同案被告，自從被逮捕以後，就沒有機會串供了。他們在警局被隔離訊問，僅在破案記者會之前短暫交談[105]；送到看守所後也收押禁見，三人關在不同舍房，並且不可與家屬會面或通信。那時候他們只能見律師，與律師談話時，看守所方面會全程錄音。

如果、如果、如果。

八十年八月十五日以後，他們就沒有機會串供了，所以應該是早就串好了。那表示他們有想過東窗事發的可能性。

他們既然那麼警覺，想出一個那麼細緻複雜的故事，為什麼不省點事，乾脆逃亡就好了呢？他們有時間逃亡。八月十四日，電視已經播出王文孝落網的新聞，八月十五日，報紙已經登出破案的消息。蘇建和中午被捕，他有一整個早上可以逃；劉秉郎與莊林勳晚上被捕，他們有一整個白天可以逃。

事實是，他們誰也沒逃，他們的人生凍結在被捕的那一刻，猝不及防。劉秉郎在雜貨店裡瞎忙，莊林勳在和女朋友聊天；蘇建和則以提著便當的姿態，留下歷史性的一瞬。

「無辜版」穩定、完整。情節複雜，不像串供。

「認罪版」也很複雜，但卻千瘡百孔。檢方也不否認「認罪版」的筆錄多有不符，但是他們認為，那是因為蘇建和等人被捕的時候距離案發已經四個多月，難免有記不清楚的地方。而且他們學歷不同，記憶能力自有不同。

那樣一個慘烈血腥的夜晚，殺人、輪姦、搜刮財物，對於沒有前科的他們來說，應該是很震撼的。但是他們卻連最關鍵的刀器種類、贓款多寡，說詞都差很多。檢方以學歷來解釋記憶力的差異，意思應該是說，學歷低的人記不清楚，學歷高的人記得清楚。姑且不論此說有什麼根據，但檢方與先前的有罪判決，採信的都是王文孝的說法，可是王文孝小學畢業，是五人之中學歷最低的。

尤其不能解釋的是，如果「認罪版」是事實，「無辜版」是串供，那為什麼親身的經歷說得七零八落，串供卻反倒記得一清二楚？

單憑自白不能將人定罪，必須有補強證據。過去判有罪的法官都認為，王文孝與王文忠指控蘇建和等三人的供詞，就是補強證據。但他們恰好也是最缺乏一致性的兩位。

王文孝的不僅供詞反覆，而且缺乏誠意，動不動就說：「我上次亂講的。」王文忠的供詞也有一些嚴重的疑點。一審湯美玉法官訊問他的時候，他雖然說沒有涉案，可是對於五人的行蹤，卻說得與蘇建和他們不同。

王文忠說那天是五人出遊，兩部機車，在王家集合，後來他看王文孝已經累了，就由蘇建和載他們兄弟兩人回家，是凌晨兩點多。沒有去基隆，也沒有去吉祥大樓打撞球[106]。但蘇建和等人的說法卻是，四人出遊，一部機車，直接在撞球場會合。送王文孝回家以後，剩下三人去基隆打撞球。

二審時，王文忠想起來那天確實有去基隆打撞球、吃東西。可是，他說劉秉郎自己回家，蘇建和載他回家[107]；蘇建和等人的說法卻是，三人共騎一部機車，先送劉秉郎，再送王文忠。

幾個月後再出庭，王文忠又改口，他說那天應該是四人出遊沒錯，沒有莊林勳，他記錯了。以前莊林勳曾經跟他們一起出去玩，但不是三月二十三日晚上。還有，現在他說，那天確實先送劉秉郎回家，還在門口遇見劉秉郎的鄰居[108]。

王文忠的記性實在太糟了。在高院，律師問他是否曾經看過王文孝吸食安非他命，他說看過一兩次，不過他不能確定是不是安非他命[109]。但是八十四年王文忠接受監察院的調查，張德銘委員問他：「你哥哥王文孝有無吸食安非他命之事實？」他卻說：「我沒有親眼看到，但我哥哥有告訴我說他有嗑藥[110]。」

調查到目前為止，劉秉郎與莊林勳的供詞都很穩定、合理。蘇建和的供詞有一個錯誤與一個疑點。錯誤是：蘇建和以前一直說，他不知道崔紀鎮是檢察官，所以才會被誘騙在他面前承認。但重播當時的偵訊錄音帶，發現崔紀鎮檢察官一開始就表明了身份，而且蘇建和還喊他「檢察官先生」。蘇建和後來解釋說，因為他不知道檢察官是做什麼的，所以不記得崔檢察官有表明身份。

疑點是：「副分局長」是誰？

97 張德銘委員監察院調查報告，附件十八。

98 一審卷，頁二九六，八十一年二月十一日筆錄。

99 一審卷，頁二九七，八十一年二月十一日筆錄。

100 二審卷，頁三四〇，八十一年八月六日筆錄。

101 一審卷，頁一一四至一一九，八十年十二月十二日筆錄。

102 偵查卷，頁二五，二六，民國八十年八月十六日筆錄。

103 偵查卷，頁三六，八十年八月十六日筆錄。

104 海軍偵查卷，頁五四至五九，八十年八月二一日筆錄。

105 台北地方法院士林分院檢察署八十四年偵字第四三七九號，頁三九，四〇，八十四年六月八日筆錄。

106 一審卷，頁一八九，一九〇，八十一年一月七日筆錄。

107 二審卷，頁二八一，八十一年七月十三日筆錄。

108 二審卷，頁四四九，八十一年十二月十一日筆錄。

109 二審卷，頁二八二，八十一年七月十三日筆錄。

110 張德銘委員監察院調查報告。

第十五章——

法醫沒聽懂

在所有的動物裡，人是唯一會臉紅的……
或許也是唯一需要臉紅的。

——馬克吐溫

十幾年過去了，尋找真相的努力還沒有停歇。真相的另一線索，握在法醫手裡。法醫一職，從來就與洗刷冤情劃上等號：不是洗刷冤死之情，就是洗刷冤獄之情。全世界第一部法醫專書，是十三世紀宋慈所著的《洗冤集錄》。

宋慈是南宋末年的文官，在江西、湖南一帶都擔任過「刑獄」，就是負責審案子的。多年的司法實務經驗，他發現案子如果判錯，往往是因為一開始的檢驗就沒做好，所以寫了《洗冤集錄》。宋慈是科學辦案的先驅。在《洗冤集錄》裡，他詳述驗屍判斷的方法，也提供從發現屍體到檢驗完畢交由家屬領屍的標準作業程序。《洗冤集錄》沒有包青天那種就地正法之快，動不動就：「來人啊！用刑！」宋慈溫柔得多，嚴謹得多，他留下的不是一個英明神武、半人半神的形象，而是一套方法和制度。

歷次審判都認定，當晚王文孝拿菜刀，蘇建和拿開山刀，劉秉郎拿水果刀，莊林勳拿警棍，四人共同殺害了吳銘漢與葉盈蘭。但是現場只有找到菜刀，而沒有開山刀和水果刀；警棍根據王文孝的供詞在頂樓的水塔底下起出，但化驗以後沒有血跡反應，兩位死者身上也沒有棍棒毆打的瘀痕。辯護律師認為，這個案子唯一合理的解釋就是，只有一個兇手、一把兇刀。

「認罪自白」裡說他們臨時起意輪姦葉盈蘭，然後將她砍死。後來怕輪姦的事實被發現，決定替她換衣服。然而根據王文孝最初「一人犯案」的供詞，他在慌亂中下重手亂砍，沒有強姦，也沒有幫她換衣服。所以衣服有沒有破，成為本案最重人的關鍵。當年留下的刑案照片裡，有一幀拍到葉盈蘭背面右後肩胛骨的地方。辯方認為那是刀痕，檢方則認為那是血漬。

這是兩個最關鍵的問題。幾把刀？衣服有沒有破？

這是劉象縉十幾年來第六次為蘇案出庭作證。民國八十年汐止血案發生的時候，他任職於士林地檢署法醫室，那天早上，是他到場檢查屍體，填寫驗斷書。不久後，他自己也經歷了一場生死浩劫。八十一年六月，一場嚴重的車禍，劉象縉被推進開刀房，昏迷了整整一個禮拜。

醫生告訴家屬做好心理準備吧，存活率只有一成。他左邊顱內出血，有百分之九十的機率會變成植物人。但是當時六十五歲的劉象縉幸運得令醫生跌破眼鏡，他活了過來，不但沒有變成植物人，而且九月一日就銷假，回到士林地檢署上班。

現在，他已經是一個七十幾歲的老先生了。審判長葉騰瑞法官拿出刑案現場的照片，問他是否能據此判斷凶器有幾種，他的眼光才匆匆掠過，就好像被燙著了似的。十年前殺戮現場的血腥回憶又回來了，胸口悶脹著，那些無法消化的殘酷影像，想要找一個出口。費玲玲檢察官一看劉象縉的臉色不對，立刻要求庭上讓他休息一下。老先生定一定神。他仔細看了看照片，表示兩位死者頭上的刀痕很大，像是大型刀器砍的，菜刀、開山刀都有可能，身上的傷則比較小，不大像是開山刀砍的。也就是說，劉象縉傾向於認為兇刀不只一把。

對辯方來說，這不是好消息。羅秉成律師立刻提醒劉法醫，當年他可不是這麼說的。一審時他出庭作證，湯美玉法官問他的意見，他說只能認定必定是大型刀器，不是小型刀器；但是無法依傷口判斷總共幾把刀。因為同一把刀可以用刺的，也可以用砍的[111]。

那時距離案發不到一年，是劉象縉親赴現場驗屍之後的意見。經律師追問後，劉象縉便承認，當年的記憶比現在清楚，看現場的判斷比看照片準確。蘇友辰律師直接問：「若是你今天說的與從前作證的筆錄不同，應該以哪一種為準？」劉象縉說：「以從前的筆錄記載為準。」

蘇律師問：「中國時報今天有一篇報導，說你肯定吳銘漢夫婦的屍體是由兩種以上的刀刃刺砍而死，有沒有這回事？」

「我在昨天或是一個禮拜以內並沒有接受記者採訪。上個禮拜五，有一位記者不知是不是中國時報，一直叫我阿伯，叫我將傳票給他看，我就拿給他看。我有跟他聊天，聊到今天要來作證。」

「那這裡面報導的內容是你跟他講的嗎？」

「他亂寫的，不一樣，他大概是根據我說的再隨便加。」

「八十一年一月二十八日你說葉盈蘭左上胸的傷口，三乘二乘二，是一種單刃利器造成的？」

「我不記得。」

「本案扣案的菜刀是長方形的，但如果說距離拉得長，不是很接近，拿不準，因為距離的關係，劃下來這個菜刀的刀尖會不會形成這個傷口？」

「可以。」

一審的時候，法院兩度傳喚劉象縉出庭，其中，八十一年一月二十八日是一份對辯方比較有利的筆錄。辯方律師的每一個問題都在積極地帶領法庭返回那份筆錄，相對的，告訴代理人石宜琳律師也盡責地阻擋法庭回歸那份筆錄。石律師問道：「當天你說無法依傷口判斷使用幾把刀，是指無法判斷兩把刀，還是無法判斷總共幾把？」劉象縉說：「凶器我沒有看到，我沒有辦法確定。我的意思是凶器有兩把以上，但沒有辦法判斷是幾把。」

時日久遠，年事已高，兇刀究竟幾把，問來問去，似乎「人人有希望，個個沒把握」。

第二個重點是問葉盈蘭的衣服有沒有破。

審判長葉騰瑞問：「女性死者右後肩胛所受的創傷，你在檢視時有沒有特別注意到刀傷是不是穿破上衣？也就是說，當時死者所穿的衣服，在那個刀傷的部位有沒有破裂？你能否確定？」

劉象縉回答：「我相驗的時候衣服都脫掉了，我沒有看衣服有沒有破。」

審判長又問：「女性被害人陰部有無檢視？有沒有發現擦傷、裂傷或紅腫？有沒有發現陰部內外留有精液？當時有沒有採取檢體？」

「當時有看過，沒有東西，沒有分泌物，也沒有特別去翻動，從外面看沒有什麼異樣。」

對檢方來說，這不是好消息。檢方向來認為衣服沒破，而劉象縉以前作證都說衣服沒破。現在他怎麼改口了？費玲玲檢察官提醒劉象縉以前的證詞，但他再次強調說：「我去驗的時候，衣服已經脫光了，所以並沒有看到。」

到底有沒有輪姦，本來應該是很容易證明的，只要檢驗下體分泌物就行了。可是當年劉象縉沒有採集檢體，在驗斷書上記載「無故」，意思是沒有異樣。

八百年前宋慈說得對，驗屍的疏忽往往造成真相不明。

告訴代理人石宜琳律師問劉象縉為什麼沒有採集檢體，他說：「因為很乾淨，沒有分泌物，所以我才沒有採檢體。」

石律師又問：「如果葉盈蘭被輪姦以後，他們擦拭過或整理過，是不是表面就看不出分泌物？」

顧立雄律師立刻表示抗議：「這是假設性的問題。今天我們應該在無罪推定的原則下，去問有沒有證據；問這樣的假設性問題，我不覺得有什麼意義。」

審判長葉騰瑞駁回異議：「你們問的問題也有很多是假設性問題。」

石律師繼續表示意見：「我的看法是：因為當時是經過被告擦拭過了，而且證人當時認為是兇殺案，所以沒有刻意再去檢驗。」

對案情最為嫻熟的蘇律師趕緊起身消毒，覆述劉象縉在八十一年十月九日的證詞：「如果有被輪姦，應該在她的陰部外面留有很多的精液或分泌物，但是記得我當時檢驗時沒有發現有男性的精液或分泌物，如果有的話，我會採取做為標本[112]。」劉法醫承認確實這樣說過。

石宜琳律師最後指出兩點：「第一，男性的精液是透明的，如果輪姦後經過擦拭，那麼只用目視是絕對看不出來的，除非檢體化驗。第二，劉象縉法醫當時會寫無故，主要的原因是女性死者穿戴整齊，下體沒有外傷。『無故』並不是說下體沒有精液，而是沒有外傷。也就是說，今天證人的證詞沒有辦法證明葉盈蘭沒有被強姦或輪姦。」羅秉成律師聞言立刻說：「告訴代理人的意思好像是說，我們應該證明她沒有被強姦。」審判長打圓場：「不是這樣，這是他們表示意見，不要緊張，究竟有沒有道理，大家可以判斷啦。」

漫長的訊問之後，辯方與檢方看似各有斬獲，但距離真相還是一樣遠。劉象縉的供詞前後不一。他以前說一把兇刀可以造成被害人身上的各種傷口，現在說應該是兩把或兩把以上；以前說衣服沒破，現在說驗屍時沒看到衣服。至於有沒有輪姦，劉法醫倒是說詞一致，反正當初就是沒有採集檢體，所以現在再怎麼問，也都是沒有證據；不能證明有強姦，也不能證明沒有。

問完法醫劉象縉以後，費玲玲檢察官當庭建議將本案的現場錄影帶與照片等僅存的證據，送請專業機構來做進一步的鑑定。十幾年來難得由檢方主動要求調查證據，三位被告連聲贊成。被自己的「自白」囚禁了十幾年，他們等待調查真相，已經等很久了。

在難得的一片祥和共識中，顧立雄律師不忘站穩辯方的立場：「如果要鑑定的話，鑑定的事項跟鑑定的單位，請容我們能夠有表達意見的機會。」所有人都知道，這將是下一場攻防的前奏。

僅存的證據還有一樣，就是吳銘漢與葉盈蘭的遺骨。吳銘漢與葉盈蘭的後事由吳唐接一手處理。他回想起來，那整整一年，腦子都是空白的，可是事實上，他表現出過人的冷靜與細心。當初廚房裡有一把菜刀上面黏著毛髮，就是吳唐接先發現的。

再審通過以後，吳唐接帶著一疊照片來到石宜琳律師的事務所。「石律師，你看這個有沒有用？」石宜琳翻開那本相簿。當時為了保存證據，吳唐接將他們兩人土葬，撿骨的時候，逐一拍照存證。石宜琳看到兩人的遺骸上面，刀痕深深鑿入，硬生生劈開。多痛啊。吳銘漢的頭頂被砍破了一大塊。十幾年了，塵歸塵，土歸土，殘忍的痕跡還留在人間。

石律師與檢察官聯繫，最後由李進誠檢察官提出聲請狀，要求法院將遺骨取出，依骨骸上的刀痕來判斷究竟有幾把兇刀。審、檢、辯三方與吳唐接相約，一同去汐止公墓取出遺骨。審判長葉騰瑞問：「假設做鑑定的時候有必要，不得已侵犯到骨骸，家屬同意嗎？」吳唐接語氣平淡：「如果有助於釐清事實，雖然我們心裡很難過，但是我們哀痛地同意。」

---

111 一審卷，頁二六五，民國八十一年一月二十八日筆錄。

112 二審卷，頁四一一，八十一年十月九日筆錄。

第十六章——

扮豬吃老虎

虱子們也正在尋找
一個細皮嫩肉的新娘
喝慣了血當然嫌露水太淡
——洛夫

法官決定交由法務部法醫研究所來負責這次的鑑定工作。這個鑑定將要回答兩個主要的問題：第一，到底有幾把兇刀？兩位被害人的骨骸，或許能夠揭開這個謎底。檢方相信，開山刀與水果刀雖然從未尋獲，但吳銘漢與葉盈蘭的遺骨上，一定留有開山刀與水果刀的刻痕。辯方則相信，開山刀與水果刀根本是屈打成招的結果，骨骸上一定只有菜刀的刻痕。

第二，葉盈蘭的衣服有沒有被換過？當年在刑案現場拍攝的照片與錄影帶，或許能夠揭開這個謎底。檢方相信蘇建和等人的認罪自白，他們說替葉盈蘭換過衣服。辯方則相信，換衣服根本是屈打成招的結果，衣服一定沒有被換過。

好長一段時間，法庭內毫無進展，靜待鑑定結果；看守所裡，蘇建和、劉秉郎、莊林勳的青春虛擲。媒體上則戰雲密布，氣氛詭譎。

開甕取出遺骨之前，高院曾經把葉盈蘭背後肩胛骨刀傷的照片，與刑案現場錄影帶一起製作成VCD，送交法務部調查局請求鑑定。調查局於九十年五月三日回函說：僅憑照片無法鑑定衣服有沒有破，而現場錄影帶則屬刑事鑑識的專業，不是他們所長[113]。

同一天，聯合報就登出一則新聞，說：「台灣高檢署檢察官最近進行『滲血豬肉』試驗，模仿兇手行兇方式，用菜刀猛砍豬肉，再用一塊布蓋住上面，結果顯示覆布上的確現出一道明顯血痕。」聯合報稱讚檢察官此舉是「科學辦案」，認為這個實驗足以證明葉盈蘭背後那是血漬而非刀痕[114]。

報導中還說：「檢察官仔細勘驗蒐證錄影帶認為，吳銘漢夫婦當天遇害時，現場門旁有厚厚積血，兩屍體刀刀見骨，顯然被兩種以上刀刃刺砍而死。」兩屍體刀刀見骨，為什麼就「顯然」是用兩種以上刀刃刺砍而死？刀傷深淺與幾種凶器有什麼關係？這推論看來粗疏，所謂的「科學辦案」，難免便令人不放心。蘇友辰律師在法庭上要求檢方提出實驗方法、過程與結果，供辯方瞭解；李進誠檢察官卻簡潔地否認：「我們沒有做實驗，也沒有向媒體表示意見，如果辯護人有疑問的話，請直接找媒體[115]。」

這次送請法醫研究所鑑定，半年過去無消無息，首先披露內幕的又是聯合報。「據透露，法醫研究所和旅美鑑識專家李昌鈺共同鑑識吳氏夫婦的頭骨後，發現至少有十八道大小不同刀痕，經逐一比對，認為刀痕寬厚不同。至於命案照片及錄影帶，經過數位照相及影像處理機掃描放大解析後，發現葉女肩上刀傷處的衣服纖維沒有破裂，不像是穿著那件睡衣被砍殺的樣子[116]。」結論和「滲血豬肉」的報導一樣：一，鑑定結果顯示刀器不只一種，所以兇手不只一人；二，葉盈蘭背後衣服沒有破裂，是血漬而不是刀痕。

日後證實，李昌鈺並不願意為這次的鑑定背書，以刀痕角度推斷凶器數量的作法，也引起很大的爭議；而且後來發表的鑑定報告裡，根本就沒有什麼數位掃瞄解析。

顯然「有人」不斷在媒體上放話。這些新聞看起來都給人一個共同印象：蘇建和他們這回死定了！

九十一年六月七日，法醫研究所終於將鑑定意見寄給高等法院。幾乎所有媒體都大幅報導：兇刀不只一把！蘇友辰律師的心情跌到谷底，救援行動也陷入前所未有的寒涼。

薄薄三頁的鑑定意見，為蘇案投下劇烈的震盪。

這份鑑定意見大致可分為三部分。第一部份是骨骸鑑定，目的是瞭解究竟有幾把兇刀。法醫研究所認為：第一，葉盈蘭背部肩胛骨的那一刀，推定是尖銳薄質利刃所造成，水果刀較符合這一特徵。第二，吳銘漢與葉盈蘭的頭骨上都有刀痕角度約二十度的傷口，推定是較重型的刀器，菜刀較符合這一特徵。第三，葉盈蘭頭上另有刀痕角度約四十度的傷口，推定是較重型的刀器，開山刀較符合這個特徵。

第二部分是血跡型態鑑定，目的是瞭解葉盈蘭的衣服有沒有被換過。鑑定報告認為依葉盈蘭上衣的血跡分布情形來看，上衣沒有換過；褲子有沒有換，因資料有限，無法鑑定。至於背部肩胛骨的部位究竟衣服有沒有破，也因資料不足，無法鑑定。

第三部分是傷創鑑定，目的是瞭解被害人被砍殺的時候有沒有抗拒，藉以重建現場。鑑定報告認為被害人應該是以雙手抱頭的姿勢防禦、抵擋、逃躲，所以軀幹四肢受傷，頭部也留有「無一致方向性」的刀痕。

第一部份對被告是不利的。歷次判決都認定蘇建和拿開山刀、劉秉郎拿水果刀、莊林勳拿警棍，加上主嫌王文孝拿菜刀，四個人共同行兇。而鑑定報告果然神準，不但鑑定出兇刀有三把，還恰好就是開山刀、水果刀、菜刀！

第二、三部分則對被告有利，可以直接推翻他們的認罪自白。他們的自白裡說強姦葉盈蘭之後幫她換了衣服，可是鑑定報告已經證實葉盈蘭的衣服並沒有被換過；他們的自白裡說他們持刀「押住」兩位被害人、將之亂刀砍死，然而鑑定報告卻說明，兩位死者不是在被「押住」的狀況下被殺害的。

有利的部分，與本案關連性比較高，可以推翻被告的自白。不利的部分，關連性比較低，仍然不足以將蘇建和等三人定罪。因為，就算有三把兇刀，也未必有三個兇手。就算有三個兇手，也未必是蘇建和、劉秉郎與莊林勳。

可是，對案情瞭解不深的媒體，大幅報導的都是對被告不利的「三把刀器說」，一時之間，蘇案的救援聲勢大跌。

律師界謠言四起，都說辯方要輸了。律師團進入動員戡亂時期，以前大約兩個禮拜開一次會，現在一個禮拜開三次會。不管心裡怎麼想，每一位律師走進萬國法律事務所第一會議室，看起來仍然一派氣定神閒。律師這一行最起碼的要求就是不動聲色。但蘇律師憂國憂民，大家為了替他加油打氣，說出來的話都加倍樂觀：「沒問題啊，我們贏定了！」

律師團首先強力要求法醫研究所提出完整的鑑定報告。他們交給法院的那份「鑑定意見」只有三頁，有結論而無說明。

陳鄭權律師希望法醫研究所能提出鑑定的經過、方法與理由，羅秉成律師則希望庭上進一步詢問這個鑑定專案小組是如何組成的？以什麼標準遴選成員？鑑定人的學經歷如何？過去有沒有刀器鑑定與法醫辨識的經驗？專案小組如何分工？開會有沒有做成紀錄？最後的結果是否採用多數決？

顧立雄律師指出，刑事訴訟法二〇六條規定，鑑定的經過與結果都應做成書面報告，但是法醫研究所這個三頁的鑑定意見卻只有結論；「就好像法官下了一個判決，但是卻只有主文，此外就沒有任何說明，那辯護人要如何表示意見？他寫得好不好？我們只能說對這樣的鑑定報告，我們深表遺憾！」

法醫研究所在鑑定意見上表示：「嗣後控辯雙方如對上開鑑定有所質疑，而貴院認有傳喚相關人員到庭說明之必要時，請詳予載明待證事項，俾利準備。」古嘉諄律師認為非常不恰當。照理說鑑定人都是這方面的專家，他們應該把相關資料帶來備詢，為什麼卻要求法院先「洩題」，把要問的問題告訴他們？

蘇友辰律師提出法醫研究所方中民教授過去所做的一份鑑定書，希望至少比照那樣的規模，寫出一份詳細的鑑定報告來。蘇律師更強調，國際鑑識專家李昌鈺博士沒有參與這次的鑑定，是十分遺憾的事。許文彬律師則表示，這個鑑定函裡面有很多「推定」的字眼，這不是科學事實的本身。

辯護律師一輪猛攻之後，李進誠檢察官也表示意見：「我們對於法醫研究所提出的鑑定表示尊重。只有女性死者上衣未遭更換一項，希望他們能夠做詳細的說明。」

告訴代理人石宜琳律師則正面回擊：「關於鑑定報告，我們這邊沒有意見，但是對於剛才辯護人的請求，我們有點意見。當初鑑定機構是控辯雙方共同決定的，現在辯護人卻推翻他們所聲請的鑑識機構，是不是很矛盾？這是第一點。第二點，當初我們並沒有決定請李昌鈺博士來做鑑定。第三點，刑事訴訟法二〇六條並沒有規定鑑定過程一定要用書面報告。辯護人的要求是不是有法律依據尚有待斟酌，請審判長考慮。」

吳唐接說：「對，我也很質疑對方，因為這個送鑑定的機構，大家在這邊都有共識了，結果結論出來以後，對方又推翻以前的共識，我做為被害人家屬，感到非常悲哀。」

蘇友辰律師起身補充：「過去選任鑑定機關時，檢察官把法務部法醫研究所列為第一優先，而我們的第一優先是台大法醫學科，這在聲請狀裡都寫得很清楚。後來審判長裁示，由法務部法醫研究所來擔任鑑定工作，我們也尊重。但是九十年六月一日我們就曾經在狀子裡指出，法務部法醫研究所與控方屬於同一系統，立場可能有所偏頗。九十年十一月十三日，有媒體報導說鑑定結果已經出爐，我也具狀表明：如果消息是法醫研究所洩漏出來的，辯方保留請其他專業機構另行鑑定的權利。後來又有一家媒體報導鑑定報告，我也曾經聲請拒卻證人，但法院裁定駁回。從這整個過程來看，他的公正性我們是自始就懷疑的。」

石宜琳律師回應：「不能說因為鑑定的結果對被告不利，或不如辯護人所預期，就認定說這個鑑定是與被告對立的。這份鑑定意見裡有提到說『控辯雙方』若有所質疑時，請載明待證事實以利準備；可見鑑定人並沒有偏頗哪一邊，所謂敵對的心態只是辯護人主觀的看法。究竟要法醫研究所出具書面報告還是到院說明，刑事訴訟法並無強制規定，我們請求審判長審酌。」

顧律師說：「這份報告並不是全然對被告不利，我們也不認為這份報告就足以證明被告三人涉案。我們現在質疑的是，這份鑑定意見不合乎一般鑑定報告的常規，這種做法透露出一種防禦的心態，不願意被別人檢視鑑定的過程。我們對此深深質疑，如果鑑定報告是用這樣的心態做出來的，那我們當然要保留我們詰問的權利、質疑的權利，我們沒有必要事先透露詰問的內容。」

李進誠檢察官也起身澄清：「法醫研究所雖然隸屬法務部，但是法律上我們找不到任何地方說他們要接受檢察官的指揮，檢察官也無從主導他們的鑑定，這點我們必須要提出澄清。事實上，法醫研究所過去做出很多跟檢察官起訴意見相左的鑑定，例如剛才蘇大律師提出的，方中民教授的那份鑑定報告，結論就是排除他殺。」

告訴代理人與檢方這邊，其實是胸有成竹。石宜琳律師與李進誠檢察官開庭前已經通過電話，決定對鑑定報告採取肯定的態度。因為那份報告大部分都對檢方有利，只有血跡鑑定對被告有利，但是石律師與李檢都認為不值得為它推翻整份報告。兩人達成默契，要維護鑑定報告的可信度，不加攻擊。

七月三十一日，法醫研究所的鑑定報告來了。蘇友辰律師通知助理蕭逸民，兩人一刻也不耽擱，立刻去法院閱卷。因為鑑定報告裡附有刑案現場及頭顱骨等照片，所以蕭逸民特地帶了平台式的掃描器，把鑑定報告一頁一頁掃進電腦裡，然後用 photoshop 處理圖檔、用彩色印表機重新列印、裝訂。蕭逸民連夜趕工，沒幾天，每位律師都收到了一份跟原版幾乎一模一樣的鑑定報告。

蘇案有六位律師，還有一位法律助理，就是蕭逸民。他跟蘇建和他們同年，都是六十一年次的。蕭逸民本來念台北工專，退伍後考進東吳法律系，去民間司改會當義工的時候接觸到蘇案。他看到「無罪推定原則」根本沒有被落實，嚴重打擊了他對法律的信仰。等到再審裁定下來、辯護律師團成立，有熱情又學法律的蕭逸民就成了法律助理。律師是義務的，這個助理工作也是義務的。

血跡鑑定的部分，律師團原本就認為勝券在握。

早在這次再審剛開始時，律師團就期待能夠讓物證說話，推翻蘇建和等三人的自白。律師團會議的時候，蕭逸民把刑案現場照片掃進電腦裡，用投影機放到整面牆那麼大，大家一寸一寸仔細觀察。那些飛濺的血滴說明了什麼？辯方律師們決定請當時的刑事警察局鑑識中心主任翁景惠，來教他們血跡的判讀。

翁景惠曾經赴美在李昌鈺門下學習刑事鑑識，回國後就不遺餘力提倡科學辦案。他一手建立了兩個影響深遠的制度，其一是「證物封緘袋」，其二是「現場封鎖線」，後來又積極推動各縣市成立「刑事鑑識中心」；說他是台灣鑑識科學界首屈一指的專家，絕不為過。

翁景惠說，從血跡型態可以判斷血液是噴上去的還是沾染到的。點狀的是噴上去的，整片暈染或者有拖曳痕跡的話，就是沾染或擦抹的。同樣是噴濺痕，可以區分為慢速、中速、高速三種樣態。慢速是受到重力影響而流動的血滴。高速是槍傷所造成的。刀傷所造成的是中速噴濺痕，從那些小血點還可以看出血液噴灑的方向。

從照片裡可以很清楚看到，葉盈蘭睡衣上的血跡不是擦抹痕，而是中速噴濺痕。後來，法醫研究所的鑑定報告也持同樣看法，「被害人遭殺害後如遭更換衣服（上衣）所形成之血跡型態應為轉移或擦抹性血跡，本案由女性被害人衣服（上衣）背部所發現多處中速度之噴濺血點，及經分析命案現場錄影帶衣服（上衣）上血跡暈染分布情形，研判衣服（上衣）上小血點為被害人遭砍殺時受傷出血噴濺所致，故女性被害人陳屍所穿著衣服（上衣）應為頭部遭凶器砍殺時所穿[117]。」

既然血跡鑑定對辯方有利，律師團決定這部分不做詰問，全力攻擊第一部份，骨骸刀痕鑑定。主持會議的蘇律師問道：「台灣最專業的法醫是誰？」羅秉成律師立刻不假思索地說：「吳木榮。」

他們在法庭上見過面。那個案子是這樣的：一名男子長年酗酒。這一天，全家人不斷告誡他千萬不要喝酒，因為他的小兒子要向女友提親。但是他又喝醉了。大兒子氣他在別人面前出洋相，兩人發生爭執，兒子在父親肚子上打了兩拳，還有一拳打在父親的眉輪骨上。這名男子眉輪骨上有個舊傷，所以一拳打下去就流血了。兒子要將老爸送醫，但老爸還醉著，也還在氣頭上，不肯就醫。大兒子隔天早晨見老爸睡在客廳，不以為意，但下班回家卻發現父親已經死了。大兒子因傷害致死被起訴，請羅秉成律師為他辯護。

吳木榮法醫鑑定後認為，這名男子是意外死亡，但是他的死亡跟這一拳，有因果關係。因為這一拳使他慢性失血，造成休克死亡。

羅律師認為「意外死亡」這部分，對他的當事人是有利的。意外的意思是，當兒子打下這一拳的時候，並不知道會造成老爸的死亡。既然不能預見，那傷害致死的罪名就不成立。但是老爸的死亡跟這一拳有因果關係，這是什麼意思？羅律師請法院傳吳法醫到庭作證接受詰問。最後羅律師的辯護說服了法院，這位當事人僅僅被判普通過失傷害；吳法醫的專業答詢則說服了羅律師。因此說到法醫，他心裡浮現的第一個名字就是吳木榮。

蘇律師微微一笑，因為他心裡的理想人選，也是吳木榮。

吳木榮原來學的是病理學。民國八十年恰好有出國的機會，表現傑出的吳木榮很受老師的欣賞與器重，方中民教授寫了推薦信，吳木榮順利得到教育部的補助，到美國邁阿密大學的法醫病理中心進修一年。去美國受訓以後，吳木榮才算是真正走進了法醫這個專業。

台灣的法醫教育只教學生判斷死因。可是大部分的情況裡，死因是很容易判斷的，常常一看就知道了。胸部被刺一刀當然會死，死因：流血過多。問題是那一刀透露了什麼含意？自戕還是他殺？兇手慣用右手還是左手？凶器是單刃還是雙刃？要能夠掌握相關的證據，才是法醫學的重點。

那一年的學習，使吳木榮在法醫學上有了嶄新的視野。後來，監察委員張德銘在調查一個案子，需要專業法醫的協助，當時台人法醫學科主仕陳耀昌就推薦吳木榮。那是一個刑事案件，受害者是被刀刺死的，死亡時間是全案關鍵。因此張德銘要問的問題是：能不能用死者流的血量，來判斷他的死亡時間。吳木榮說：不能。因為人死了以後還會繼續流血，直到血管裡的血流完為止，所以你無法判斷多少血是他生前流的，多少是死後流的。見張德銘半信半疑的樣子，吳木榮拿出教科書為證，這才釋疑。此後吳木榮醫師就成為監察院的法醫顧問之一。

幾次合作下來，張德銘對於吳木榮的專業深具信心。等到蘇案有機會再審，張德銘委員便為蘇律師約了吳木榮，就蘇案僅存的物證，諮詢吳木榮的意見，希望他可以幫忙找到真相。

汐止血案發生在民國八十年，那時候，現場跡證的保全、法醫的採證，都十分草率。從刑案現場錄影帶裡，可以清楚看到他們在現場的血泊裡踩進踩出都沒有戴鞋套，翻動屍體時沒有戴手套，甚至還用毛巾替吳銘漢揩臉！

吳木榮看了照片，心裡感慨。民國八十年約莫是台灣法醫學剛起步的時候，當時相驗屍體的法醫沒有做解剖，也沒有採集陰道的分泌物，難怪這個案子到現在還是爭議不斷。理論上，法醫應該在案發時就比對傷口與扣案的刀器，以確定究竟是不是凶器；可是當年法醫整體的專業程度不佳，也沒有發展出驗屍的標準程序，所以即使法醫檢查了屍體，對於案情也沒有太多幫助。反正傷就是傷，死了就是死了，「死因：流血過多」，說了等於沒說。

吳木榮建議做刀紋比對。每一把刀因為使用的時候切割、砍削造成不規則的磨損，刀刃上會形成刀紋，就像人的指紋一樣獨特。所以我們可以比對被害人的頭骨刀痕與兇刀的刀紋是否一致，就知道傷口是否是同一把刀器所為。

這次會面，雙方都留下非常好的印象。可惜再審開始以後，高院三番兩次行文向海軍要兇刀，卻發現那把菜刀已經在單位整編的過程裡不知去向了。刀紋比對的主意自然也就無疾而終。

因為有這一段因緣，所以兩年之後，面對法醫研究所的鑑定報告，律師團尋求專業法醫的協助時，第一個便想到吳木榮。而且美國法醫常常需要出庭作證，所以交互詰問是美國法醫訓練的必備課程。因此吳木榮不僅能夠在法醫病理學上提供意見，還熟知法庭上的詰問與答詢技巧。

那可能是鑑定報告出來以後，蘇律師第一次露出笑容。吳木榮法醫到萬國法律事務所來，以專業角度解讀這份鑑定報告。

吳法醫說，一般法醫學的教科書裡很少提到刀痕與骨頭之間的關係，因為大部分的傷口並不會傷到骨頭。一般把傷口分成兩種，如果傷口的深度小於寬度，叫做切割傷，無法據以判斷凶器是什麼。如果傷口的深度大於寬度，叫做穿刺傷，可以據以判斷兇刀的特徵。

所以要做刀器鑑定的話，一定要測量傷口的深度，否則就沒有辦法量取刀痕的角度了。這份鑑定報告雖然在鑑定方法中宣稱：「選取兩位受害人可辨識顱骨殘骸中刀痕深度及寬度逐一測量[118]」，但實際上從二十一頁到二十七頁，這些傷口都只有測量長與寬，沒有測量深度。

鑑定報告關於刀器數量的鑑定，簡單講是這樣：葉盈蘭頭上的刀痕，比吳銘漢頭上的刀痕大。大的刀痕是大刀造成的，小的刀痕是小刀造成的，所以那就表示有兩種刀。此外，葉盈蘭的肩胛骨上還有一個更小的刀痕，那就是第三種刀了。

吳法醫向律師團說明：大刀砍出大的刀痕，小刀砍出小的刀痕，似乎是符合常識的一種說法，但是其實影響刀痕的因素有很多，刀刃的角度只是其中之一。除了刀刃角以外，刀器的重量、施力大小、砍的角度、被害者的骨質密度等因素，都會影響刀痕的大小。也就是說，不同角度的刀痕，有可能全由同一把刀器造成，只因下手輕重不一、切入角度不一、被害人的骨質密度不一，才形成角度不一的刀痕。

葉盈蘭頭上有四十度至五十度的刀痕，鑑定報告認為這些是較大的刀痕，而吳銘漢頭上則有十八至二十五度之間的刀痕，少部分達三十度，鑑定報告認為這是較小的刀痕。為什麼能夠將刀痕分成這兩群呢，鑑定報告說他們用統計上的 t 檢定，確定這兩群數值已達顯著差異。吳法醫對於這個方法也表示異議，認為律師可以詳加詰問。

鑑定報告裡提到，葉盈蘭頭上的傷口底部有「不規則的組織斷面」，據此推定可能是開山刀砍殺所致，因為開山刀是單面刃，只有一面磨出鋒利的刀刃，所以另一面可能造成這種「不規則的組織斷面」。吳法醫指出，所謂「不規則的組織斷面」其實就是骨折，可是其實不能用有沒有骨折來判定刀面是否平整。

葉盈蘭肩胛骨那一刀，深度〇．五公分，傷口非常窄，僅有〇．〇五公分。鑑定報告認為是尖銳薄質的利刃，所以推定為水果刀。吳法醫對此有不同看法。「那一刀傷口很淺。如果說深度是一公分，那我可以接受說是一個很薄的刀子。可是只有〇．五公分，那未必表示刀子很薄，而可能是鋒利面磨得比較長。大部分的刀子，砍得不太深的時候，傷口都是很窄的。」

此外，吳法醫還指出了一個重要的方向，就是刀器的分類。開山刀、水果刀、菜刀是通俗的分類，依照刀器的用途而分；不過在法醫學上只有分銳器和鈍器，所有的刀都是銳器。一般的刀，刀刃角都在二十度以下，超過二十度的就不叫做刀，叫做斧頭了。

鑑定報告正式出爐後的第一次開庭，有吳法醫拔刀相助，辯方律師氣勢已經不同。蘇律師首先提出一份聲請狀，要求：第一，對這份鑑定報告聲稱「無法鑑定」的事項，包括葉盈蘭的上衣是否有破痕、褲子是否有更換，以及兩人死亡時間等，辯方保留「再鑑定」的權利。第二，要求法醫研究所提出內部的會議記錄。第三，請求庭上准許辯方攜帶相關的刀器到法庭當場比對，並準備投影機具以說明案情。

許文彬律師對鑑定報告的「推定」大加攻擊。鑑定報告裡只說被害人「當非立即死亡」，但是許律師私底下請教台大醫院的外科醫師，他們認為最多四十分鐘內一定會死。「為何法醫研究所沒辦法就這點做出判斷？這麼重要的時間點，醫學上可以判定的，居然含含糊糊帶過去；然後幾種刀器、幾個兇手，反而很大膽地推定是三種凶器、超過兩個人！從這一點，我們就懷疑法醫研究所是否有特定的立場。」

李進誠檢察官要求，是否能夠在傳喚這些專家到庭之前，雙方先將要詰問的待證事實表列出來。告訴代理人楊思勤律師表示，被告的抗辯一直說葉盈蘭衣服其實沒有換過，以及兩人在被砍殺時有抗拒，這些都跟鑑定出來的結果相符，可見三名被告確實在場犯案，否則怎麼會知道這些現場的細節呢？

林憲同律師指出，「對法醫研究所的公正性不可以質疑，辯護人如果認為這份報告不正確的話，應該提出具體的質疑。」至於辯方關於攜帶刀器實物或投影器具到庭的要求，林憲同律師認為應先具體說明原因與用意，石宜琳律師則認為會誘導案情，「我們認為萬萬不可，請審判長斟酌。」

顧立雄律師站起來了。他說：「刑事審判是採取直接審理、言詞辯論的原則，自由心證也是依據這樣的基礎。我們認為原鑑定以『刀痕角度』推定有三種以上凶器，再推定行兇者為兩人以上，是錯誤的推定。我們有充分的資料跟專業的認知，足以推翻這個論點；依照刑事審判正當程序，是不能任意拒卻辯護人的請求的。但我們從來沒有聽說過，在詰問前兩造要先把問題告訴被詰問人。鑑定人對他的鑑定本該有詳細的理解、認知，我們在程序上沒有義務先提出問題，而且在實務上也不可能，因為我們要根據鑑定人的回答，才決定以下的問題。至於攜帶必要的輔助工具到庭，世界各國的詰問規則都容許詰問時可以攜帶輔助工具的，如果詰問過程中有誘導或不當的詰問，檢察官可以提出異議。現在這種誘導或不當詰問尚未具體發生，沒有理由預先、全面地禁止辯方攜帶輔助道具。」

針對楊思勤律師的發言，蘇律師火氣不小：「這是什麼邏輯！被告是根據卷宗裡的證據資料，認為應是一人犯案，沒有幫葉盈蘭換衣服或多人押住吳銘漢與葉盈蘭的情節；我們做了正確的判斷，跟鑑定報告一樣，楊大律師就說表示他們三人在場，那以後法官如果判決說實情與被告所講的相符，是不是也表示法官也在犯罪現場？沒有這個道理！」

許文彬律師進一步回應林憲同律師的話：「我們要很大膽地攻擊法醫研究所的公正性。我們不是針對某一位法醫，而是結構性的問題。法務部法醫研究所的前身是高檢署法醫中心，他的所長就是高檢署的長官。台大法醫學系的主任陳耀昌教授最近寫了一份建議書，指出這個法醫的機構不應該隸屬於法務系統或警察系統，而應該是一個獨立的機構；這份建言書，方中民教授也有具名。」

同時，辯護律師團決定，鑑定報告裡提到的每一件事，他們都要親自試一試。

血案既然發生在汐止，那麼就去汐止買刀吧。蕭逸民去汐止找到一家老字號的打鐵店。老闆說，民國八十年的時候，汐止正在大規模的開發，到處都是工地。所以那時候製造很多開山刀，但現在就比較少了。鑑定報告裡提到菜刀、開山刀、水果刀，菜刀只剩下照片，蕭逸民挑了一把跟照片裡看起來很像的，方形的菜刀。開山刀與水果刀從來沒有出現過，不過水果刀都長得差不多，小小的、附有木質的刀鞘。開山刀好大一把，看起來就很有威嚇的效果，聲勢驚人，不過種類、形狀繁多，所以他共買了兩把開山刀。

蕭逸民將買回來的刀器全部拿到蘇律師辦公室，逐一測量刀刃角。水果刀刀刃角約三至五度，菜刀刀刃角約七至八度，開山刀角度最小的只有七度，最大的是十七點五度。（見圖一）

接下來是買豬骨做實驗。蕭逸民本來想買豬的頭骨，但是不容易買到，所以他買了十幾隻的腿骨，到蘇友辰律師的辦公室來。蕭逸民動手砍，蘇律師在旁邊指揮、觀察，乒乒乓乓鬧了

圖一：刀刃角

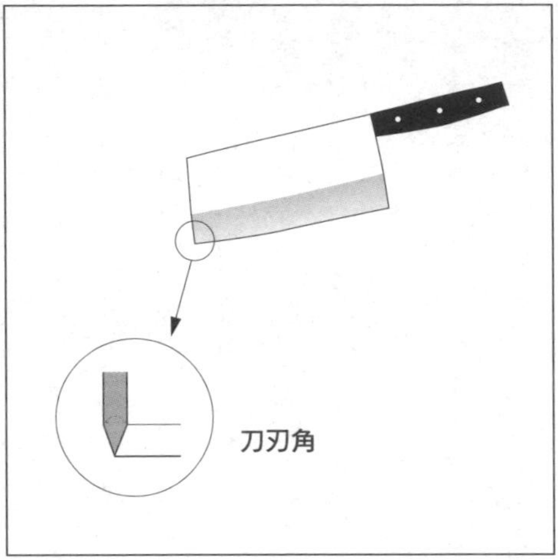

圖二：單刃刀與雙刃刀

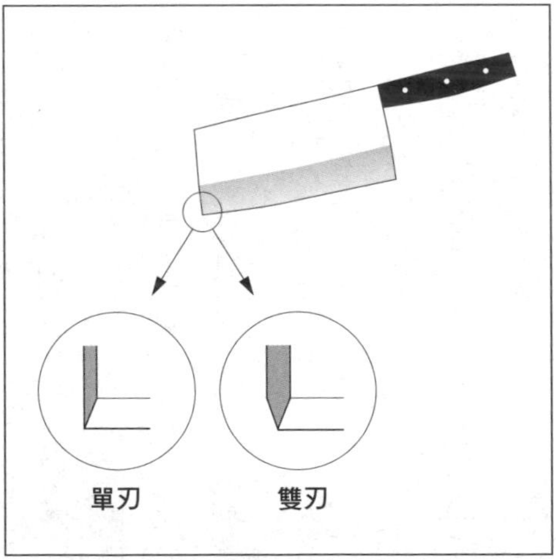

一下午，蘇律師雅致的辦公室裡，碎骨與肉末齊飛。

砍著砍著，砍出心得來了。他們發現，開山刀是單刃的，只有一邊磨出刀刃來，另一邊沒有磨；菜刀則是雙刃的，兩面對稱地徐徐向上（見圖二）。用開山刀砍豬骨，確實如同鑑定報告所指出的，會造成斷骨的情形。有刀刃的那一面比較鋒利，骨頭上的刀痕是平滑的；沒有刀刃的那一面，會在骨頭上造成許多碎裂，留下的刀痕就不平整了。問題是，用菜刀砍豬骨，當切入的角度不是直角的時候，也會造成類似的刀痕：一面平滑，另一面形成斷骨。

這時候，蕭逸民已經在一家律師事務所工作。他看到鑑定報告一直提刀痕角度，又看到每個傷口有深度、長度，就在想有沒有辦法換算。他去問事務所裡的專利工程師，工程師一聽，很輕鬆地說：「三角函數啊！」嗯，學過，可是忘了。蕭逸民趕快去買一本國中數學來溫習。

自從鑑定報告公布以後，媒體效應幾乎將蘇建和、劉秉郎、莊林勳三人又判了一次死刑。九十一年八月二十九日，八位鑑定專家一字排開，坐上了第一法庭的證人席。

方中民教授是法務部法醫研究所的顧問，也是這次鑑定的總召集人。法醫病理組組長蕭開平，是實際的負責人。台大應用力學研究所教授邵耀華，負責此次骨骸的刀痕鑑定；台北市政府警察局刑事鑑識中心主任謝松善，負責血跡型態的鑑定；台大醫院病理部法醫病理科主任饒宇東負責傷創鑑定；法務部調查局六處四科科長蒲長恩，負責骨骸DNA的鑑定。此外，桃園聖保祿醫院病理科主任陳明宏，與台大醫院法醫學科主治醫師孫家棟，也是這個鑑定小組的成員。

鑑定報告的實際負責人蕭開平法醫第一個接受詰問。

蕭法醫表示，這次鑑定是由各部分執行鑑定的人先提出書面報告，然後採合議制，開了十次會。交叉討論後，八位鑑定人達成一致決議，才完成這份鑑定報告。他們本來想要對兩具骨骸做骨質密度的分析，但因為怕破壞骨骸的原貌，所以沒有做。鑑定團隊蒐集了至少二十幾種刀器，菜刀大概有十幾種，開山刀類則包括藍波刀，所有刀器都測了重量，做了記錄。

羅秉成律師先詰問刀器分類的問題。「鑑定書上第十九頁提到開山刀類、菜刀類、水果刀類，請問分類的根據是什麼？」

蕭法醫說：「我們在鑑定書裡已經寫得很清楚了。」

「請再敘述一次，什麼叫開山刀類？水果刀類？菜刀類？他的分類標準在哪裡？」

「是根據它的角度。一般的菜刀角度不會超過三十度到四十度。所謂角度，我指的是刀刃角，從刀鋒的兩側厚度所形成的夾角。菜刀一般不會超過三十度，四十度的機會有一、兩種。」

「你們蒐集菜刀之後有量取角度？」

「有，菜刀角度應該在三十度以下，有幾把刀是在四十度以下，但是很不好用。」

蕭法醫繼續解釋：開山刀有單刃與雙刃兩種，菜刀則都是雙刃的。在這次的鑑定裡，鑑定人發現骨骸上有一種創傷型態是單刃刀所造成的，所以推定是開山刀。

羅律師追問：「你認為開山刀類應該長什麼樣子？」

「角度大於四十度，單刃的。」

「這種刀只有開山刀一種？」

「對，柴刀也屬於開山刀的一種。」

「斧頭算不算？」

「不算。」

「菜刀類指的還有哪些？」

「只有菜刀。」

「菜刀類你如何定義？」

「雙刃。」

「水果刀你如何定義？」

「它的角度會接近平行，沒有刀刃角度[119]。」

水果刀零度、菜刀三十度、開山刀四十度——辯方律師們聽著，簡直感到啼笑皆非了。辯方買到的水果刀，刀刃角約三至五度，不是零度。菜刀刀刃角約七至八度，遠小於三十度。開山刀角度最小的只有七度，最大的也不過十七點五度，遠小於四十度。而且吳木榮法醫說刀器的刀刃角一定在二十度以下，哪裡來三十度的菜刀與四十度的開山刀？

如果連刀刃角度都是錯的，那「三把兇刀」的說法還有什麼立足之地？大家心裡愈來愈踏實。

羅律師不動聲色，繼續問：「關於鑑定意見，我們是先收到一個結論而已，隔一段時間才收到鑑定報告的全文，這個報告全文想必是後來才形成的。是否後來再開一次會，把八位鑑定人分別的意見統一成為鑑定報告？」

「是的。」

「八位鑑定人有一致的意見，還是有反對的意見？」

「一致的結論。」

「過程中有反對意見嗎？」

蕭法醫顯然對這個問題感到不悅：「我們沒有必要在這裡陳述。假如我們認為證據不夠，我們就不做鑑定。」

羅律師也追問「推定」是什麼意思。蕭法醫說：「假如沒有證據，而有幾種可能的話，我們就用『推定』的方式來研判。就是幾種可能裡面最大的可能性。」

辯方律師們心裡暗暗叫好。因為僅靠「推定」是不能據以定罪的；要判有罪，必須要到「確信」的程度才行。不是「幾種可能裡面最大的可能性」，而是「沒有別的可能了，一定就是它」。只要還存在著別的可能性，那就是所謂「合理的懷疑」；只要有懷疑，就不能判有罪。

詰問進入葉盈蘭肩胛骨上的那一刀，氣氛愈來愈緊繃。鑑定報告第十一頁說這一刀是切割傷，但第十九頁卻又說是穿刺傷。羅律師問傷口如何分類，蕭法醫直截了當地說：「分類的情形太多了，你這是在考我。你現在所說的傷，跟我們在骨骸上的判斷不同，我不想直接回答這個問題。」

羅律師平穩地說：「我從最基本的ABC的問題問起，因為對我們辯護人和庭上來說，這都不是我們的專業，所以必須請你說明。你們的鑑定書內有提到穿刺傷和切割傷，在法醫學上怎麼區分，特徵為何？」

「穿刺傷比較容易判斷刀痕的型態，切割傷不容易看出。」

「刀傷的樣態只有這兩種嗎？」

「是。」

「在學理上，穿刺傷的深度通常超過皮膚傷口的長度？」

蕭法醫說：「不一定。」不一定？可是教科書明明就是這樣定義穿刺傷的啊。方中民教授忍不住答腔了：「對，穿刺傷跟切割傷，主要的是講傷口寬度跟深度的比例。」「穿刺傷就是皮膚傷口的長度小於深度？」「一般是這樣講。」

羅律師問：「一般來講，菜刀也會造成穿刺傷？」蕭法醫說對。蕭法醫說，鑑定人一致認為，穿刺傷與切割傷可以同時存在，而葉盈蘭肩上這 刀，「我們沒有鑑定出來是穿刺傷還是切割傷，但是我們鑑定出來是哪一種凶器。」

身為這個鑑定的總召集人，方中民教授隨後說了非常重要的一席話：「我們這次鑑定這個案件，所有資料就是頭顱和肩胛骨。骨頭已經經過十年，與新鮮的骨頭不一樣[120]。」「為什麼我們鑑定報告分類上有水果刀、開山刀、菜刀，這是法院委託我們鑑定時提到的，事實上我們對於刀的分類並不一定要這樣分，也可以分單刃刀、雙刃刀，重刀、輕刀。我們是盡量在做。

剛才律師問到我們過去有沒有經驗，我們只能說，這個案子鑑定的方法，我們過去沒有做過，也沒有經驗。這沒有什麼不可以講的[121]。」

羅律師接下來請教陳明宏法醫，繼續討論肩胛骨這一刀。「從你們所測量到骨頭上的數據，這個傷口是一・七公分長，深度〇・五公分，寬度只有〇・〇五公分；這樣一個痕跡，是刀尖刺進去所造成的嗎？」

「約略是刀尖尺寸。」

「如果同時觀察體表傷口，長度五公分、深度三公分，那麼從這些數據來看，是不是能夠描述這把刀的形狀和寬度？」

「這是一個三角函數的問題。如果你要問我刀子長度的話，大概不會太長。」

「你們有用三角函數推算這把刀的刀尖角度嗎？（見圖三）」

陳法醫有點不以為然：「這個眼睛看一下就看得出來。」

羅律師以眼神示意，刷的一聲，蕭逸民換上新的投影片，上面是辯方根據三角函數推算出來的刀尖形狀（見圖四）。羅律師繼續問：「我們根據體表傷口的數據，用三角函數去算，算出來刀尖角度大約是八十度。如果用骨骸上的數據去算的話，求出來的角度是一百二十度。刀尖角度是不是可以這樣算？」

八十度到一百二十度——陳法醫看到這個數據臉都綠了。鑑定報告認為這一刀是水果刀造成的，可是如果刀尖角是八十度到一百二十度的話，這刀形狀應該是方形的，就像扣案的那把菜刀一樣，而不像水果刀。

陳法醫馬上說：「我要修正剛才的說法。那不應該算是刀尖的角度，而應該說是刀子進去所創造的角度。」

圖三：刀尖角

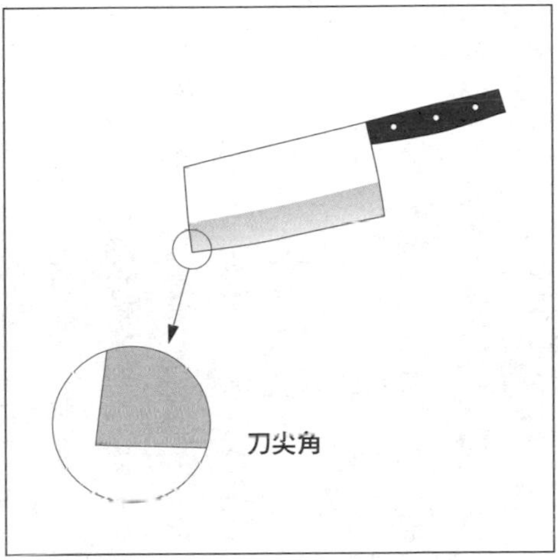

圖四：葉盈蘭肩胛骨傷口刀尖角度

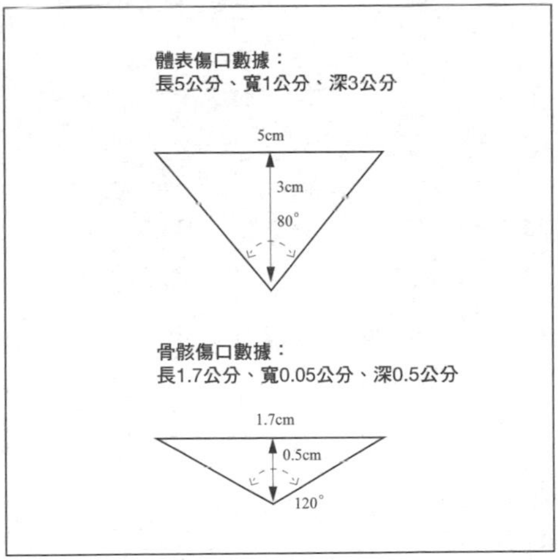

蕭法醫承認菜刀也可能形成刺傷，現在用三角函數算出來，刀尖角又接近方形，羅律師直取核心問了：「這樣的刀痕能不能排除是菜刀所為？」

鑑定報告裡認定肩胛骨那一刀是水果刀造成的，可是被詰問一番以後，卻越看越像是菜刀刺的。陳法醫的不悅溢於言表，堅稱菜刀不可能形成刺傷，也完全不願意回答羅律師問他刀尖厚度的問題，只撂下一句話：「這個我們根據常識就可以判斷！」

接下來問的是刀痕角度。台大應用力學研究所的邵耀華教授確認了幾項基本事實：第一，鑑定報告是透過統計學的方法，認為兩位死者身上的刀痕有差異性，據此推定兇刀不只一把。第二，影響刀痕角度的因素，包括砍的角度、砍的力量、刀的重量以及骨質密度。這說法與吳木榮法醫是一致的。邵教授指出，刀子砍在骨頭上然後拔出來，刀痕的底部會收縮，因為骨頭有彈性。所以刀痕角會比刀刃實際的角度稍微大一點，不過差異不是非常大，大約是五到十度（見圖五）。

羅律師問：「在本案裡，我們並不確知刀刃的角度，不知道它的重量，也不知道施力的大小，更不用說施力的方向和距離，對不對？」

「對。」

「在這些都是未知數的狀況下，能夠單以角度的結果推算出是不同的刀器種類嗎？」

圖五：刀痕角與刀刃角

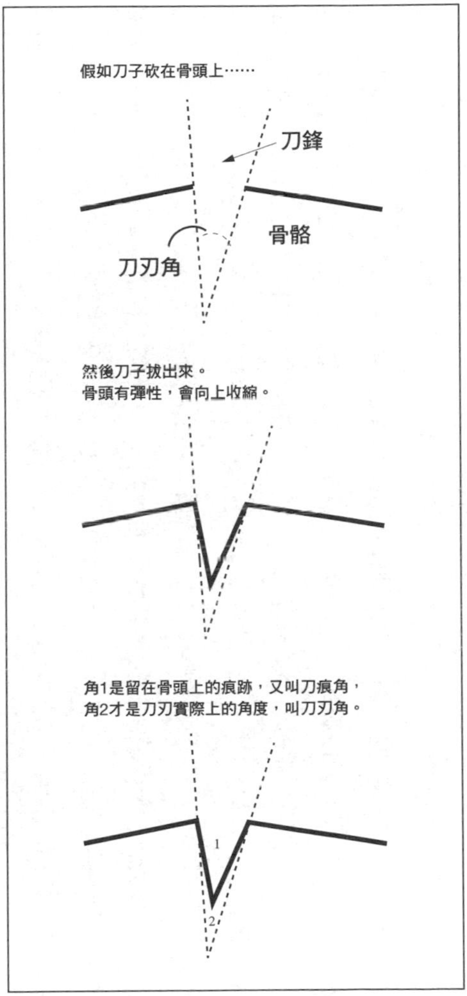
假如刀子砍在骨頭上……
刀鋒
骨骼
刀刃角
然後刀子拔出來。
骨頭有彈性，會向上收縮。
角1是留在骨頭上的痕跡，又叫刀痕角，
角2才是刀刃實際上的角度，叫刀刃角。
1
2

「重點在，同一把菜刀是不是有可能造成各式各樣的刀痕？我們觀察發現，同一把菜刀砍的刀痕角度差異是正負五度，如果要差到二十度，應該是有別的原因。」

「所以菜刀絕對不可能形成四十度以上的刀痕角度？」

「在我們的實驗裡面是的。」

「這一部份你們有拿菜刀做實驗嗎？是否不管刀刃角度、重量、施力大小、骨質密度，任何一把菜刀都不會造成超過四十度以上的刀刃角度？」

「依據我們蒐集到的家庭用的菜刀，它的角度大概是十到十五度左右，要造成四十度的角度不太可能。」

「如果是 t 檢測法的話，是不是我們剛剛講的這些變項都要一樣，才能夠判斷刀痕角度的差異性？」

陳明宏法醫代為回答：「我們並不是把所有的刀痕都拿來測量，只有垂直砍進去的，我們才算，有剝裂的，或者傾斜的，我們都沒有算進去。」

羅律師的詰問告一段落，接下來是顧立雄律師。顧律師平常在法庭上看起來很跩，但今天一反常態，準備扮豬吃老虎。「我從高中開始，數學、化學就不太好，如果我問的問題很愚蠢的話，請各位體諒。還有，如果哪一位比較權威，可以回答我的問題，就請直接回答，不要客氣。」

顧律師先向邵耀華教授確認：根據他的實驗結果，刀刃角度十度的刀子，可能可以產生二十度的刀痕，二十度的刀子可以形成三十度的刀痕，三十度的刀子可以形成四十度的刀痕。而作為分析樣本的刀痕，去掉有剝裂的、穿透骨板的，只取與身體近乎垂直的刀痕。

但顧律師隨即指出幾個明顯的「例外」，例如葉盈蘭的十一號傷口（見圖六），顯然是斜砍進去的，邵教授趕緊說那是為了跟垂直砍入的傷口做對照。「那吳銘漢十一號的這個傷口，角度顯然也很斜（見圖七）？」

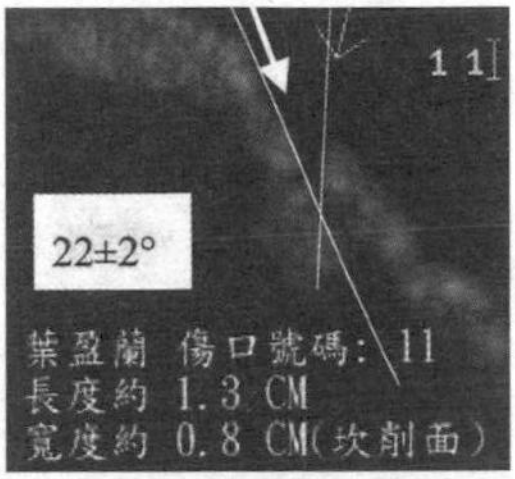

圖六：葉盈蘭十一號傷口

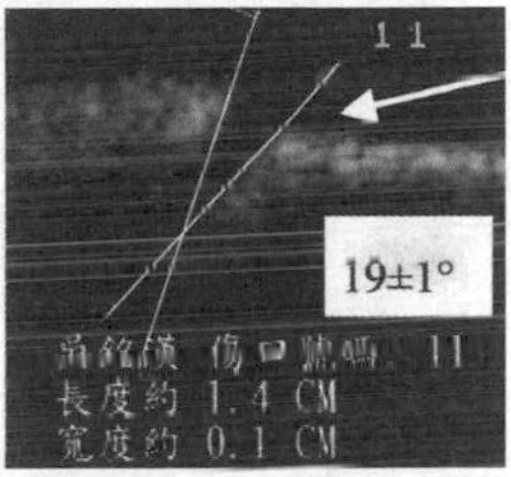

圖七：吳銘漢十一號傷口

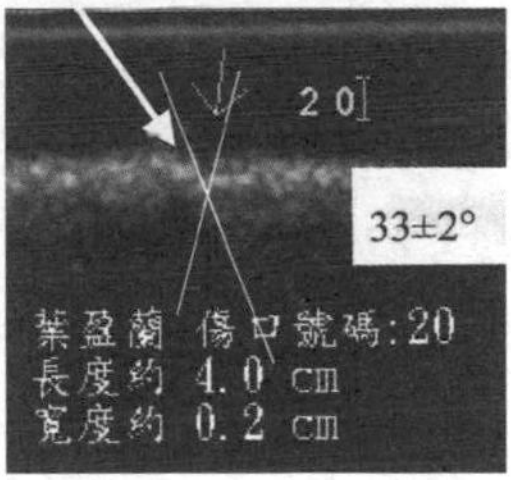

圖八：葉盈蘭二十號傷口

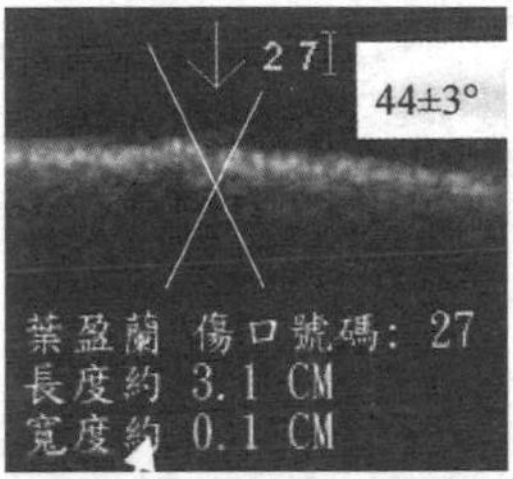

圖九：葉盈蘭二十七號傷口

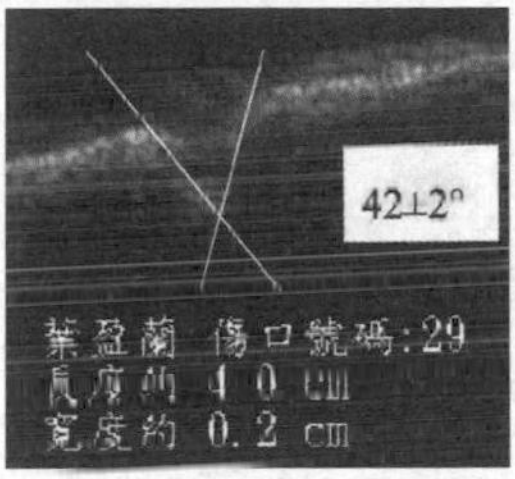

圖十：葉盈蘭二十九號傷口

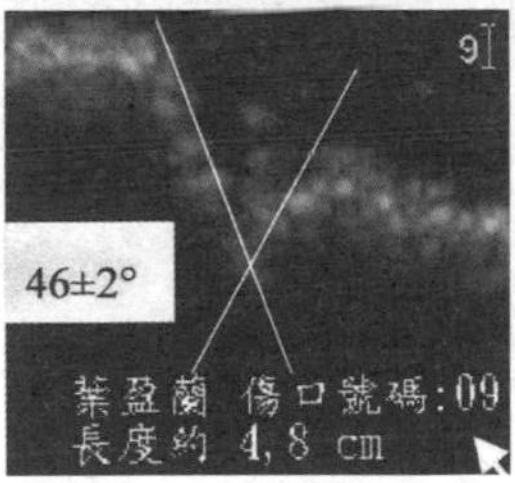

圖十一：葉盈蘭九號傷口

「我們後來證明，角度只要是七十度以上，量測到的就差不了多少。」

在鑑定報告裡，每一個傷口都有一張黑白的超音波照片，他們把骨頭浸泡在親水性的酒精裡，照出來，黑色部分是液體，白色部分就是骨骸。但問題是好幾個傷口，在照片上都看不出缺口，例如葉盈蘭的第二十號傷口（見圖八）、二十七號傷口（見圖九）、二十九號傷口（見圖十），都是一整片模糊的白色。顧律師怎麼也問不出鑑定人到底是如何在一片白色粉狀光點

圖十二：斷骨圖

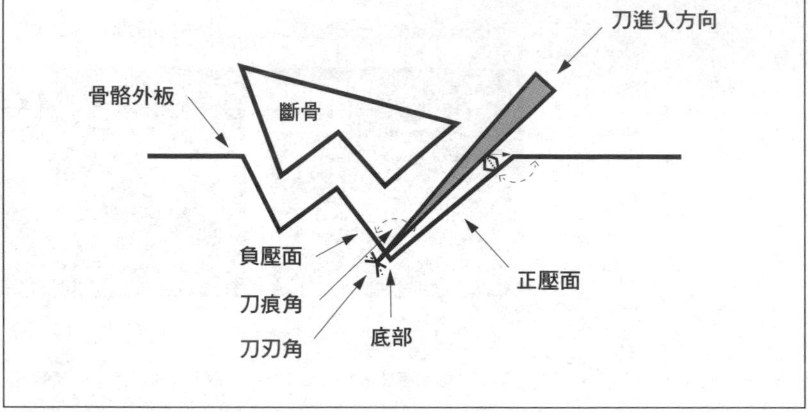

裡，拉出兩條直線斷定這就是刀痕的角度？此外，在所有的照片裡，白色部分（骨骸）與黑色部分（液體）的分界並不清楚，也就是說，刀痕的斷面究竟在哪裡，大有斟酌的空間。

葉盈蘭的第九號傷口，尤其容易引起爭議（見圖十一）。一般的刀子砍進骨頭裡，刀痕形狀就像一個V字形。但是第九號傷口的刀痕形狀卻是一個W字形，那麼刀痕角度應該如何量取？鑑定人選擇的是取最右邊的斷面與最左邊的斷面，量出來的結果是四十六度。但也有可能這是斜劈進去的一刀，拔起時造成了斷骨（見圖十二）；或者根本就是距離很近的兩刀。無論何者，刀痕角度都不該是將兩個V字合起來量取。

基本的問題像天羅地網一般，從羅秉成與顧立雄手上陸續拋出，灑下。現在，顧律師準備要收網了。

辯方準備了一些刀器實物，顧律師請邵教授當庭測量。結果角度最大的開山刀，刀刃角只有十七．五度。而菜刀的刀刃角只有九度。這下連旁聽席上最心不在焉的聽眾也聽得出來，蕭開平法醫說菜刀三十度、開山刀四十度，跟實際測量的結果未免也差太多了。

還有，邵耀華教授一開始就說，因為骨頭有彈性的緣故，所以刀痕角會比刀刃角大一點，大概是五到十度。如果是這樣的話，那麼刀刃角十七．五度的開山刀，形成的刀痕角最大只有二十七．五度，為什麼鑑定報告卻認為葉盈蘭頭上四、五十度左右的刀痕是開山刀所造成？

顧律師繼續問，邵教授便承認，他並沒有用開山刀來做實驗。

但是鑑定報告裡第十八頁，認為葉盈蘭的顱骨內板底部有不規則的組織斷面，加上多處顱骨外板向對側剝離，所以推定兇刀應該是單斜邊的偏鋒刀刃，也就是「開山刀類」。

顧律師的聲音聽起來很驚訝：「哦，你鑑定的結論，並不是根據你的實驗？」

邵教授說：「基本上根據我的學識就可以知道！」

顧律師追問：「有沒有任何的文獻支持你的說法？」

「沒有。我沒有看任何文章。」

「刀砍下去的時候，有沒有可能因為剝離的結果，產生斷骨、碎骨的現象？」

「在大角度的時候有可能。」

「如果有斷骨的話，產生的刀痕角會不會比較大？」

他簡短地承認，低低的：「會。」

法庭裡從來沒有過那麼多驚嘆號。鑑定人很驚訝，告訴代理人很驚訝，檢察官很驚訝，法官也很驚訝。這些律師什麼時候變得那麼內行了？蕭逸民在廁所裡聽見鑑定人互相低語：「他們背後一定有高人指點！」

石宜琳律師執業十七年來，從來沒有過那種感覺。一開始，告訴代理人有五位，但開庭一、兩次之後，陳適庸律師、劉緒倫律師就沒有再出現了。這一天，楊思勤律師與林憲同律師也沒有來，只有石宜琳一個人孤軍奮戰。更糟的是，告訴代理人不能閱卷，所以他手上根本沒有鑑定報告的完整版。

石律師心裡有兩個聲音。作為本案的告訴代理人，他覺得手無寸鐵，孤苦無依。但作為律師界的一員，他有大開眼界之感，案子可以這樣辯啊！他放在桌上的刑事訴訟法，好像忽然變成一本發亮的魔法書。過去石宜琳跟大多數台灣律師一樣，民事、刑事案件都接，但此刻，他用手掌摩娑著書頁，如同按著聖經發誓一般，心想：「以後我要朝刑事案件深入發展。」

一整天的馬拉松訊問結束了。羅秉成律師在心裡迅速地回顧一下今天的收穫：第一，鑑定報告對刀刃角度的認定是錯的，據以推定的刀器種類當然也是錯的。而且今天在庭上請鑑定人當庭測量，當場「雞嘴變鴨嘴」，戲劇性十足。第二，肩胛骨那一刀，用三角函數算出的刀尖形狀不像水果刀，而像扣案的菜刀。第三，鑑定所使用的方法，用刀痕角去推斷刀刃角，是前所未見的。第四，刀刃角並非影響刀痕角的唯一變數，在其他變數未加控制的狀況下，這樣推定沒有根據。第五，菜刀、開山刀、水果刀的分類沒有學理依據。鑑定結果之所以如此，只是因為法院的公函是這樣寫的，而不是因為他們真的能從刀痕辨別出是菜刀、開山刀還是水果刀。

幾天後，法醫研究所代理所長王崇儀具名發函給高等法院。公文裡說：「關於出庭說明事宜，請適時維持法庭秩序以保障鑑定人公正超然立場，必要時並請考量專業詰問之正當性。」意思是說，請你的人維持法庭的秩序，對我的人好一點好嗎。

羅律師這邊則上了一個狀子，希望法庭能要求鑑定人第二次接受詰問時，提供下列資料：一、為了這次鑑定所蒐集到的真刀，將實物帶到法院來比對，並就種類、數量、重量、尺寸、刀刃角度等資料，提供具體的數據。二、提出真刀骨骸實驗的過程與結果。三、t 檢定的計算式與相關資料。四、鑑定小組的全部會議記錄與參考文獻。

不過，八位專家第二次出庭時，上述資料一項也沒有提供。鑑定報告形成的過程與相關數據，成為最大最深的謎團。

第二次詰問由古嘉諄律師首先上場，邵耀華教授主答。古律師主攻肩胛骨這一刀，也就是第四十一號傷口。這一刀的深度是〇．五公分，寬度是〇．〇五公分。

既然有寬度，有深度，那麼老方法，用三角函數。不過上一次算的是刀尖形狀，這一次算的是刀刃的角度。根據計算，刀痕角度是五．八度（見圖十三）。邵教授立刻指出一般的菜刀角度是七度到十四度左右。古律師拿出一把與照片中兇刀類似的菜刀，當庭丈量，發現這把刀，刀刃深度〇．五公分的時候，厚度僅〇．〇四公分，刀刃角度是三度，刀尖角度是九十四度。（見圖十四）換句話說，這把菜刀跟肩胛骨的刀痕，是相當吻合的。

古律師的目標很明確。他只要問出「可能」兩個字就行了。「上一次鑑定人曾經講過，說菜刀不可能造成四十一號的傷口，因為要極尖銳薄質的利刃才能造成。請問像今天這把菜刀，刀刃角度三度、寬度〇．〇四公分，如果這把刀的刀尖碰到人的身體，刺出了傷口，有沒有可能造成像四十一號傷口這樣的情形？」

邵教授臉色鐵青：「我沒有用這把刀、這樣的角度來做模擬試驗，所以我不能回答。」

古律師步步進逼：「你們鑑定報告上第十九頁說，四十一號傷口的深度只有〇．五，寬度只有〇．〇五，你把這樣的東西形容成極尖銳的薄質利刃。現在我們找到的刀器也是這樣的，

圖十三：葉盈蘭肩胛骨傷口刀刃角度

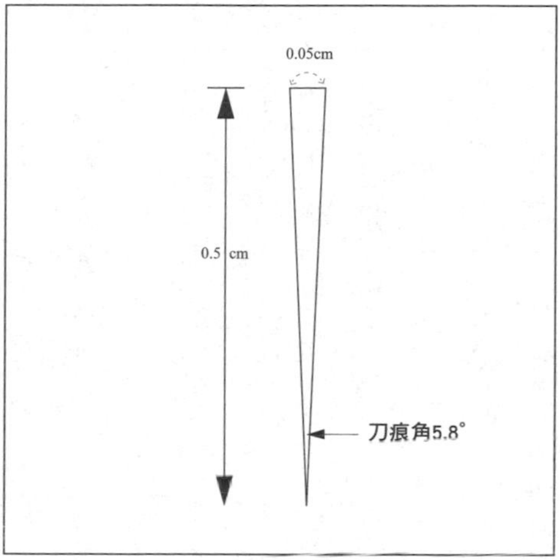

圖十四：菜刀數據

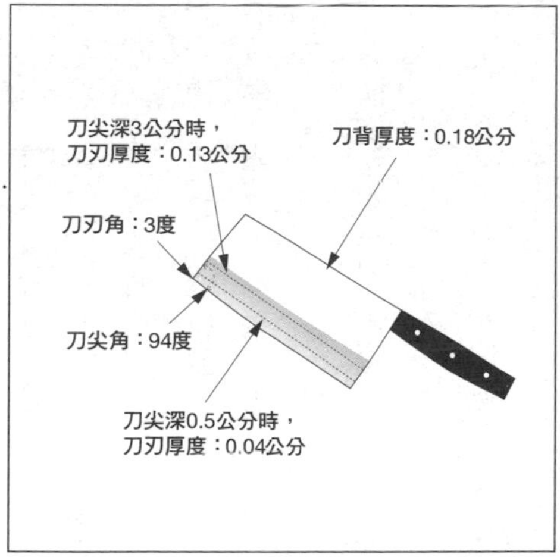

那這把菜刀算不算尖銳的薄質利刃？」

邵教授仍然以沒有做實驗為理由，拒絕作答。陳明宏法醫主動起身說明：「現在的問題已經不是邵教授的專業了，邵教授的專業是應用力學，現在討論的是法醫病理學的問題。我們不應該把刀傷的形狀等同於刀刃的形狀，這是一個錯誤，因為傷痕可以反映出刀器的形狀，但並不等同於刀器的形狀。因為骨頭有它的彈性，它會經過一定的變形，所以可以推測刀器形狀，但不是等同。我們鑑定出來有三類的刀痕，四—度跟二十度的傷痕有統計學上的顯著差異，所以我們可以確定是三種不同的刀器所造成。至於我們說是薄質的利刃，或者重型、較重型，都只是我們從形狀上面回推的，那些形容詞只是推測的、間接的，不是那麼重要。重點是，這些刀痕的差異在統計上有顯著差異，同一把刀沒有辦法造成這些互異的刀痕，所以我們可以鑑定是不同的刀。」

古律師問：「你的意思是說重型、較重型跟尖銳薄質利刃，這樣的描述沒有意義？」

「不是沒有意義。那是我們從刀痕形狀所做的推測，可是不能等同，如果一定要咬死說是等同於刀刃角的話，那這個討論，我們之間就沒什麼交集。」

「我們想瞭解的是，假如這樣的描述沒有意義的話，那鑑定報告如何能判定有三種不同的刀器？」

「有意義的是：第一個，刀痕在寬窄上不同，用刀痕的寬度來判別不同的刀器，是有很多文獻可參考的，例如拿手術刀跟廚房的切肉刀來做比較。刀痕寬度是一個區別不同刀械的條件，只要你控制它的角度和深度。我們鑑定邏輯的基礎，就是用刀痕寬度來做區別，他們頭顱傷口的寬度都跟肩胛骨那一刀有很大的區別。頭顱上面你要找到刀痕很窄的也可以，但是那都很淺，跟肩胛骨那刀條件不同，不能做比較。」

審判長葉騰瑞開口了：「剛剛辯護人提到的這把刀，到底可不可能造成肩膀這個傷口？可能的話，你的依據是什麼？不可能的話，你的依據是什麼？」

陳法醫試著和緩下來：「我來說明一下。雖然說它算出來的數據都接近，但是沒辦法這樣推斷，一般會比這數據還要再小一點，因為彈性的關係，這是第一點。第二點，如果只看骨頭上的傷，當然可能覺得好像這把刀砍下去，剛好卡得死死的。可是我們還要看相對的皮膚上的傷口。肩胛骨上面肌肉組織的厚度大約是五公分到七公分，那麼菜刀砍下去因為厚度的關係，應該有個魚尾巴的開叉的形狀，可是這裡沒有。所以這不是一個厚的刀子造成，而是薄的刀子造成的。」

既然說到皮膚上的傷口，古律師便重新提起上次開庭時羅律師詰問的內容：根據體表傷口計算，這把刀的刀尖角度約為八十度；根據骨骸上的刀痕計算，刀尖角度則約是一百二十度。

陳法醫很直接地說：「不對。辯護人最大的問題是把創徑跟創長等於刀子的寬跟長。你不能拿創徑跟創長做個三角函數，就說這是刀子的形狀，這個差得太遠。」

「但這是刀尖可能的角度跟形狀？」

「但是刀子如果有移動你就不能評估，我們無法排除這個可能，所以我們從來沒有把這個角度當作刀子的角度。刀子會拖、會拉，有各種不同的狀況。」

「在鑑定的時候，如何鑑定你所不知道的狀況下形成的刀痕？」

「所以對於不知道的狀況、不可知的刀痕特徵，我們盡量不去使用，這是我們鑑定的原則。」

陳明宏法醫對於辯方提出三角函數的算法十分感冒，但是第一次詰問的時候，正是陳明宏法醫主動說可以用三角函數來計算。他說刀子可能會移動是對的；正因為有這麼多不確定的因素，所以不能以刀痕角度來推定刀刃角度。我們怎麼知道那些特別大的刀痕，不是王文孝拔刀時左右搖晃，才把傷口弄得更大？

接下來輪到蘇友辰律師。蘇律師一上場，指名蕭開平法醫來回答，蕭法醫就說：「我不一定要回答，也許由其他人來回答。」兩人還未過招，氣氛已經緊繃。蘇律師要求蕭法醫拿出上次他宣稱的那一把「刀刃角度三十到四十度」的菜刀，給大家瞧一瞧，或者至少提出具體的長度、寬度、厚度等數據。蕭法醫推說這些數據對鑑定報告來說並不重要，拒絕提供。

蘇律師轉而請教邵教授：「我們今天呈堂的這把是開山刀嗎？」

邵教授坦率地說：「我不敢說。因為我以前沒有見過，最近才知道這是開山刀。」

「以前從來沒有看過？」

「在鑑定之前我從來沒有看過。」

蘇律師指出，送鑑定的骨骸已經經過十年的風化，並且經過撿骨、烘乾的過程，「經過十年之後，原來的刀痕角度會不會變形？」

陳明宏法醫毫不遲疑地說：「會。所以我說我們不能用刀痕角來推斷，因為它們會變形。」

「鑑定書第十八頁、十九頁提到吳銘漢有多處刀痕角度是十八到三十度，推定是菜刀造成；葉盈蘭多處刀痕是四十度到五十度，推定是開山刀造成，是不是這樣？」

「應該是沒有錯。」

「那麼二十九度到三十九度之間的刀痕，推定為哪一種刀器？」

邵教授起身解釋說，鑑定人起先完全不管什麼刀器，只純粹看刀痕的特徵，發現這些刀痕角度可以分成兩群，一群約二十度左右，一群約四十度左右。當然有的刀痕是三十度左右的，可是那並不具有統計上的意義，所以他沒有辦法回答三十度左右的刀痕要如何推定。

審判長葉騰瑞再度插手，要求鑑定人回答：「剛剛你說刀痕角度統計的結果大約分為兩群，一群是大約是二十一到二十六度，另外一群是四十一到四十六度，現在辯護人的意思是介於兩者中間，三十一到三十六度的刀痕，到底你們如何歸類？」邵教授解釋了一陣，還是沒有正面回答這個問題。

蘇律師又問：「上一次你們作證說明，刀刃角度跟刀痕角度兩者相差約五到十度？」

「對。」

「最多差到十度？」

「對。」

蘇律師拿出一張統計表，表裡將葉盈蘭傷口的刀痕角度扣掉十度。很明顯的，這樣推估出來的刀刃角度已經大到不可思議。例如葉盈蘭的二十三號傷口，鑑定報告上記載的是四十四度，而刀刃角度頂多比刀痕角度小十度，那就表示這把開山刀的刀刃少說也有三十四度。吳木榮法醫一開始就說過，刀刃角二十度以上的就叫做斧頭了。

邵教授改口說那個「十度」的差異未必適用於所有的狀況，只是在他所做的實驗裡是這樣而已；他認為律師的問題是「斷章取義」。蘇律師再問，他就說：「這個問題我回答過了，這已經超出我的實驗範圍。」

天色漸暗，蘇律師也漸露疲態，問陳明宏法醫：「李昌鈺博士有沒有檢視過吳銘漢與葉盈蘭的骨骸？」

「有。」

「他曾經公開表明願意協助鑑定，後來為什麼卻沒有參與專業會議，最後的結論也沒有他的背書？」

「這個問題不應該問我，應該問李博士。」

蘇律師怏怏然結束了詰問，坐下來。許文彬律師站起來，揚起手上的一頁薄紙，中氣十足地宣布：「我們把鑑定報告給李昌鈺博士看過以後，他有一份書面聲明，要我交給庭上。」許律師當庭朗讀這份聲明：「一、本人對於法醫研究所就蘇建和案之最後鑑定結果，並沒有直接參與。於該所受法院囑託鑑定之初，本人固曾協同做被害人吳銘漢夫婦頭顱骨之初步檢視，唯認為除非將此頭顱骨進行特殊鑑測，否則實難得到正確的鑑定結果。二、這種根據頭顱骨所遺留刀痕欲決定加害刀器之形狀與類別，實際上可能有困難。由於此種鑑定方法在國內外法醫學界甚為特殊（在國內外是否首次，因無相關資料，本人不敢斷言），所以，實施態度更應盡量求其嚴謹。三、本人建議承審法官：本件宜再委請國際級權威法醫及刑事鑑識專家，比照昔日『余登發案』、『陳文成案』模式，聘請美國賓州匹茲堡法醫學教授魏區博士（Wecht）等，組成專案小組再做進一步鑑定。本人願意從旁協助促成其事[122]。」聲明最末，俊秀的字跡簽下「李昌鈺」三字。

法庭裡所有人的目光都聚在那張薄薄的紙頁上，只有審判長斜睨了蘇律師一眼，彷彿在說：你這個老狐狸，還裝累！

李昌鈺出身台灣警界，赴美深造拿到生物化學博士，投身刑事鑑識科學，後來出任康乃狄克州警政廳廳長，成為美國警界職位最高的華裔刑事鑑識專家，更因為在辛普森案以專家證人的身份出庭，而獲得全球性的知名度。雖然去國多年，李昌鈺與台灣警界的關係從來沒有斷過，經常回來講學。對國內從事刑事鑑識工作與法醫工作的人來說，李昌鈺的講座可以說是必修課。

這些年，李昌鈺每每被台灣媒體封為「神探」，許多懸而未決的案子都將水落石出的希望寄託在他身上，蘇建和案也不例外。法醫研究所接下這個案子的鑑定工作時，也曾經對外發布消息說李昌鈺將會協助鑑定。辯護律師非常期待李昌鈺能以國際級的鑑識專業，替蘇建和等三人洗刷冤屈。

當法醫研究所做出「三種刀器」的推定時，許文彬律師與蘇友辰律師就一直掛記著：「為什麼這個鑑定函裡面沒有李昌鈺博士的簽名？」法醫研究所一直拒絕提出鑑定過程的會議記錄，更坐實了許律師與蘇律師的猜想：李昌鈺未必認可這份鑑定。

完整的鑑定報告一到手，蘇律師就寫了一封長信，把鑑定報告及相關資料寄到美國，請李博士撥冗一讀。九月，李昌鈺來台講學，恰好是律師團第一次詰問鑑定人之後。許律師與蘇律師親自前往李昌鈺下榻的飯店，告訴他上次開庭時的情形，再次懇切請李博士仗義執言。隔天，李昌鈺在警察大學有個演講，許文彬律師又親自到場，希望李博士針對這份鑑定報告發表書面意見。

或許被許文彬律師的堅定意志所感動，李昌鈺居然同意了。但是他與台灣法醫學界、刑事鑑識學界畢竟交情深厚，所以他沉思了一會兒，然後十分謹慎地說出他的意見。他澄清自己沒有直接參與這個鑑定，也指出這份鑑定報告以刀痕來推定刀器的種類，是很「特殊」的方法；所以他建議法官委託美國的專家，再另做一次鑑定。

李昌鈺說完以後就去演講了，許律師在警察大學的校長室擬好書面聲明，等到李昌鈺演講完請他過目，然後由警察大學校長祕書當場打字，請李博士親筆簽名一式二份，一份遞交法院，一份許律師自己留存。

後來顧立雄律師說，如果他是檢察官的話，一定當庭要求做筆跡鑑定。但或許太震驚了，當許律師朗讀那一紙聲明時，法庭內沒有任何表示異議的聲音，只見「李昌鈺」三個字在法庭內大放光明，照亮了蘇建和、劉秉郎、莊林勳回家的路。

兩次詰問之後，辯方扳回一成，人心振奮。律師團打算乘勝追擊，積極要求准許辯方傳專家證人出庭。截至目前為止，吳木榮法醫還是辯方律師團的祕密武器，因為吳法醫有他的顧慮。參與這份鑑定報告的八位專家裡，方中民教授是吳木榮的老師，當年方教授曾經幫他寫推薦信讓他出國進修；有一位鑑定人是台大醫院法醫學科主治醫師，還有一位是台大法醫病理科主任，都是吳木榮以前的學長、現在的同事；甚至吳木榮自己也是法醫研究所的顧問。他的壓力可想而知。所以吳法醫告訴蘇友辰律師：「如果你們真的需要的話，出庭作證或寫個聲明，我都可以。但是，如果可以不要的話就不要。」

除了吳法醫之外，律師團還希望傳刑事局鑑識科主任石台平，與清華大學統計研究所教授黃提源出庭作證。但法官認為，這些法醫學、刑事鑑識、統計學專家並未實際參與這次的鑑定，傳他們出庭作證，與刑事訴訟法不合，所以沒有接受這要求。

於是三位專家分別以書面的方式出具聲明。石台平法醫指出：「鑑定團只考慮了機械因素，而忽略了力道、方向、兇手／被害人互動等可變因素對傷痕的影響。」黃提源教授則指出，做t檢定時必須控制其他變項，鑑定報告裡所使用的方法對此有所曲解。

吳木榮法醫也寫了一份意見，對鑑定報告提出多項具體批評。他說：「法醫研究所的鑑定報告中，在刀器缺乏的狀況，使用刀痕角度來臆斷凶器的作法，是一種無理論基礎，無凶器特異性和無法完全吻合比對的作法；其結果不正確，是必然的結果。」這一份文件由辯護律師當庭呈給法官，收進法院的卷宗裡，檢察官閱卷的時候看到了，消息立刻飛也似地傳回法醫研究所。

「都是因為當初鑑定的時候沒有找吳木榮，他才會跑去幫辯方啦……」耳語蔓延著。吳法醫笑著辯解：「才不是哩。再審還沒開始的時候，張德銘委員就已經找我去看蘇案的物證了，我接觸這個案子比法醫研究所還早呢！」

對於蘇案帶來的專業上的困擾，吳法醫始終沒有抱怨。律師們與吳法醫並無私交，但是大家都覺得，吳法醫拔刀相助，不惜以自己與同儕的和諧為賭注，為的不是別的，是因為他對法醫專業有一份使命感。

關於鑑定報告的詰問告一段落以後，代表全聯會的陳鄭權律師決定退出義務辯護的行列。他禮拜四下午在玄奘大學有課，可是法院開庭的時間也恰好都選在禮拜四。

法庭上的戰爭，贏面越來越大，但是莊林勳腦子裡的戰爭，卻節節敗退。美國有個誤判的例子，一個人被指控持槍搶劫，關了幾年以後，洗刷了冤屈。他說：「你若是有罪，被關在牢裡，那沒什麼要緊，你仍可睡個好覺。但我是無辜的，而且腦子裡一直轉個不停，所以我怎麼也睡不好。」

莊林勳就是這樣，他睡不著。好不容易睡著的時候，他作夢。夢見口袋裡有好多錢，但一伸手，錢就不見了。

113 再審卷，法務部調查局鑑定通知書，（九〇）陸（七）字第九〇〇二〇九七〇號，無頁碼。

114 九十年五月三日聯合報第八版，記者高年億報導。後來李建誠涉及的「股市禿鷹案」，其內線交易的操作手法就是放消息給聯合報記者高年億。見本書新版序。

115 再審卷，九十年五月十日筆錄，頁二三一。

116 九十年十一月十三日聯合報八版，記者高年億報導。

117 法務部法醫研究所鑑定書，（九〇）法醫所醫鑑字第四八〇、六六六號，頁十。

118 法務部法醫研究所鑑定書，（九〇）法醫所醫鑑字第四八〇、六六六號，頁十八。

119 再審卷，九十一年八月二十九日筆錄，頁一一六。

120 再審卷，九十一年八月二十九日筆錄，頁三四，三五。

121 再審卷，九十一年八月二十九日筆錄，頁三五，三六。

122 再審卷，八十九年九月十二日筆錄，頁六七。

第十七章——法官排行榜

由於長久的等待
我變成了路牌
指向希望的地方
沒有一字說明

——**顧城**

雖然望穿秋水，但是張中政還是沒出現。高院要來了張中政的戶籍資料、這幾年的入出境紀錄，而且每一次開庭都發傳票給他。但他終究還是缺席了。

另一個空缺，是「副分局長」。他是蘇建和筆錄可信與否的關鍵人物，然而高院調查卻發現，「副分局長」根本不存在。

每個分局都有「分局長」，但有沒有「副分局長」則視需要而定。汐止分局從民國七十九年到八十二年，都沒有「副分局長」。

但蘇友辰律師相信蘇建和。他要求讓蘇建和根據員警的照片來指認。事實上，高等法院在八十九年十二月就行文汐止分局，要求他們提供民國八十年七、八月份所有建制員警的名單與照片，讓蘇建和、劉秉郎與莊林勳指認刑求他們的員警。汐止分局一直沒有回應，高院再度發函催促，汐止分局才回信說：八十九年十一月象神颱風肆虐，汐止淹水，所以員警名冊被淹掉了。

但是「副分局長」之謎不解開，蘇建和供詞的可信度就缺少臨門一腳。蘇友辰律師只好向庭上表示：「過去蘇建和一再強調他如何受到『副分局長』的騙，所以這個『副分局長』，牽涉到被告的刑求抗辯證詞是否可信的問題。如果卷裡頭有這份資料的話，希望審判長下一次開庭的時候能夠提示給被告指認。」

審判長葉騰瑞很納悶：「大律師指的是什麼資料？」

蘇律師委婉地指出，再審卷第六卷的第二宗，「我們閱卷的時候，審判長把一個部分遮蓋起來，說這個不能看，我想，這個部分或許就有副分局長的身影在裡頭……」

葉法官翻開卷子一查，心裡明白了七分。那是汐止分局送到高院來的刑案現場照片，其中有幾張是警局人員因為破案有功，獲頒獎牌並合照留念。葉法官把這些警員的照片用橡皮筋套起來，意思是不許看。現在蘇律師卻說裡頭「或許」有副分局長的身影……那還用說！

葉騰瑞法官把卷子裡的資料提示給蘇建和看：「這些照片裡有沒有你所指的，自稱『副局長』或『副分局長』的那個人？」蘇建和一看就說：「是五個人最中間的那個，穿淺藍色襯衫、深色褲子、拿銀盾的那個人。他身高大約一百七十幾公分。」「你確定他就是那個自稱『副分局長』的人？」「確定。」葉法官傳當時的刑事組長陳瑋庭來，他證實照片中的這個人，就是當年汐止分局的「分局長」，陳如錠。

終於！一字之差，這張傳票整整晚了十二年，陳如錠首次為蘇案站上證人席。陳如錠承認他確實跟蘇建和講過話，但是不承認有勸誘或欺騙蘇建和。

陳如錠的證詞平淡無奇。他有跟蘇建和講過話，這一點，在崔紀鎮檢察官偵訊的錄音帶裡面，就已經披露了。崔檢察官問蘇建和：「警訊時你為何不承認？組長和分局長問你，你剛開始為什麼不講[123]？」

陳如錠的重要性不在於他說什麼；他的重要性在於「確有其人」。這麼多年來，蘇建和都說，他跟「副分局長」講過話以後，才在檢察官面前「配合」警方，勉強承認犯案。這個案子經過這麼多次的審理，法官始終小心避開警察的部分不去調查，十幾年來，沒有人去追查「副分局長」是誰。

這次再審，把崔檢察官偵訊的錄音帶調出來聽，結果與蘇建和所供相符，他確實「承認」

得七零八落、十分勉強，還一直找機會暗示檢察官：他是無辜的。再進一步追查，又發現確實有陳如錠其人，他確實在檢察官來偵訊之前跟蘇建和講過話。

蘇建和把分局長說成副分局長，有可能是他當時聽錯，或者後來記錯；也有可能陳如錠故意說錯職稱來誆他。但蘇建和從照片裡正確指認出陳如錠，可見所言非虛。

雖然陳如錠說他只跟蘇建和「聊天」，沒有誘導、沒有欺騙；但是陳如錠過去的信用並不好。在此案的審理過程中，他多次以分局長之尊，提供法院不實的訊息。現在撇清關係，也不免令人懷疑他只是企圖自保。

準備辯論了。蘇建和與劉秉郎在看守所裡，各自研究卷宗加緊準備著。他們打官司打了十幾年，一審、二審、更一審、更二審、三審定讞到這次再審，就算稱不上沙場老將，也絕對不是菜鳥；他們深深覺得這次的審判不一樣。

看守所是各式司法小道消息的集散中心。關在看守所裡的人，都是被羈押、官司纏身而還未定讞的人，打官司是他們眼前最重要的事。所以不知道從什麼時候開始，看守所裡就流行根據法官們的行事風格、操守能力來「排名」，被告們沒事就說長道短，口耳相傳。

劉秉郎、蘇建和早就打聽過刑二十一庭的這幾位法官。他們發現這一庭的法官們「口碑」甚佳，大家都說那是「傳說庭」。看守所盛傳，高等法院有「雙華」，一位是將伍澤元四汴頭弊案重判無期徒刑的黃瑞華，另一位就是刑二十一庭的受命法官江國華。被冤枉的人都希望被「雙華」審到。

他們說，江國華法官查案子公正又聰明。曾經有一個人被抓到持有大量毒品，他向江法官苦苦哀求，說他是第一次販毒，而且根本沒賣出去，是未遂犯。江國華仔細聽了他訴苦，退庭。下一次開庭，一疊資料放在被告面前。江法官親自南下，查出被告在什麼時候、什麼地點、以什麼價格、賣多少毒品給誰……被告啞口無言，心服口服。又比如說同案被告甲跟乙，通常甲被傳出庭以後，就會想辦法通知乙。江國華傳甲出庭，甲還沒回到舍房，他電話就已經到了，先把乙提出來，讓他們根本碰不到面，連串供都沒機會。或者問完乙以後再問甲一次，說謊的被告在他面前幾乎無所遁形。所以江國華法官判人有罪，被告還鞠九十度的躬跟他說謝謝。

除了江國華以外，審判長葉騰瑞、陪席法官黃國忠，也都是看守所裡「排名」前三名的法官。每一次開庭，蘇建和與劉秉郎都很認真準備，他們知道，這是他們僅有的機會。審判到最後，照例會開「辯論庭」，被告可以為自己辯白。以前，他們都覺得法官一副就是要判有罪的樣子，講了也是白講。但這次不同：他們心目中最公正的法官，來審這個最受社會關注的案子，蘇建和與劉秉郎深深覺得：「我們只有這一個機會。」

---

123 崔崔紀鎮檢察官偵訊錄音帶譯文見廢死聯盟網站 http://www.taedp.org.tw/story/2562。

前往註釋 123 網址

第十八章——

唯一做錯的事

別人是怎麼向你指控我的，我不清楚，
但他們口才那麼好，
簡直連我都快忘記我是誰了。
——蘇格拉底

九十一年十二月五日星期四，下午兩點半，蘇案的辯論庭。按照慣例，審判長逐一提示證據，並且問被告對這項證據有什麼意見。距離汐止血案的發生，已經十幾年了，蘇案卷宗汗牛充棟，所以提示證據得費好一番工夫。隔天早上繼續開庭，好不容易把所有證據都提示完畢，便讓告訴代理人代表被害人家屬發言。

林憲同律師首先指出，因為王文孝已經槍決，造成再審所能調查的證據有所殘缺。「除非有強烈到足以排除所有的不利證據或補強證據，否則就沒有無罪推定原則之適用。」

接下來是楊思勤律師發言，出乎意料之外的，他說：「剛才林憲同律師的發言，對被害人家屬有利的部分我們贊同，但他剛剛說，本案是殘缺的再審，我不贊成。我們不樂意本案再審，但既然依法再審了，就不能說是殘缺的。」楊律師指出，蘇建和等三名被告曾經控告汐止分局警員瀆職，但警察獲得不起訴處分，可見他們的刑求抗辯並不成立。「我們認為這個案件經過四十七位法官的審判，最後終於再審，除非我們在再審程序發現很重要的證據，足以推翻十一年前的事實，否則在十一年後，以發現一個小皮包就來推翻十一年前一個慘絕人寰的案件，我們不以為然。」

石宜琳律師認為，蘇建和等人都曾自白犯罪，而王文忠與王文孝的供詞，是本案很重要的補強證據。何況鑑定報告認定有三把兇刀，也駁斥了辯方「一人犯案，一把兇刀」的主張。「儘管我們多麼不贊成『以牙還牙，以眼還眼』、『殺人償命』，但是這個案子兇手的狠毒，非常少見。請合議庭的各位法官不要被被告楚楚可憐的外表給蒙蔽了，也不要受到未參與審判的外界所影響，更不要被辯才無礙的各位辯護人說服。司法的最後一道防線，就仰賴各位法官來維繫了！」

審判長宣布證據調查完畢，開始言詞辯論了。先由檢察官論告。整個審判過程裡，大部分的時候檢察官在法庭上並不很積極發言，站起來跟辯方律師針鋒相對的，常常是告訴代理人。如今檢察官要開口說話了，令人格外期待。

檢察官首先列舉本案的證據，包括：王文孝的指紋、警棍與小皮包、二十四元硬幣、菜刀，以及吳銘漢的兒子的證詞。

檢察官反駁辯方所提出的刑求抗辯與不在場證明。他指出，王文孝並沒有說自己被刑求，所以他說蘇建和等三人是共犯的說詞應該可信，劉秉郎在檢察官偵訊的時候雖然翻供，但也沒有說被刑求。當年與蘇建和關在同一舍房的何先生與黃先生，對於蘇建和的傷勢說法不一，而在一審時曾經有一位游先生為蘇建和出庭作證，可是檢方調取士林看守所的紀錄，卻發現他從未與蘇建和同房。

他也指出，蘇建和一直說他不知道崔紀鎮是檢察官，可是這次再審當庭勘驗偵訊錄音帶，卻發現崔檢察官一開始就對他表明身份了，後來蘇建和也兩度喊他「檢察官」。

至於不在場證明，各個證人的證詞都有差異，而且軍事檢察官杜傳榮借訊蘇建和、劉秉郎、莊林勳等三人的時候，他們都沒有提到有不在場證人。

鑑定報告，是檢方十分看重的一項證據。檢察官強調，王文孝說他們使用的凶器是一把開山刀，一把水果刀，一把菜刀；現在鑑定報告出來，也判斷凶器是開山刀、水果刀、菜刀。如果說當初王文孝是隨意誣陷他們三人，那麼他怎麼會剛好說出三種正確的刀器呢？

鑑定報告裡對於蘇建和等三人最有利的，是血跡鑑定認為葉盈蘭的衣服沒有被換過。檢察官的看法是，這部分的鑑定只能夠證明，葉盈蘭在穿著這一套睡衣褲的時候有被砍殺，而不能證明衣服沒有被換過。說不定他們輪姦之後殺害葉盈蘭，為她換了衣服，然後卻發現她還沒死，又補了幾刀，才導致新換上的睡衣上面有血液的噴濺痕。

自從二審開始，王文忠就一直為蘇建和等人作證，說王文孝為了保護媽媽才拖他們下水，他也是因為警察刑求，所以才不得不承認擔任把風。檢察官對於再審時王文忠的證詞，提出了幾項質疑與反駁。

第一，沒有證據可以證明王文忠被刑求，而且他並不是一離開汐止分局以後就翻供，而是直到軍事法庭審判的時候才翻供。

第二，王文忠翻供以後所說的三月二十三日夜遊行程，每一次都不大一樣。在軍事聲請覆判狀上，王文忠說他們五人玩到凌晨兩點多，各自回家。一審湯美玉法官訊問時，王文忠說五個人一起去玩，蘇建和載他們兄弟回家，沒有去吉祥撞球場和風車遊樂場。二審的時候傳王文忠當證人，他才說原本是四人出遊，後來蘇建和先載王文孝回家，剩下三人去基隆吉祥撞球場和風車遊樂場，最後蘇建和依序送劉秉郎和他回家。莊林勳自始至終都未參加。也就是說，直到二審出庭，王文忠說的夜遊行程才與蘇建和、劉秉郎、莊林勳所言相符。

第三，王文忠與王文孝在隔離羈押的狀況下，都說出「王文孝分一千元給王文忠，王文忠隨後退還」的情節，還有王文忠與劉秉郎、莊林勳，都說那天劉、莊兩人先下樓，過了一會兒蘇建和與王文孝才下來。檢察官認為，這些細節的相符可以證明他們確實都有涉案。

最後，檢察官表明：「我們在接辦本案前，不曾接觸過卷證，對本案沒有任何預斷。但是詳閱卷證之後，我們有一致性的強烈懷疑，被告三人的確有參與作案。」

三位檢察官講完，辯方律師面無表情，心裡默想：這真是一場硬仗。檢察官在結辯的表現，比他們預期的強很多。蘇律師仔細觀察了一下旁聽席，感受到一些箭一般的眼光，朝辯護律師席射過來。

輪到被告答辯。蘇建和很瘦，瘦得頭顱的形狀都彷彿看得見。蘇建和說，王文孝剛剛落網的時候說案子是他一個人做的，而現場確實查到了他的指紋，後來又依他的供詞找到小皮包，兩位當鋪的老闆娘也證實，王文孝確實拿了金戒指去當[124]。

可是當王文孝咬出其他共犯以後，奇怪，卻什麼也查不到了，說兇刀藏在莊林勳家的衣櫥背後，可是去找卻找不到；說血衣丟在蘇建和家後面，可是去找，又找不到；查來查去，就是沒有其他人涉案的證據。

整個案子都是靠自白，蘇建和半賭氣又半玩笑地說：「要根據我那個不實自白的話，檢察官也不用提什麼鑑定報告了，自白裡說菜刀我有拿，開山刀我有分，水果刀我也有拿，我一個人就拿三種刀。莊林勳也有拿警棍、開山刀、菜刀、還有不知名小刀。要看自白的話，幹嘛還要鑑定報告！」

他說：「今天如果檢察官是指控我害死我爸爸，我曾承認，我父親真的是因為我的冤案長年奔波，犧牲了自己的生命。可是檢察官說我有參與犯案，我絕對不服……」

劉秉郎站在庭上也顯得單薄、蒼白。但是今天，他的胸膛飽滿。劉秉郎說，王文孝有一、二十份筆錄，有些對他們三人有利，有些對他們三人不利，可是檢方只相信其中對他們不利的。

從王文孝的角度來想，他剛落網的時候說沒有共犯，那如果不是一人犯案，就是他想要保護共犯。共犯一定跟王文孝有密切的關係，所以王文孝才要保護他。然而蘇建和、劉秉郎、莊林勳三人跟王文孝沒有關係，如果他們三人真的是共犯，王文孝何必幫他們扛呢？

劉秉郎有條有理地分析：王文孝的筆錄內容變來變去，只有一個東西沒有變，就是說王文忠負責把風。以前判有罪的法官都說，王文孝連自己親弟弟都供出來了，可見「多人犯案」是實情。可是，王文孝的筆錄與其說是「供出」王文忠有參與，還不如說是「保證」王文忠沒殺人。

所以關於蘇建和、劉秉郎、莊林勳三人在現場的分工，王文孝每次講得都不大一樣，「因為根本沒有這些行為！」劉秉郎當場回應檢察官論告時所舉出的物證，「指紋、毛髮、兇刀都跟我沒有關係，追查出來的贓物金飾、警棍，也不是經由我的供述起出的，是根據王文孝的供述起出的。」

「我唯一做錯的事，就是當年沒有死在汐止分局。這樣就不會有那份不實在的筆錄，也不會有這十幾年的折磨。如果時間可以倒流的話，我寧可選擇死在警察局，讓我可以證明我的清白。因為那份筆錄，後來每一次的審訊，法官、檢察官沒有人相信我的話，就主觀認定我有犯案。像剛剛檢察官對於我的不在場證人，每一言每一句在計較。那些證人也是人，經過幾年的時間再叫他陳述他所看到的事實，當然未必完全吻合。可是證人只要跟我說的一樣，檢察官就說是串供，跟我說得稍微有一點點不一樣，他們又說：不足作為對我有利的證據。所以不管怎樣都對我不利就對了。我當時就應該死在汐止分局！」

輪到莊林勳了，審判長喊他。他似乎略嫌吃力地抬起兩道濃眉，搖搖頭，視線很快又被垂下的濃眉壓住，沉向地面。他向來覺得沒什麼話好說。能講的，他在這次再審一開始的時候就已經講了：「我覺得我好像是被抓來湊人數的。」他沉默地站在蘇建和與劉秉郎中間，仍然，一臉的莫名其妙。

重頭戲來了。為了這場結辯，每一位律師都準備了至少一小時的辯詞，整個法庭都期待著，這一群台灣最菁英的律師，繼詰問鑑定人之後，會有什麼樣精彩的表現。

顧立雄律師第一個上陣。他的任務是談無罪推定原則，為後面各位律師的辯論鋪路。檢察官的論告架構很清晰，但不幸的是，這個論告建立在一個錯誤的基礎上。他們只打擊被告的抗辯不成立，可是卻沒有好好去談：那被告的罪證在哪裡？

檢察官忘記了，他的任務是證明：被告確實做了這件事。當然，這個案子就是沒有充分的證據，所以檢察官在策略上，只好盡量迴避。

這正是顧立雄結辯的重點。他說：「現在大家都會講無罪推定啊，『沒有證明犯罪以前，你就是清白的。』可是無罪推定的精髓是：要由國家來證明這個被告有犯罪。誰代表國家？檢察官。那他要證明到什麼地步才能證明被告有罪呢？他有提出證據的責任，與說服的責任。其中，最重要的就是說服的責任。他要說服法官『確信』這個人真的有做這件事；而且這個說服的基礎是證據，而不可以是推測。

「這個證據必須是沒有瑕疵的，不是違法取得的。因為國家要定人民罪，不能用骯髒的手違法蒐證，然後再換到檢察官手上，說：『我用這個來定你的罪。』國家要證明這些證據的取得是合法的。是國家有責任證明他沒有刑求被告，不是被告有責任證明自己被刑求。以這個證據做為基礎，檢察官要說服法官到『超越合理懷疑』的程度才行：這是唯一的可能，沒有第二種可能！」

「那我們辯方有什麼責任呢？我們只要提出一個可能性。就是說：被告『有可能』沒有做這件事，就行了。我們不必去證明他沒做，我們只要指出檢察官的破綻，打擊這個故事的可信度，提醒法官：還有另外一個故事的可能性，就可以了。」

顧律師講了一個多小時，提綱挈領地把刑事訴訟法的重要原則講了一遍。末了，他突然嘆了一口氣，說：「我當律師幾十年來，不知道耗費了多少時間在法庭上爭辯自白的可信度，我們可不可以不要再繼續浪費時間？」

旁聽席上人越來越少，法官也累了。但這是星期五晚上，如果現在休息的話，就要等到下星期一才會繼續辯論。羅秉成律師想想覺得不甚安心。顧立雄講的是重要的理論基礎，但是不知道法官聽不聽得進去。檢察官的論告氣勢不錯，辯方可不希望禮拜六、禮拜天，法官腦子裡都縈繞著檢察官的話。所以雖然晚了，還是決定讓許文彬律師接著講。

許律師為人海派樂觀，自認神經十分大條。他引用美國法學家荷姆斯（Oliver Wendell Holmes）的名言，開宗明義指出：「法律的生命，不是邏輯，而是經驗。」然而，蘇案的確定判決卻每每違背經驗法則。例如檢警因為懷疑「一個人怎麼可能殺七十九刀」，所以硬逼王文孝講出共犯。然而許律師認為，一個人殺的，才有可能殺那麼多刀，因為真兇王文孝有吸食安非他命的習慣，又慌亂失常。如果是四個人殺的，他們居於絕對優勢，才不需要殺那麼多刀。

「我相信，檢察官是本於正義感要判他們死刑。奇怪，我們律師不為名、不為利，卻本於正義感要判他們無罪。我們都是有正義感的法律人，為什麼我們的認知會有這樣的差距呢？我想了很久，終於明白了。我看檢察官拿著卷宗從頭到尾在朗誦，我想問題就在這裡！今天三個被告在你、我和法官的面前，活生生的人，他講出來的話、聲聲喊冤，你聽不進去，你寧可相信紙上的字，『你在偵查的筆錄裡面不是承認了嗎？』你的正義感是建築在那個冷冰冰的筆錄上面。我的正義感是建築在活生生的有血有淚的人性上。」

「筆錄是最不科學的。有人說：壞人在法庭上都嘛否認，壞人的否認是不能採信的。對！我就用這一句話來反駁你。壞人都會否認，那你剛才怎麼在法庭上念了半天說他承認了？」

許律師辯完，汗流浹背，有一種使盡全力之後的虛脫。在他之後，投向律師席的眼光已經完全改觀。羅律師估計：這樣就打平了！律師團見好就收，審判長宣布禮拜一繼續審理。

那個週末，古嘉諄律師的腦子一直忙著，停不下來；禮拜一，他要第一個辯論。講了兩天夢話以後，古律師精神抖擻地上場了。

古律師談的是蘇案中違反程序正義的問題。他再一次提醒法官，蘇建和等三位被告的人權是如何在不當的辦案過程中受到侵害：他們被刑求、疲勞訊問、非法逮捕、非法羈押、違法搜索，又被剝奪對質權；而汐止分局員警偽造文書，包括蘇建和的拘票與刑案臨檢記錄表；還隱瞞王文孝的筆錄、刑案現場錄影帶等重要證據。

古律師特別說起二十四元硬幣的兩個故事。二十四元是刑警從莊林勳家非法搜索所得，一審時湯美玉法官將硬幣送化驗，也沒有血跡反應，證明不了什麼事。這是第一個故事。這次再審，蕪雜的卷證裡赫然蹦出了第二個故事。律師在偵查卷裡發現了一張贓物認領保管收據，是吳唐接太太趙瑞美簽收的，上面明白記載，二十四元硬幣因為被認為是自吳家偷竊所得的贓物，所以依法發還被害人家屬[125]。

奇怪！既然還給人家了，那湯美玉法官送化驗的那二十四元硬幣是打哪兒來的呢？根據卷證資料，一審的時候刑警張中政出庭，當場將二十四元交給湯法官送化驗[126]，但是張中政卻隱瞞了贓款早已還給被害人家屬的事實。

再審的時候，吳銘漢的哥哥吳唐接出庭作證，他說當初他太太趙瑞美領回的那一包東西，帶回家以後就交給他媽媽，「老人家保管這麼久，有沒有丟掉我不清楚，我不敢確定，說不定她傷心過度就丟掉了[127]。」這更足以說明，張中政交給湯法官的那二十四元硬幣，是事後偽造拿來搪塞的，跟汐止命案毫無關係，哪是什麼證物！

古律師說著對檢察官笑了一笑：「這件事，不知道三位檢座辦不辦哪？」

全場都等待著，律師團剩下一位年紀最長的律師與一位年紀最輕的律師。

蘇友辰律師站起來了。十二年來，他陪著三位當事人一路苦戰，心裡暗暗決定辦完蘇案以後，就準備退休淡出法界。今天的結辯將是最後一擊。披上律師袍的蘇友辰，法相莊嚴，他心裡很明白，今天當庭受審的，已經不只是蘇建和、劉秉郎、莊林勳三人；他蘇友辰的人格、能力、信用、名聲，也已成為共同被告。

針對檢方倚賴最深的自白，蘇律師做了兩份對照表，一是王文孝所有自白的比較，二是五個同案被告自白的比較。透過這兩份自白對照表可以看見，這些自白是互相矛盾、自相矛盾的，根本兜不在一起。例如犯案時間有兩點、三點、四點三種說法；兇刀有「三把開山刀加上菜刀」與「開山刀、水果刀、菜刀、警棍」兩種版本；兇刀來源有「王文孝自行準備」與「黑點、長腳準備」兩種版本；得手的贓款也有幾千元到十幾萬元等好幾種版本。

蘇律師回應檢方的論告指出，王文孝有說自己被刑求。軍事檢察官杜傳榮問他，為什麼在汐止分局承認有強姦葉盈蘭，回到軍事看守所來卻不承認，王文孝說：「怕在警局被修理，因此承認，現在我感覺較安全，因此才說實話，真的沒強姦葉盈蘭[128]。」劉秉郎的偵訊筆錄雖然沒有記載他的刑求抗辯，但是再審把偵訊錄音帶放出來聽，發現劉秉郎很明確地說，警訊筆錄不是他心甘情願做的；「我怕被打啊！」檢方聲稱他們都是很後來才提出刑求抗辯，這點與卷證內的事實不符。

蘇律師說著說著，辛酸嗶地湧上心頭，聲音不禁哽咽而微微顫抖：「為了這個案子，我連自己的生命都可以付出——」蘇律師流下壓抑多年的眼淚。這世上的冤情，終有言語所不能及之處，全場鴉雀無聲。

在蘇律師留下的一片肅靜之中，羅秉成律師從容地起身。他肩上扛著此役最沉重的任務，就是回應法醫研究所的鑑定報告。不過，他是個令人放心的律師。四十出頭，差不多剛好是一個律師的成熟期，對法律的瞭解與實務經驗已有足夠的累積，年少的銳意與理想亦尚未退卻。

在再審過程裡，羅秉成始終是律師團會議裡的要角；兩年下來，結辯已是水到渠成。

羅律師首先援引台大刑法教授林鈺雄的話指出：刑事訴訟法的新思潮有「三不」：禁止「不擇手段」、「不問是非」與「不計代價」的真實發現。人民多半期待法庭能夠給我們真相，但是現代法治國家，卻不允許「不顧一切」地追求真相。這個「三不」，落實在刑事訴訟法上，就是「證據排除法則」。

蘇案過去最受外界抨擊的，其一是沒有實踐「證據排除法則」，其二是法官心證太過寬鬆，還存在著許多合理的懷疑，卻做出死刑判決。羅律師要求法官全盤檢視蘇案既有的證據，並提出三個判準：有沒有證據能力？檢方是否能證明是合法取得？以及能否證明被告確實犯罪？

羅律師引用鑑定報告中的傷創鑑定與血跡鑑定，來重建現場，企圖瞭解在那個夜裡，事情究竟是怎麼發生的。

「多人犯案」的版本是這樣的：他們四人手持凶器，一進去就押人，兩位被害人根本沒有機會抵抗。四人輪姦葉盈蘭時，還輪流抓住她的手。如果有被押住或抓住的話，在砍殺與輪姦的過程裡，被害人一定會因為痛楚而掙扎，手上、身上會留下瘀痕、紅腫或抓傷。但鑑定報告指出，兩位死者身上都沒有被固定、綑綁或束縛的痕跡，而且生前有以手護頭、格擋、移動閃躲的動作[129]。

「多人犯案」的版本說，四人在地板上一邊輪姦葉盈蘭，一邊砍她，將她殺死。然而如果葉盈蘭是躺著被殺死的，那麼刀傷應該都在正面，不會有背後肩胛骨那一刀。而且鑑定報告比對體表傷口與骨頭上的刀痕方向，發現兩者成九十度角，表示當兇手砍下那一刀的時候，葉盈蘭的右手呈高舉護頭的姿勢[130]。可見她沒有被人持刀押住。

鑑定報告指出，兩位被害人的傷口大部分在左側[131]。吳銘漢與葉盈蘭的床鋪是靠右側擺放的，門在左邊。如果他們在夜裡被驚醒，歹徒自左側襲來，本能的反應一定是用手格擋、向右閃躲，所以傷口多在左側。

傷創鑑定不支持「多人犯案」的版本，卻很符合王文孝「一人犯案」的初供。他說他翻東西時，吳銘漢驚醒，他緊張，便下手亂砍。葉盈蘭也驚醒，他也亂砍。可以想見，兩人在劇痛中閃躲、以手護頭；葉盈蘭背後那一刀，可能是她轉身企圖逃離時被砍傷的。

這就揭開了「七十九刀」之謎。檢警一直認為「七十九刀不可能是一人所為」，所以朝多人犯案的方向偵辦。可是如果被害人逃躲、本能地以手抵擋，就容易造成「一刀多傷」的情形；七十九個傷口，未必是重複砍殺七十九次所造成。檢警有可能從一開始就想錯了。

根據「多人犯案」的版本重建出來的「現場」卻是荒謬的：王文孝將菜刀交給莊林勳，莊林勳抓住葉盈蘭的雙手，讓王文孝強姦；然後劉秉郎也把水果刀交給莊林勳，接著強姦。但是根據自白，莊林勳一開始是分配到拿警棍的，所以，這時候莊林勳拿著警棍、菜刀與水果刀，還抓住葉盈蘭的雙手不讓她反抗？他哪來這麼多隻手？

鑑定報告說，葉盈蘭的睡衣上有許多中速度的噴濺痕，血跡成點狀，表示當兇手朝她的頭部猛砍的時候，她就是穿著這件衣服，沒有被換過。如果換過衣服的話，因為傷口繼續滲血的緣故，血跡應該是擦抹式的[132]。檢方論告時提到，上衣有噴濺痕，並不表示衣服沒換過，而可能是換過了又再砍。羅律師駁斥這種說法毫無根據，因為被告自白從來沒有提到換了衣服又砍殺，八位鑑定專家出庭作證時，檢方也從未提出這個可能性；這只是檢方的臆測。

辦這個案子的警察都說葉盈蘭的衣服沒破，先前的判決把他們的證詞當作補強證據，認為被告的認罪自白是真的。到了再審一一詰問，李秉儒與嚴戊坤承認沒有特別注意，陳瑋庭仍然堅持葉盈蘭的上衣沒破。三位員警異口同聲做出對被告不利的證詞，但是鑑定報告卻證明，他們錯了！從這裡可以看出警察們預設立場，充滿偏見。

於是羅律師講了這個故事。海軍在深夜裡演習，大霧中透過來一點光亮，艦長下令告訴對方往右修正兩度。對方卻傳訊息要他們向左修正兩度。艦長重複剛才的命令，並加註：「我是某某將軍」。對方再次要求他們向左修正兩度，署名「我是某某下士」。將軍生氣了，要傳令兵送出訊息：「這裡是指揮艦！」對方回覆：「這裡是燈塔！」

「這是專業的偏執與權力的傲慢！」羅律師慨然。警察忽略甚至隱瞞物證，不就像故事裡的艦長想叫燈塔讓路？

羅秉成律師九十九頁的辯護狀裡，大約有一半的篇幅，用來駁斥鑑定報告裡的刀痕鑑定。

羅律師主張，這一部份鑑定人不適格，鑑定也不適格，所以沒有證據能力，應該排除。

適格的鑑定人必須是有特別知識經驗的人。可是方中民教授承認這種鑑定方式「過去沒有做過，也沒有經驗」，邵耀華教授承認在鑑定之前從沒看過開山刀，蕭開平法醫自稱受過刀器訓練，但是卻說菜刀的刀刃角度約三、四十度左右[133]，然而一般的菜刀刀刃角根本不到十度。這些都說明鑑定人不適格。

鑑定人不能只把結果呈給法院而已，而必須負報告的義務。他要把他達成這個結果的過程與依據，完整地說明，讓法院可以判斷結果是否正確；如果沒有盡報告義務的話，這個鑑定就不適格。在刀痕鑑定的部分，辯方曾要求鑑定人提出實驗報告、刀器實物數據、t檢定的統計數據，可是法醫研究所拒不提出。既然未盡報告說明義務，那麼這鑑定就不適格。

羅律師進一步指出，用刀痕角度推算刀刃角度、再推定刀器種類，是不客觀、不完整、不合理，也不正確的。

不客觀，因為鑑定人推定刀器是開山刀、水果刀、菜刀，並非依據學理通說，而只因為法院委託鑑定時提到這三種刀。而且鑑定人將蘇案先前的卷宗要去看，也令人懷疑是否受了被告自白的影響，沒有保持客觀。

不完整，因為鑑定人只以一把菜刀、不同砍入角度來做豬骨實驗，開山刀與水果刀都沒有真刀實驗。而且操刀的人如何控制不同的砍入角度，也不得而知。

不合理、不正確，因為影響刀痕角度的因素，除了刀刃角度以外，還包括力道、砍入角度、骨質密度等等，可是這個鑑定沒有控制其他變項，就直接用刀痕角度推算刀刃角度。

山中方一日，世間已千年。第一法庭裡的時間感也變得很奇怪，這一個多小時好像很短，短得來不及醞釀一個呵欠；又好像很長，長到把蘇案十幾年的迷宮給走了一回。

最後，羅律師說：「希望法官忘記被告三人被關十一年多的事情，忘記被害家屬吳小弟弟可憐的身世，忘記救援團體遊行的吶喊，也要忘記濟南教會前面繞行的腳步聲……」

如同點石成金的神奇手指，旁聽席上，記憶像海嘯一般排山倒海而來。常常去探視三名被告的義工應聲而哭；當年策畫、參與遊行的人應聲而哭；曾經天天去靜走的人應聲而哭；想到被害人家屬不斷被擾動的心緒，更多的人忍不住哭了。

「……回到司法獨立審判的原點！司法獨立的可貴性，是要獨立於社會之外，獨立於檢、辯之外。只看證據的話，本案就只有一個答案：『一個真兇、兩條冤魂、三個無辜的被告』。無辜、無辜、無辜、無辜！」

羅律師深深地看法官一眼，坐下來。本案辯論終結。

結辯完，蘇友辰律師跟太太一起回家。剛才的激動平息了，但腦中仍不斷回味今天的種種。他想到古嘉諄律師對他說：「學長，你的結辯真是驚天地泣鬼神啊！」他不禁笑了出來，沒有那麼嚴重吧！

他最想聽的是太太的評語，因為她從來就是很直率的人，他希望她會說：「你今天講得不錯。」但實際上她說的是：「你血壓已經那麼高了，還那麼激動，真是的。不過羅秉成講得又清楚又周延，他講得很好。」

蘇律師一笑，今天淚灑法庭雖然意外，但倒也不後悔。「這畢竟也不容易啊，我又不是喜歡出風頭的人！予不得已也。」

劉秉郎回牢房就開始收東西了。距離宣判日還有三十五天。全看守所的人都認為他們的官司會輸，最有可能是改判無期徒刑。劉秉郎不吭聲。真正重要的爭辯，在法庭上已經辯完了。他想著出來以後可以這樣那樣，去這裡那裡。十二年來他常常不切實際地想著出獄以後要幹嘛，但這次，是很實際地想。

劉秉郎在獄中讀易經、學占卜。八十九年五月的時候，他曾經為自己卜個卦，「大吉」。他以為會被放出來，結果是再審。關於再審過程他又卜了一卦，說過程艱辛、要堅持，結果會吉。

現在，他深深吸一口氣靜下心來，再卜一卦。「遷移」。

124 海軍偵查卷，頁六五，六六。

125 偵查卷，頁二八。

126 一審卷，頁二〇四，八十一年一月十四日筆錄。

127 再審卷，八十九年十一月二十三日筆錄，頁五三，五四。

128 海軍偵查卷，頁九七，八十年八月二十日筆錄。

129 海軍偵查卷，頁九七，八十年八月二十日筆錄。

130 法務部法醫研究所鑑定書，（九〇）法醫所醫鑑字第四八〇、六六六號，頁三三。

131 法務部法醫研究所鑑定書，（九〇）法醫所醫鑑字第四八〇、六六六號，頁三三。

132 法務部法醫研究所鑑定書，（九〇）法醫所醫鑑字第四八〇、六六六號，頁三三。

133 法務部法醫研究所鑑定書，（九〇）法醫所醫鑑字第四八〇、六六六號，頁一〇。

第十九章——

乾澀的淚眼

且帶著一個弟弟，在街頭
在昨日逃逸的一陣沙塵之後
他告訴我，淳樸如何鍊得。我
指給他，比例和比例的，宇宙的新擴拓

——**黃荷生**

宣判前一天，蘇友辰律師去土城看守所接見蘇建和、劉秉郎、莊林勳。蘇律師希望這是最後一次來這裡看他們了。蘇建和與劉秉郎都告訴蘇律師，無論結果如何，他們不會上訴。兩人所持的理由一樣：「這個合議庭是全國最公正的法官，如果他們還判有罪的話，那還有什麼好上訴的！我們就以死亡表示最後的抗議。」莊林勳精神不佳，只說他不想再打官司了，對律師表示感謝。

蘇律師夜裡有點睡不著。努力了十幾年的一件事，明天就有答案了。蘇案對其他人來說是個案子，對蘇友辰來說卻牽動著許多前塵往事。太太一直安慰他：「放心啦，我有預感可以平反。他們三人真的不是兇手，你又這麼用心這麼努力，每天開口閉口都是蘇案。蘇建和他們三個人對你有信心，撐了這麼久，終於等到公正的法官來審這個案子，一定會判無罪的。我們前院種的炮仗花，往年都是過年才開花，最近卻提早開得火紅，這不是喜氣嗎？我們女兒也懷孕啦，你看，沒有什麼好擔心的。」

蘇律師只有一個女兒，從文化大學畢業以後，學法律的她就幫蘇律師處理蘇案。許律師的兒子也繼承衣缽，在美國念法律。好像約好了似的，古律師的女兒也準備走法律這條路，現在在紐約唸書，為了熟悉美國法界實務，在專門為窮人提供法律服務的團體當義工。放寒假，她回國來，古律師就帶她來聽蘇案宣判。

預定早上十一點宣判。蘇案的法律助理蕭逸民知道今天一定爆滿，但他可不想錯過這歷史性的一刻，所以他八點半就到了。三位法官從九點開始審理別的刑案，審判長葉騰瑞看起來跟平常一模一樣。

過了十點半以後，前一個案子的被告心裡開始納悶：「人怎麼越來越多？他們來聽我的案子幹嘛？」十點五十分，葉法官輕描淡寫地問被告：「你還有很多要講嗎？如果是的話，我們就休息一下，因為待會兒，我要判個案子。」

十一點整。審判長問蘇建和、劉秉郎、莊林勳住在哪裡，古嘉諄律師低聲對旁邊的人說：

「應該是要判無罪了，要限制住居。」葉法官語調平靜，宣布：「原判決撤銷。蘇建和、劉秉郎、莊林勳三人，均改判無罪。」整個法庭歡聲雷動，漫長沉悶的救援在此刻炸開，成為燦爛的煙火。

審判長唯一表露情緒的只有此刻：「你們安靜一點！肅靜！肅靜！」羅律師唯一有強烈情緒的也只有此刻，他整個人麻了一下，好像歡呼聲是從體內炸開的一樣。

蘇律師沒哭。但是在他的事務所裡，他女兒聞訊大哭。父親長年的委屈與壓抑，由女兒代為快意宣洩。

劉秉郎好像也哭了。蘇建和好像也哭了。救援團體一片汪洋，不在話下。王時思已經離開民間司改會赴美深造，那是她的夜裡十一點，她守在電腦前等著看即時新聞，接到越洋電話，沒頭沒腦一聲「無罪」，電話兩頭都哭了。

莊林勳好像並不明白這件事。

但是宣判那天最大的傳聞，是關於受命法官江國華的。很多人都說，審判長在念判決的時候，江法官在旁邊掉眼淚。大家約好不要講出去，但是又忍不住咬著耳朵告訴更多人。

江法官否認，據說事情剛好相反。他說他得了乾眼症，才沒有眼淚可以掉呢。

那天晚上每一家電視台的談話節目都是這件事。某主播看起來比旁邊的劉秉郎還要緊張：

「你今天說這是遲來的正義……為什麼？」劉秉郎想也不想便說：「因為我是冤枉的，這個判決，本來就是應該屬於我的啊。再審才花了兩年的時間，一切就查得清清楚楚，如果十幾年前一審的時候就這樣查的話，我也不用被關那麼久。」說著，神情一暗。

那天在垃圾車旁邊，古嘉諄受到鄰居們熱烈的歡迎，識與不識都是一句：「恭喜！」古律師回家把這個案子的來龍去脈講給女兒聽，受美式法律教育的女兒簡直不敢相信，頻呼：「太離譜了吧，怎麼會這樣!?」

古律師回味宣判的片刻，太興奮了，他怎麼也想不起來旁邊坐了誰？記者會結束後，大家排排站好讓媒體拍照，他恰好站在劉秉郎身後。多年前，在一切尚未發生的太平盛世，劉秉郎曾經立志要念法律系。沒有想到後來卻不斷以被告的身份上法庭打官司。古嘉諄故意逗劉秉郎：「再來就等你考上律師囉！」雖然是一句輕聲的祝福，但是大家都聽見了，快門喀擦聲響，他們充滿希望地開朗微笑，瞬間定格為歷史。

這就是宣判當天唯一的喜悅了。更多更多曾經沾過蘇案的麵粉的人，散在台灣各個角落裡，手持遙控器，一台轉過一台。他們在電視上看見莊林勳不由自主地微微抽搐，看見蘇建和說要去給父親上墳；他們落下淚來。

吳唐接不能接受這樣的判決。那麼多法官審過這個案子，都判他們死刑，現在忽然就翻過來判無罪了，真是無言以對。吳唐接到吳銘漢與葉盈蘭的靈前燒香，告訴他們判決的結果。他對弟弟與弟媳說：「我已經盡力了！」

吳銘漢的兒子不能接受。媒體去訪問他，他滿臉無奈，坐在輪椅上說：「那到底是誰殺的？」

石宜琳律師也不能接受。他對這案子始終有信心，認為就算不判死刑，至少也會判無期徒刑。當法官說出「無罪」時，他簡直不敢相信。根據石太太的說法，石律師整整一個月都有些失神。

犯罪被害人保護法雖然在八十七年通過了，但一來並不溯及既往，所以吳銘漢與葉盈蘭的家屬無法獲得賠償；二來這個法律主要還是金錢補償，而沒有整合性地考量相關的社會福利或心理輔導。所幸天主教與基督教長老教會在判決後適時造訪吳家，溫暖地伸出援手，以無限的宗教情懷，有限地撫慰家屬的創傷。

第二十章 ——

霧中風景

巨大是無法馴養的。
你要在一萬個行人的袖子裡
找到門環
扣門
如果祂睡著了
你要安心等待

——羅智成

幾天後，蘇律師的女兒順利產下一子，他正式升格做外公。大家都恭喜他，說是「雙喜臨門」。小嬰兒白白胖胖的，一被外公抱在懷裡，就傻呼呼地開心起來。

蘇友辰律師一面沉浸在新生命降臨的喜悅裡，另一面，卻慢慢從勝訴的興奮中清醒過來。

看了判決摘要，他不能不覺得洩氣。蘇建和、劉秉郎、莊林勳三人冤獄十多年的核心因素是被刑求逼供，而最直接的反證，是他們的不在場證明；但是這兩樣，法官都不採信。剩下的無罪理由，只是強調無罪推定原則，以及嚴格的證據法則。雖然這兩個原則符合現代人權思潮與法治觀念，可是這對於釐清蘇案的真相，卻沒有太大的助益。

這樣算不算正義？

羅秉成律師覺得這是個折衷的判決。判無罪，看似「大逆轉」，但是辯方所論據的「一人犯案，一把兇刀」，仍然不被法院採信。判決裡堅持「罪證不足」，意思就是：「我不知道他們三人到底有沒有做。」這判決等於在對過去所有判過此案的法官說：你們也沒有判錯，你們不相信的，我也都不相信啊，只是現在時代不同了，所以我的證據法則比較嚴格而已。這樣判，辯方雖然獲勝，卻很難再追究責任，不論冤獄或刑求的部分，都無法索賠。所以一言以蔽之，這份判決就是四個字：「到此為止。」

到此為止。這樣算不算正義？

顧立雄律師也有類似的失望。蘇案是司法改革的一個里程碑，判決書將是重要的歷史文件。他結辯時提了很多進步的法治觀念，也期待判決內容會接受這些新觀念，成為一個重要的、宣示性的判例。例如明白指出警察辦案的過程違反了司法所要求的「純潔」；例如昭告那樣的辦案方式違法，違法取得的證據應完全排除於審判之外；或者原則性地貶低自白的證據價值。可是結果都沒有，判決內容只是在說被告自白的種種矛盾與不可信而已，感覺弱了一點。

最令蘇律師感到不平的，當然是報紙上對這事的某種詮釋。他們三個人熬了十幾年，再審的兩年間，律師團開過二十九次會議，提供頂尖的辯護，好不容易掙來這個無罪判決。結果卻有人不斷強調，他們被判無罪並不代表他們沒有犯罪，只是證據無法證明罷了。言下之意好像是說，雖然沒有證據、不能判你們死刑，但我還是很懷疑你們哦！

無罪推定原則本來是強調「證明有罪之前，所有人都是無辜的」。現在怎麼變成「被判無罪以後，還是不表示他沒犯罪」？

人放出來了，但真相還在坐牢。這樣算不算正義？

花一輩子的時間獻身司法，花十幾年的時間平反一件冤獄；到頭來，蘇律師深深覺得，要在司法裡面找到正義，怎麼會這麼難呢？

蘇友辰是台南人，起先念師範學校，畢業後在小學教了三年書。他胸懷大志，自修考上中興大學法律系，大四應屆畢業那一年就考上司法官高考，還是那一屆的榜首。從此他再也沒有離開法界，歷任書記官、檢察官、法官等職，算起來，法庭上的每個位置他都坐過了。

約莫十年下來，蘇友辰倦了，想離開。他因為工作壓力喉嚨發炎，開刀割掉扁桃腺，順勢以健康理由遞出辭呈。當時的法務部長李元簇一眼就看穿了蘇友辰的計策，說：「我找幾個台大醫院的醫生給你聯合會診，如果你真的身體不好，我就准你辭職。」蘇友辰面有難色。後來折衷方案是把他調到雲林地院去當庭長，至少工作量輕了些。不到半年，法務部內部組織結構面臨調整，一陣兵荒馬亂，蘇友辰把握時機再度請辭，自己成立律師事務所開始執業。那是民國六十九年。

沒有想到讓他碰上了「蘇案」。當年找上門來的是劉秉郎與莊林勳的家人，他們都不是富裕之家，案子打到更一審就付不出律師費了。蘇友辰說：「你們這個案子假如沒有律師辯護的話，那是死定了。」當他說「死定了」，那並不只是形容而已。

之前辦過這個案子的律師將近十位。蘇建和、劉秉郎、莊林勳三人各自委任律師，律師們也各自努力，只有開庭時在法庭上相見。三審定讞以後，三位被告命運一體，蘇友辰與許文彬兩位律師留下來繼續打拼。

為了爭一口氣，他義務辯護至今，閱卷、影印、翻譯等等的雜支開銷都由他自行負擔，還主動為了平反這個案子而四處奔走，再也沒有拿過被告家屬一毛錢。蘇案從此成為他的「義務」。

蘇友辰是溫柔的。他說話輕聲細語，提到他們三人的牢獄之災，總是面露不忍。他尤其心疼莊林勳。莊林勳木訥害羞，非常尊敬蘇律師，蘇律師到看守所接見時，他總是默默為蘇律師倒一杯水。只有一次，莊林勳讀了報紙，露出一絲失望的神色問蘇律師：「你為什麼要幫『壞人』辯護？」

那是民國八十五年，屏東縣長伍澤元因為四汴頭弊案被起訴。蘇友辰在司法官訓練所同期的同學接受伍澤元的委任，極力說服蘇律師共同辯護。蘇友辰接了以後慢慢瞭解案情，心裡萌生退意。可是就在他準備遞出解除委任狀的時候，伍澤元被當庭收押了。

律師這一行的專業倫理是：當事人即使罪大惡極，也不能在他最危難的時候背棄他。此後伍澤元一直被羈押在看守所，解除委任狀也就一直遞不出去，直到一審宣判。蘇律師不再繼續接受伍澤元委任，此事到此結束；但他偶爾還是想起莊林勳那失望的神情。「你為什麼要幫『壞人』辯護？」只有好人才會說出這種話啊！

三位被告裡面，蘇建和最開朗外向，最能跟人哈啦，所以這案子總被說成是「蘇建和案」。蘇友辰律師也覺得與蘇建和最投緣，雖然蘇建和要到八十九年再審的時候，才正式成為他的當事人。蘇建和很貼心，嘴很甜，每逢父親節一定記得打電話給蘇律師，平時也常寫信噓寒問暖，叮嚀蘇律師注意身體健康。

蘇友辰是典型的法律人，沒有什麼娛樂，就是種花蒔草，健行郊遊。本來常常跟著太太出國旅遊的，但是後來蘇律師脊椎不好，椎間盤下塌，壓擠到坐骨神經，不得已冒險去開刀。手術很成功，沒有傷到任何旁邊的神經，不過還是不能久坐。他只好跟喜歡旅遊的太太告假：「以後不能陪妳了，我這一份省起來，妳就可以多去幾個地方。我沒那玩的命，只能眼睜睜看著妳去！」

其實就算脊椎可以承受，蘇律師大概也放不下。因為擔心蘇案忽然有什麼變化救援不及，自從八十四年三審定讞以來，他只去過一次越南。

在救援蘇案的過程裡，蘇友辰曾經接過一通神祕電話，是另一個冤案的被害人打來的，巧的是，他也姓蘇。就是蘇炳坤。

蘇炳坤經營傢俱公司，但被指控犯下一起銀樓搶案，指證他的人是一個與他曾經有過節的朋友。與蘇建和案很類似，是個沒有證據的案子，全憑同案被告說了就算，三審定讞被判十五年有期徒刑。蘇炳坤不願意無辜受此羞辱，展開逃亡生涯，剛好看到蘇建和案的新聞，便打電話來向蘇律師喊冤。蘇律師答應蘇炳坤，如果他的案子將來有機會再審的話，蘇律師也願意替他義務辯護。

後來陳水扁總統上任，蘇友辰受聘擔任人權諮詢小組委員。副總統呂秀蓮詢及適合特赦的案例時，蘇律師便建議蘇炳坤案。後來陳總統以「罪刑全免」特赦蘇炳坤，還他自由，也還他清白。蘇炳坤請朋友寫了一幅字，送給蘇律師：「友心慈悲如觀音，辰主正義度冤屈」。

對於平反蘇建和案，蘇友辰往往奮不顧身。人本教育基金會發起的「死囚平反行動大隊」

在大安森林公園辦活動時，吳銘漢與葉盈蘭的家屬曾經前來抗議。他們布置了一個簡單的靈堂，取出兩人的頭顱骨供在桌上，背後襯著血案現場的照片。蘇律師毫不遲疑趨前上香，在他們靈前發誓：「如果我救錯了人，我願意接受天譴！」

在受冤屈的人眼裡「慈悲如觀音」的蘇友辰，說起蘇案的歷次判決，卻疾言厲色，像個怒目金剛：「我對這些人，老實講，我看不起他們。他們把別人的生命當草芥一樣，不必對他們客氣。」魯迅有詩：「橫眉冷對千夫指，俯首甘為孺子牛」，蘇友辰很典型的就是這種人。

但是經歷過長長的十三年，他真的好累。

宣判無罪之後不久，司法官訓練所第八期的同學們有個聚會，在最高法院地下室餐廳喝春酒。媒體上，蘇案「大逆轉」熱潮未退，而同一期的同學之中，不乏全力維護「司法威信」者；當年與蘇友辰最要好的一位，早就因為對蘇案的立場不同，不相往來了。蘇律師猶豫著。可是太太說：「唉呀，你就去嘛，說不定大家把酒言歡，就可以釋懷了！」

蘇友辰想想，也對，說不定是個老天爺安排的因緣。十幾年過去了，大家心平氣和地見面，會有個轉機也不一定。於是蘇律師寫了一封信給大家，附上幾頁關鍵資料，準備當場發給他們。去了以後，發現氣氛非常融洽，他想，唉，還是不要把氣氛弄僵了吧！一疊信原封不動又帶了回來。

寫了卻沒有遞出去的信，是蘇律師想說卻沒有說出口的話。信裡這樣寫：「弟不後悔與司法結緣，但卻很想在蘇案結束之後，不再過問司法事。」

無罪宣判是蘇建和、劉秉郎、莊林勳的重生。蘇律師宴請辯護律師伉儷與救援團體，一起為他們舉辦「慶生會」。他說：「我們從不認識到共患難，從不知底細到生死相許，從置之死地到今天慶祝新生，這是一種造化、一種奇蹟，也是大家廣結善緣所種下的人間福田！」

出獄一個多月了，莊林勳彷彿漸漸從憂鬱的鐘形瓶裡探出頭來。仍然是沉默的，兩道濃眉沉沉地壓下來，看起來很疲倦。但是不自主的抽搐少很多了。蘇建和從再審開始就停用止痛藥，全憑意志力，現在放出來，意志力沒了，又痛得受不了。劉秉郎則變得很開心，眉頭舒展了，當然還是會怕生，但是會笑了。

蘇建和常常在路上被認出來。他坐火車來台北，有時候發現有人在看他，渾身不自在。常常有人主動開口安慰他，叫他不用緊張。蘇建和很搞笑地說：「我還有一次被列車長請到車長室，哇，VIP耶！」劉秉郎也曾在路上被叫住，對方很友善，鼓勵他養好身體、重新開始。蘇律師聽了欣慰地笑，順手夾了一點菜給莊林勳。

蘇律師就像個父親那樣老是糾正他們。要求他們三人限期戒煙，要求他們禮貌周到，要求他們針對檢察官的上訴書，自己寫個答辯狀。他們也不那麼怕蘇律師。禮貌這一類做得到的，就乖乖照做；戒煙這個有點難度的，就討價還價，最後向蘇律師告罪討饒；寫答辯狀這種難上加難的，就苦惱著、咕噥著說：「明明也知道是要講什麼，可是真的就是寫不出來……」

這樣的飯局分成好幾個「梯次」，因為關心過蘇案的人太多了，「慶生會」變成一系列。座上客除了法界、社運界人士以外，還有一些「散客」，例如一位退休了的王醫師，純粹是在報紙上讀到蘇案的消息，便開始到法庭旁聽關心，越聽越進入狀況，後來每個禮拜都會打電話跟蘇律師討論案情。蘇律師也請他來「慶生」，謝謝他對正義的熱心。

蘇媽媽、劉媽媽、莊媽媽當然不好意思，蘇律師幫忙了這麼多年，救回兒子一命，哪有還繼續讓他請吃飯的道理？但是蘇律師語氣堅決，不容辯駁：「這件事我就負責到底了。」若有哪位媽媽企圖去付帳，蘇律師可就嚴厲了：「後拜嘜來！」

這件事情，蘇律師出力最多，但是在慶生會上，他一一介紹在座所有人的貢獻，一一感謝所有人的協助，面面俱到，又真誠真心。就某種意義而言，蘇案不是蘇建和、劉秉郎、莊林勳的事；蘇案是他蘇友辰的事。蘇案是他扛在肩上的義務。他不是在「幫助」別人，而是在自我完成；他要給頭上三尺的神明有個交代。

他在證道。這是他畢生最真誠的藝術作品，他正恭謹地落款。

蘇案再審無罪宣判的那一天，對許多人來說，也是司法重生的日子。九十二年一月十三日。隔天劉秉郎傻笑著去買了一張彩券，當然沒中，樂透槓龜成為他與平凡百姓共享的第一個經驗。

八月八日父親節，蘇建和與弟弟去給蘇爸上墳，同時消息傳來，最高法院支持檢察官的上訴意見，全案發回更審。媒體訪問蘇友辰律師，他說：「苦！苦！苦！」

無罪判決被撤銷了，回到一審被判有罪、被告向高等法院提出上訴的狀態。辯護律師重新整隊，原來五人加上尤伯祥律師，組成六人義務辯護團。檢方重新整隊，主任檢察官費玲玲已經榮升宜蘭地檢署檢察長，原來的兩人加上主任檢察官施慶堂，維持三人的團隊。告訴代理人也重新整隊，楊思勤、石宜琳兩位認真參與此案的律師留下來，繼續為被害人家屬發出聲音。

辯護律師團依照慣例，披上法袍與三位當事人一起拍了一張照片。與蘇案初始的幾張照片比較起來，蘇律師、許律師都老了，蘇建和、劉秉郎、莊林勳也從少年長成青年。

歲月的流逝並不公平。人老得很快，而鳥老得很慢。生物學上有兩張十分著名的照片，同一位科學家捉著同一隻海燕，兩張照片前後相隔二十五年。青壯年的科學家已經垂垂老矣，那隻傻鳥可還依然原樣[134]。

我們的司法竟然也是這麼一隻傻鳥，一干人等站在它旁邊，都無可挽回地老去了。

包括總統陳水扁、法務部長陳定南在內的許多人，見到蘇友辰的第一句話總是：「你那個案子怎麼樣了？」他們總是說：「你那個案子」。「蘇案」固然是「蘇建和案」，但某種程度上，也是「蘇友辰案」。蘇案銘刻著蘇友辰那種鉅細靡遺的辦案風格，不屈不撓的堅定意志。

有一年，蘇友辰的母親中風住院，他回台南去探望。母親看到媒體報導，知道他在救援蘇案，喊著他的小名，「霧啊，那代誌是有影無？」母親說，他們把人家殺得那麼慘啊，你別理那些事情啦。蘇友辰向母親解釋：他們是冤枉的，是警察刑求，真正殺人的那個人已經槍決了……母親聽了，感慨地說：「那也真可憐。那你要繼續救他們喔。」幾年後的教師節，母親過世，蘇友辰來不及趕回老家見她最後一面。

蘇友辰的小名叫「霧」。據說因為命中缺水，所以祖父便給取了這麼一個詩情畫意的小名。現在蘇友辰也晉升為祖字輩了，他抱著小外孫，幻想著不用多久，這小嬰孩就會口齒不清地咿哦，再過不了多久，他就會纏著「阿公抱抱」、「阿公買糖」、「阿公出去玩」……。

不缺水了，現在蘇友辰命裡，只缺一個蘇案的完滿結局。

134 見《二十三對染色體》，馬特·瑞德利著，商周出版，頁二六一。

第二十一章——

深山水遠

現實仍如無柄的刀
握著的溫暖
是自己的血

——許達然

案子又回到了高院，分案的結果，刑九庭雀屏中選，審判長李文成、受命法官官有明、陪席法官周盈文。

更審與前審不同之處是，刑事訴訟法在九十二年完成了許多重要的修正，且於九月一日正式上路。此後，一審必須落實合議制，三位法官全程蒞庭，檢察官也必須到庭執行職務，傳證人時檢辯雙方交互詰問。無證據能力的證據，於準備程序就排除於審判之外，法庭外的陳述均視為「道聽途說」，不具證據能力。在調查順序上，被告的自白要放到最後，先調查其他的物證、人證，以免法官的心證受到被告自白的污染。當被告提出刑求抗辯時，檢察官有舉證責任。

這份修正裡面，到處刻畫著蘇水帶給法界的省思。真是千金難買早知道。

未久，傳來爆炸性的消息：菜刀找到了。

海軍總部送來一把包覆著膠膜的菜刀，與一份公函。函中說明：「陸戰隊前第九十九師軍法組於軍法改制時，曾於該組後方埋藏菜刀乙把，嗣經派員挖掘尋獲無任何標記之生鏽菜刀乙把，經比對扣案菜刀相片，尚無法斷定即為案內兇刀，為資釐清，請貴院予以比對、鑑驗。」

就是它嗎？

十幾年前的那個惡夜，那把菜刀在吳銘漢與葉盈蘭的頭骨上鑿下無數刻痕，草率擦洗之後，就被放回刀架上。它再也不是原來那把刀了；刀刃想必變得鈍拙，當大批警察趕到現場的時候，或許刀身還不停地顫抖著。上面黏著一根毛髮，它剛才所做的事情無可抵賴。

因為王文孝是現役軍人，歸軍法審判，所以這把菜刀便轉到海軍陸戰隊九十九師。警方手上只保存了一張照片。此後便沒有人再對這把刀進行更進一步的檢驗，它被收在證物袋裡與世隔絕，不知道審判正在進行。

軍法很快，三個月之內就審完了。八十年十一月十三日，王文孝出庭聆聽判決。其實也沒有什麼好聽的了，懲治盜匪條例「強劫殺人」是唯一死刑。那一日只留下了一份制式的筆錄，印好的問題是：「聽明白了沒有？」書記官手寫記下：「明白。」印好的問題：「還有什麼話說？」書記官手寫記下：「沒有。」

縱使如此，王文孝仍有求生之念，一週後提出一份親筆寫的覆判狀，他的字跡如小學生一般的乖巧、樸拙、錯字連篇。他說他不知不覺欠了部隊旁的雜貨店三萬多元，答應老闆那次休假之後一定會想辦法還清。放假了，他北上到汐止媽媽家暫住，碰巧跟弟弟的朋友們一起玩，「蘇建和建議可否利用不法之行為籌錢，於是被告無意間提出地點。而蘇建和等三人企圖鼓動被告犯罪，之後被告事出無奈皆同意此舉。」他為了防身，才砍殺吳銘漢。

王文孝說，他到汐止分局後，發現母親也在分局，警察逼他指認母親為同夥，並且虐待他，「其方法為剝去身外衣物，以毛巾矇眼，在倒立後強行灌水至被告之口、鼻」。警方第二次借提時，又逼他承認強姦。

「這一切的過程，被告完全是基於自衛才動起殺機，望庭上鈞長能明察改以『過失殺人』處分。」「茲因被告此次犯案完全基於想還清債務，並無任何歹心想犯錯，只因一時受朋友之利誘才誤蹈法網，心中十分懊悔，但過已犯了，被告即應接受法律制裁，絕不規避刑責，但卻只因被告對此原判之刑期不服，懇求庭上鈞長能上體下情明察秋毫。」「被告學識低微，只一味順人意行事，無法辨別是非對錯……被告實在無法卸下扶養親弟及支持家庭之重責大任……祈請鈞長體恤被告之心情，讓被告能早日服完刑期及役期，早日返家支撐家境，侍奉雙親家人。」最末，他的住址電話填的是汐止媽媽家[135]。

在覆判狀裡，王文孝極力撇清自己的罪責。以前他即使說有共犯，也仍承認自己提議偷竊，但現在他說蘇建和才是主謀；以前他說是因為被害人醒來、他緊張才下手殺害，但現在他說他只是自衛，是過失。因此當一審的湯美玉法官南下訊問他時，他仍然說蘇建和等三人都有參與，「一樣罪有應得」。王文孝的心態，仍然是希望多人共同分攤罪責，則他或許可以逃過一死。

湯法官訊問過後的隔天，王文孝的覆判結果下來了，維持原判兩個死刑。王文孝還不知道，而軍方已經開始為槍決事項召開工作會議。

一個簡單的死刑，需要的人手還真不少，一名軍事檢察官在場執行職務，八名憲兵負責戒護，一人為王文孝準備飯菜與酒，一位正射手，一位副射手，一位法醫，一位攝影。既然有這麼多人，那就還需要一位司機，把所有人從看守所載到刑場去。

八十一年一月十一日清晨三點半，王文孝被提解出庭，表情怨恨。他穿著藍色的囚服，胸前一塊白布寫著：「死刑犯王文孝」。法庭裡的日光燈好悽慘。四名挺拔的憲兵頭戴鋼盔站成一個「口」字，王文孝被團團圍住身陷囹圄，看起來格外矮小。軍事檢察官驗明正身無誤，問他有沒有最後陳述，筆錄上寫道：「不服判決結果，強劫殺人部分有做，強姦部分我沒有做。」

卷子裡留下幾張照片。

王文孝低頭寫遺言，喀擦。

桌上有飯有菜，王文孝舉杯獨飲，喀擦。

他起身，四位戒護憲兵將他的手反銬在背後，喀擦。

黑布蒙住了他的眼睛，喀擦。

他倒下，身下的白布有兩灘血，拖鞋穿著一隻掉了一隻，喀擦，喀擦，喀擦。

法醫開出死亡證明。然後是一張手寫的聲明，寫於一月十日，執行槍決前一天。聲明裡說，「經與王慶協商後，堅決拒收遺體，亦盼軍方處理。」王文孝的父親王慶不識字，捺下指紋。最後由高雄市某慈善團體領屍，葬在高雄縣深水山公墓。

王文孝伏法以後，軍法審理的這一起強盜殺人案正式落幕，他用來鑄成惡業的那把菜刀，也依法沒收。後來單位改制，海軍陸戰隊在軍營後面挖個坑，草草收埋，不知所終。

十幾年來辯方一直在問菜刀到哪裡去了，而它躲在土裡一語不發。現在挖了出來，審、檢、辯三方都想從崎嶇的刀紋裡，問出一點真相。然而那把刀鏽得好厲害，彷彿它也深受傷害似的。鐵鏽一點一點侵蝕入骨，好像它滿懷著記憶和痛苦，在土裡慢慢自殺。

這個案子將來判生判死，就看這把刀了。十幾年後，菜刀再度成為焦點，案子還沒結束；高等法院門口仍將不時出現簇擁的麥克風，與血案現場照片製成的海報。十幾年了，吳唐接還會繼續扛起這個擔子，吳銘漢與葉盈蘭的親友，也從來沒有忘記他們。

而王文孝埋骨之處，深山水遠，十幾年來，沒有人去給他上過墳。

135 海軍陸戰隊九十九師司令部法判字第一三四號，頁二九至三七。

又經過八年的努力與煎熬，蘇建和、劉秉郎、莊林勳於民國一〇一年八月三十一日獲判無罪，全案定讞。

最終判決採用李昌鈺博士的現場重建，認為汐止血案現場狹窄，不可能容納四個人同時行兇；全案應是一個兇手、一把兇刀所造成，與蘇建和等三人無關。

蘇建和、劉秉郎、莊林勳申請刑事補償。但台灣高等法院認為，三人當初自白犯罪，要為自己的受冤負起過失責任，所以每個人僅賠償五百萬元左右。

蘇案落幕了，但是，辯護律師與參與救援的社運團體，依舊為保障人權忙碌奔走。因為，為公義奮戰，是終身職。

後記

1

這是一個關於真相的問題。

日本作家芥川龍之介寫過一個短篇，叫做〈竹藪中〉。故事說的是一個武士死在竹林裡，他的妻子被強盜強暴了，其他知道內情的人還包括樵夫、行腳僧、路人等等。奇怪的是，強盜承認他殺了武士，武士的妻子也承認她殺了武士，武士的鬼魂卻堅稱自己是自殺的。

強盜說，他和武士比武，他贏了，所以他活下來，武士輸了，所以武士死了。武士的妻子說強盜當著武士的面強暴她，事後武士竟然輕視她，她受不了這種侮辱，遂殺夫。武士的鬼魂則說是因為妻子不貞，他深感羞辱，所以壯烈切腹自殺。樵夫、行腳僧、路人也都有不同的說法。

這個故事後來被導演黑澤明改編為電影《羅生門》。解嚴以後，「羅生門」一詞迅速蔓延開來——人人皆有話說，真相蒙昧不明。時至今日，「羅生門」已儼然成為台灣最流行的世界觀。

在威權時代，我們對於語言與論述的欺罔太過天真無知；現在我們精明多了，我們對各方的說法一律表示等值的懷疑，以示公正超然，以示老謀深算。我們被騙怕了，以致於再也不肯相信任何事。「真相」變成一個老舊過氣的字眼，「羅生門」取而代之，成為大部分人對大部分事情的看法。我們從前現代的反智、單純，直接跳進了後現代的虛無。

「羅生門」最安全了。各種說法攤在我們眼前，我們不思考、不推理、不分析、不判斷，言之有理的與強詞奪理的照單全收，就像包牌買樂透一樣，穩中！蘇建和案，在大部分人的眼裡，大概也是一個「羅生門」式的事件。有人說他們有罪，所以該死，也有人說他們沒做，倒楣被冤枉；可是我們又不在現場，我們怎麼會知道人是不是蘇建和他們殺死的呢？好，那我們就不要管好了，因為我們又不懂，萬一選錯了邊怎麼辦？

這本書的部分文稿曾經因緣巧合受過一些指教，我從中強烈感受到這種「選錯邊」的恐懼。謹慎是好的，懷疑也是好的；但我不能接受的是，尚未窮究事實，就先宣告放棄。在最初的謹慎與懷疑之後，應該指向深入檢視案情以求找出真相，而非輕易以「羅生門」之名舉手投降。

每一個案子，法院審理的時候都把相關的資料集成卷宗，包括筆錄、證物化驗結果、檢辯雙方的訴狀、法院的職權調查、發出的公文與得到的回覆等等。一審有一審卷，二審有二審卷，更一審有更一審卷，依此類推。八十九年展開再審的時候，蘇案已經是一個各方矚目的大案子，法院格外慎重，所以再審卷足足有十四宗。這本書主要就是依據這些卷證寫成的。另外我也訪問了被害人家屬、三位被告，以及雙方的律師團。此外還有一些人協助我了解案情，他們大部分是長期參與救援活動的社運人士，也有少數法醫與法律專業人士。

人會說謊，人會忘記；但卷證是最老實的，童叟無欺。為了讓讀者了解文中所述皆有所本，我自找麻煩地做了一百多個附註，說明這些資料的出處，什麼卷、第幾頁。不是每一個讀者都有管道接觸到蘇案的卷證，但是檢方、辯方與法院相關人士都有權利閱卷，他們將是最嚴厲的監督者。我用這個方式來向讀者保證：本書原料未經基因改造，亦不添加人工色素或香料，敬請安心使用。

一般媒體處理蘇建和案以及類似的爭議事件，通常都是這樣：講一點蘇建和他們三個人的看法，配一點被害人家屬的意見，然後版面做到差不多大，好啦，這下誰都不能抗議了吧。「平衡報導」作為新聞處裡的一個原則並不壞，令我洩氣的是，他們總是拿雙方的苦難來做平衡，告訴我們被告好可憐好可憐，可是原告也好可憐好可憐；我們看得越多，越擔心說錯話或選錯邊，害他們更難過。

可是關於一個案子，真正的重點難道不是證據嗎？然而我很少看到媒體根據雙方對證據的不同評價來做平衡報導。我看到的是他們收起探求真相的熱情，但費心算計著如何以形式上的「平衡」來杜悠悠眾口。深入的分析已不重要，重要的是小心不要落人口實。難怪有人諷刺道：「二十世紀的媒體若有機會報導耶穌被釘上十字架的景況，文章的第二段一定是引述彼拉多（Pilate）的解釋。」彼拉多就是對耶穌進行不公平審判的那個羅馬總督。

當爭執發生了，公說公有理，婆說婆有理，但到底誰有理呢？如果不問實際上公有理還是婆有理，而僅在形式上要求非得一半說公有理、一半說婆有理不可——那不叫「平衡報導」，那叫「預設立場」！

十幾年來的卷證顯示，辯方律師的訴狀汗牛充棟，而檢方幾無作為；這或許是當年的司法實務使然，檢察官工作繁重。即使是八十九年開始的再審，從訴狀數量與開庭時的發言比重來看，辯方律師們仍然比檢方（加上告訴代理人）多得多。如果這本書裡檢方與辯方所佔的篇幅不是一比一，那是因為實際上就不是一比一。

我是一個在場邊觀戰的人。一場棒球賽打完了，古巴隊十一比一大勝中華隊，提前結束比賽；大勝就是大勝，十一比一就是十一比一。我只能忠實地寫出戰局，不能竄改比數硬說雙方平分秋色。

每次告訴別人我在寫蘇建和案，他們總是問我：「到底是不是他們做的？」從那些真誠的眼神裡，我看見的是，不論「選錯邊」的恐懼多麼大，每個人對真相的渴望，仍然無比頑強地在心裡滋長。

我想那是個好現象——還是有許多人並不滿足於「羅生門」式的解釋。其實以今日的眼光觀之，連羅生門也未必「羅生門」。如果我們立刻封鎖現場，由刑事鑑識人員仔細蒐證；將屍體送交法醫解剖，了解死因並比對傷口與凶器；最後再把所有人捉到法庭裡來交互詰問一番……則竹林裡的疑案難道沒有水落石出的可能嗎？

2

在真相之後，是賞罰的問題。

做對了事情的人應該受到讚美，做錯了事情的人應該受到懲罰，那麼我們便可以坐下來嘆一口氣，告訴自己：善有善報，惡有惡報，不是不報，時候未到。

在寫蘇案的過程裡，我查了一點資料。民國七十 年，台灣發生第一起銀行搶案，土地銀行被搶五百四十萬，搶匪持槍威脅大家不要動，並撂下一句話成為傳奇：「命是自己的，錢是國家的。」刑事警察局不久後逮捕計程車司機王迎先，宣佈破案。王迎先謊稱槍枝藏在秀朗橋下，結果墜溪身亡，警察說他畏罪自殺。後來真正的搶匪李師科落網，這下換警察緊張了。五名警察因為對王迎先刑求逼供而被判有罪，五人全數逃亡，其中一人在梨山種果樹躲了六年，後來投案入獄服刑。

民國八十九年，新光集團吳火獅的長女吳如月在陽明山豪宅內遇搶，士林分局隨即逮捕四名青少年，宣佈破案。四名青少年出了警局以後齊聲喊冤，後來經DNA檢驗，與現場遺留的跡證不符；不久後，真正的搶匪落網了，四名青少年被證實與此案無關，而承辦員警承認偵訊中曾經「輕摑」他們耳光。士林分局的分局長被記兩人過調職，仕途受阻，其他員警也被處分；警政署長並且親自到四名青少年家中，向他們以及他們的父母致歉。

反觀蘇案，卷證顯示當時承辦的幾位警察隱瞞證據、偽填資料，而且上法庭作偽證。可是四名警察被告瀆職，卻獲得不起訴處分。沒有任何人因為蘇建和案而受到懲處、彈劾，或付出任何代價。

然而我心中總還存有一絲希望。我想，這麼多年過去了，蘇案的證據一樣一樣出土，沒有一樣是對被告不利的。雖然當初起訴的、判有罪的人嘴巴上不承認有錯，但也許，在內心深處，蘇案已成為他們執法生涯裡最深的痛楚、最大的教訓。我幻想，此後他們將成為更好的檢察官、更好的法官，因為他們從錯誤中學到了寶貴的經驗。

不幸的是我又查了一點資料。九十年七月六日，自由時報登出記者項程鎮對湯美玉法官的專訪。八十五年蔡崇隆在超視的時候想採訪她談蘇案，她在電話裡斬釘截鐵地說：「沒有必要。」現在她終於說話了。根據報導，她認為這個案子拖了這麼久還不執行死刑，對被害人家屬相當不公平；「湯美玉強調，沒有法官願意判人死刑，蘇建和等三名被告是她法官生涯首件判處極刑案例，絕不可能失之草率，為了維持審判公正性，在王文孝槍決前，還會同被告辯護律師南下高雄探視，王某仍表示蘇建和等人確實涉案；但如有外力或政治力介入，甚至有影響判決結果之虞，她也無話可說。」她依據王文孝的自白判處蘇建和等三人死刑，但她相信的是一個說話顛三倒四的人；她可以把王文孝借提到台北來，讓三名被告當庭與之對質，但她卻決定自行南下，而且前幾天才通知辯護律師；她應該把王文孝提到當地的法院去開庭訊問，因為審判要公開，但她卻在看守所裡問問就算了！這樣還不草率嗎？這可以寫進辭典裡成為「草率」一詞的標準定義！

不久前則在報上讀到崔紀鎮檢察官的大名。十二年前，花蓮縣長吳國棟涉嫌貪瀆被起訴，一審判決有罪，二審改判無罪。通常被告被判無罪，原告就會上訴。二審的檢察官就是調到花蓮去的崔紀鎮檢察官，他也的確上訴了，可是最高法院最後裁定他的上訴是無效的。因為上訴期間是十天，自判決公文送達後起算，過了十天以後如果沒有任何一方提出上訴，那案子就定讞了。結果崔檢察官好聰明，判決公文送來的時候他故意不簽收，兩個月以後再簽收，然後於十日內提起上訴。根據報紙報導，崔檢察官的解釋是因為案件龐雜必須調閱卷宗，所以應該從他簽收日起算十日為上訴期間。那意思不就是說，「雖然法律是規定十天，可是我愛什麼時候提就什麼時候提」？那沒有一個案子可以定讞嘛；只要他一直不簽收判決公文，他的上訴期間就永遠還有十天！十天要準備上訴意見確實是很急迫的，可是檢辯雙方同樣受此約束。大部分人的做法是在時限內先提起上訴，再補狀說明上訴理由。也許不像崔檢察官那麼聰明，但是至少合乎法律。還有另外一個案子，崔檢察官也以相同的手法逾期上訴。作為執法人員，崔檢察官彷彿不受法律約束似的。孰令致之？

我的幻想破滅了。他們一點也不痛，他們從蘇案中學到的教訓是：「我不遵守法律，也沒有人會辦我。」

寫作接近尾聲的時候，有一天，蔡崇隆與陸凱聲有事來找我。我對崇隆說：「自由時報有人訪問湯美玉耶。她不覺得自己判錯，她說這個案子會拖這麼久，是政治力介入。」小陸狐疑地說：「那是什麼意思？」崇隆解釋說大概是講陳水扁吧。我說：「案子拖了十幾年，民進黨執政也沒有那麼久。講『政治力介入』的人自己也不知道是什麼意思吧。」

後來崇隆問我書名想好了沒，我說考慮叫做「正義不在家」。因為我讀到美國詩人愛蜜莉．迪金生的一段話覺得很有意思：「法律是多困難的一件事，正義做出手勢讓世人可以找到它，可是當人們來訪視它時，它卻都不在家。」愛蜜莉．迪金生出生於一八三〇年，她們家是法律世家，爺爺、爸爸、哥哥都是律師。連她這樣背景的人都對正義沒信心，崇隆慨嘆：「真的很難喔。那麼久以前，正義就已經不在家了。」小陸在旁放一冷箭：「一定是政治力介入！」

3

在賞罰之後，是安慰的問題。

美國詩人歌手李歐納．科恩寫過一首十分動人的〈伯娜多之歌〉。伯娜多是個小女孩，有一天遇見了聖母，那景象從此鐫刻在她的靈魂裡。縱然無人相信她所見，她仍然堅定地告訴大家，「世間苦痛，有待療癒；慈悲寬容，人間所需。」許多人的心受傷、破碎，如同你我；我們所做的事亦無挽回的餘地。我們晃蕩，我們墜落，我們飛翔；但我們總會偶然地，想彌補曾經造成的傷害。科恩溫暖地寫著：「我只想抱著你，就讓我抱著你吧……伯娜多也會這麼做。」

親人遇害想必是難言的傷痛，我不曾親身經歷，只能遠遠地感覺心疼。好幾次我在法庭裡看見吳唐接先生坐在旁聽席上，想去採訪他，可是怕打擾他。後來採訪了告訴代理人石宜琳律師，石律師很熱心地笑著說：「沒有關係啦！」給了我吳先生的電話。

吳唐接先生禮貌而寡言。大部分的時候，語氣是無奈的。「人在做，天在看啦！他們三個自己心裡有數。」他說。

幾乎所有的被害人家屬，都認為「凶手一定不只抓到的這一個」。白冰冰認為綁架白曉燕的應該是人數超過十人的犯罪集團，社會版上其他的案件，家屬也都有類似的看法。法庭裡應該「無罪推定」，但是被害人家屬的心情，一定是傾向「有罪推定」的，這是人之常情。尤其這個案子警察破案的時候說凶手有四個人，後來卻縮水變成只有一人，這叫家屬的心情如何能夠調適？

法庭本來就不是設計來安慰人的；在對司法改革抱持殷切期盼的同時，我們常常忽略這一點。有時候，法庭令受害者感覺到委屈不平。在他最脆弱的時刻，他需要的是信任與安慰，但法庭上進行的是詰問與懷疑。可是這不能怪司法，這是它的本質，它的限制。

法庭並不從受害者的角度看問題。因此倘若在法庭裡受審的這個人罪證不足，法官們唯一能做的就是讓他自由離去；至於受害者那充滿失落感的追問：「那到底是誰殺的？」法庭是無言以對的。

我也無言以對。那是天問。

死亡已經是難以承受的事，何況是那樣暴力的死亡。所有關於汐止血案的報導都說現場「血流成河」，「刀刀見骨」；我在鑑定報告裡看見兩位死者頭顱骨的照片，確實使人難受。顱骨那麼硬，要砍出那麼深的傷口，下手得多重才行？我每次都不自覺地一邊看一邊摸著自己的頭。

我惦記著想看現場的照片。彷彿那是一種面對死者的方式。

我沒有開口要求，覺得如果過度熱切，對死者不敬。後來在採訪過程裡終於看到了。照片當然是難忘的。葉盈蘭沒有瞑目，鬈髮被血浸得濕透，散亂地貼在頸上。手腕彎折成一個不可能的角度，因為骨頭已經砍斷了。吳銘漢的後腦被砍出一個個血口子，頭皮裂開變成一張張嗚咽的嘴。暴力兇殺使我們的眼睛看見不該看的物事。

我看著吳銘漢與葉盈蘭的臉，想著：在拍這照片的幾個小時以前，他們也是活人，跟你我一樣，有溫度，有呼吸，有散亂的念頭，血液規規矩矩在血管裡奔流。我安靜凝視他們在世間的最後造型，我想要記得。任何死亡都是莊嚴的，即使這麼莽撞的罪行，也無損其莊嚴。

隔天夜裡，我做了一個夢。我看著葉盈蘭倒在地上的那張照片，但是照片變成了錄影帶的畫面。有一雙腳走過來，蹲下，為葉盈蘭把雙眼闔上。

我醒來，心裡暖暖甜甜的，然後翻個身又睡著了。

4

達爾文曾經說數學家是一個盲人，在一個漆黑的房間裡找一隻黑貓……而且黑貓不在那裡！很多時候，追求正義之舉亦如盲人找黑貓。

正義是困難的，因為正義不只是打贏一場官司。真相找到了嗎？做錯事的人被處罰了嗎？被傷害的人得到安慰了嗎？這是正義的三個指標。其中司法當然還是舉足輕重的一個關鍵環節，只是官司拖得越久，到最後房裡就只剩下兩根貓鬍鬚了。正義已經不是正義，是正義的殘餘。

我對正義有幾個堪稱悲觀的看法。我認為正義從來就不是天理，不是自然法則；正義是人的需求。羚羊做錯了什麼事，獅子要吃他？沒有，獅子想吃就吃了。沒聽說過獅子吃了羚羊以後，要找大象來仲裁，請狐狸來辯護，叫松鼠來當書記官的。自然的法則是天地不仁，以萬物為芻狗。波蘭作家 Stanislaw J. Lec 也說：「別擋著正義女神的路啊……她是瞎的！」

正義是人與天爭。正義是我們凡人不知道自己是芻狗，還斗膽對天狂吠。

正義注定是遲來的，因為正義一定發生在不正義之後，否則你根本感覺不到正義。正義就像一個很倒楣的上班族，他準時打卡認真工作，根本沒人希罕他；可是他只要稍微出去透口氣，就立刻被抓包，全公司此起彼落地喊著：「正義呢？」「正義去哪裡了？」「正義到底什麼時候才來？」「正義老是遲到，究竟怎麼回事？」

假設在莊林勳被違法逮捕的那個驚魂之夜，他們家隔壁恰好住了一個與莊林勳年紀相仿的男孩子，就讓他叫做阿成好了。十幾年來，當莊林勳入獄、被判死刑、精神抑鬱苦悶的時候，阿成和一般男孩子一樣當了兵、退伍、進入社會工作，說不定還做了爸爸。阿成過著莊林勳夢寐以求的生活，但是阿成並不會感覺到自己的人生有什麼特別正義之處。阿成會想：「這很普通啊，大家不都這樣！」

一個未經等待、不請自來的正義是備受冷落的，它嚐起來沒有正義該有的那種滋味。正義是帶著苦味的，太甜就不像正義了。

但我對追求正義，卻有頗為樂觀的看法。不是天意就不是天意，遲到就遲到，苦澀就苦澀；這些都不阻礙我們的追求。那像是愛情的某種純粹形式：我追你並非因為我知道一定追得到，而是因為愛從心裡泉湧而出，我忍不住。從某個角度看，蘇案十四年，不論最後結局如何，這漫長的追尋已經體現了某種美好與動人。但願我寫出了那種蒼涼的美感。像伯娜多一樣，如果你曾經見識過天堂，即使一瞥，也已足夠。

如今，已經不只是司法在審判蘇案，蘇案也在審判司法。這盲人在房裡不屈不撓找著貓，不知道吃了多少苦頭；現在，那隻黑貓乖乖回來找盲人了。就不知道那隻貓瞎是不瞎？

5

這本書的完成，要感謝很多人慷慨的協助。感謝蘇友辰律師、許文彬律師、古嘉諄律師、顧立雄律師、羅秉成律師、石宜琳律師、楊思勤律師、吳木榮醫師，提供了寶貴的專業知識與洞見。費玲玲檢察長、吳慎志檢察官均稱不便表示意見，以及始終未能聯絡上李進誠檢察官，是本書遺憾。特別謝謝吳唐接、蘇建和、劉秉郎、莊林勳幾位先生與我分享他們的心情。法律助理蕭逸民對蘇案用功甚深，那麼繁雜的卷證，在他手上一清二楚。這本書把重點放在法庭裡，社會運動界的努力，相形之下受到嚴重壓縮；非常感謝王時思、顧玉珍、葉怜惠、黃雅玲接受我的採訪，並請接受我的歉意。讀者可以參考人本基金會出版的《讓他們活著回家》和圓神出版的《走向黎明》兩書，有更詳盡的紀錄。

蔡崇隆的《死罪！冤案？》（超視，八十五年）、《島國殺人紀事》（公視，八十九年）都是很有價值的影像資料，一點也不因時間流逝而失色。史威、陳振淦、蕭逸民合寫的《真相!?——三個死刑犯的故事》長達十五萬字，雖然沒有正式出版，但對我幫助很大。

感謝民間司改會所有工作人員熱情的協助，尤其是欣怡與啟文在行政事務上給予許多支持。靜萍是我大學時期的舊友，我很高興也很幸運在她擔任執行長的期間與司改會合作。尤伯祥律師、洪鼎堯老師曾針對書稿給予寶貴的意見，以及兩位義工林彩鎔、林怡雯協助我製作附註，在此一併致謝。也謝謝國家文藝基金會支持本書的寫作。

文玲仍然是我的室友、玩伴兼解夢大師。相處到理所當然的地步是最高境界，而我們在那裡已經很久了。照緹幫我想了一些封面的表現方式，並且介紹了資深攝影記者何叔娟為蘇建和、劉秉郎、莊林勳留下歷史性的影像紀錄。阿娟堅持義務拍攝，不但請我們喝果汁，還寬容地忍耐我們七嘴八舌、超不專業的意見。破報總編輯黃孫權先生在十萬火急的時刻協助我聯繫彭億祖女士，還打電話到法國！倩漪、淑雲、蘭芝、昭媛陪我喝茶、爬山、清談，還有很多僅有一面或數面之緣的朋友，三不五時逗我開心。

謝謝大家使得這本書成為可能。當然此書文責仍由作者自負。

我寫作向來牛步，這本書卻不容我拖延，偏偏蘇案資料汗牛充棟，十幾年的卷證堆起來，大概快要跟我一樣高了。當然，這也要怪我長得並不高。常常看到深夜，沉向睡眠的途中，陌生的情節潛進來。我覺得奇怪，筆錄裡有這一段嗎，我以前怎麼沒注意過？明白是夢，醒來。如果現在有人要舉辦蘇案查字典比賽的話，我想我應該有機會問鼎冠軍。

有一段時間在趕進度，每天寫三千五百字，覺得時間在身後鞭打我。上一本書《愛的自由式》每天寫一千字，我以為已經是我的極限了——三千五百字！乾脆直接抽我的血好了！結果手痛，頭痛，眼睛痛，並且寫出了第一根白頭髮。當然，這也要怪我年紀到了。

寫著寫著，失去韻律感的時候，我看馬奎斯的《智利祕密行動》，或者《異鄉客》。不管有沒有用，都覺得好看。有時候看自己的書，彷彿為自己安魂：「妳可以的。寫就是了。」

後來我忽然有了一個主意，就是向三位當事人與所有辯護律師要一張小時候的照片，放在一起。那時候，一切尚未發生，階級的烙印尚不明顯，從這些小孩的臉上，看不出來誰會變成大律師，而誰會淪為階下囚。

也許讀者會想知道這些孩子們誰是誰。蘇律師小時候就有一種正義凜然的樣子，五十年後仍不改其志；古律師微蹙著眉，長大後卻成為樂觀主義者；樹叢前狀甚靦腆的是顧律師；站在椅子上像蜘蛛人的是羅律師。新版《無彩青春》裡有兩個新加入的小孩：在樹上不肯下來的是尤伯祥律師；開心大笑的是葉建廷律師；許律師早年困頓，沒有留下照片；蘇建和站在廣場上身形孤獨；莊林勳坐在地上一派天真；戴著方帽子從幼稚園畢業的則是劉秉郎。那時候，他們誰也不認識誰，相忘於江湖。

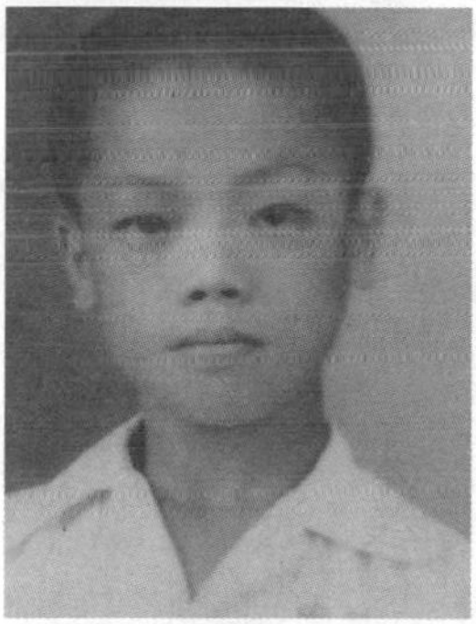
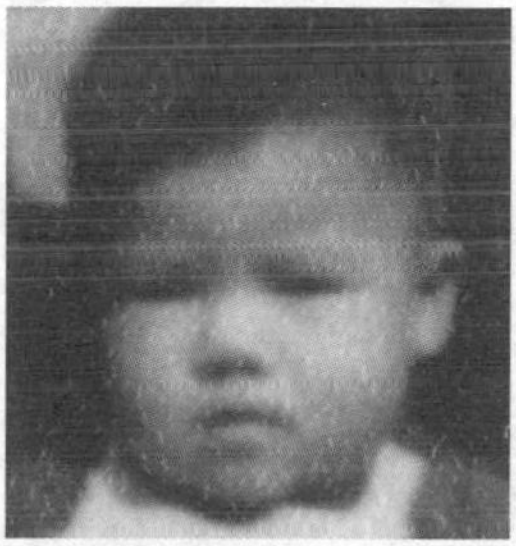

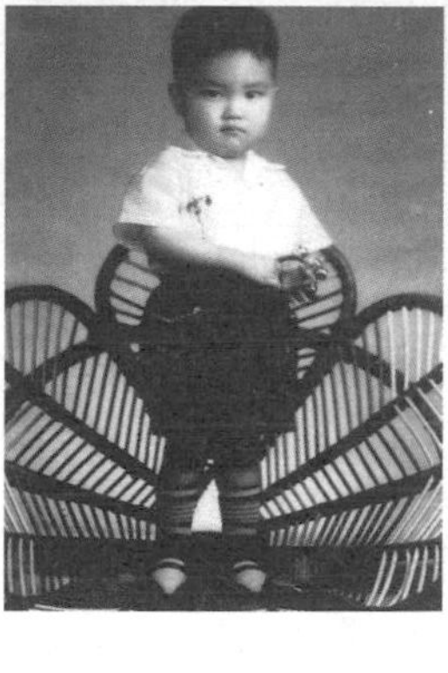
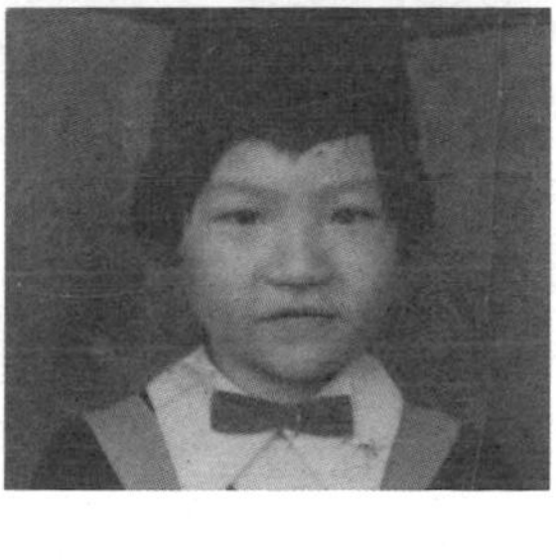

蘇案大事記

八十年三月二十四日　新北市汐止區發生吳銘漢、葉盈蘭夫婦命案。

八十年八月十三日　警方依據指紋比對結果，逮捕海軍陸戰隊上兵王文孝。

八十年八月十四日　王文孝承認行竊殺人，自白一人犯案。但警方不相信王文孝一人犯案，將弟弟王文忠列為共犯逮捕。

八十年八月十五日　王文忠被補後，誣陷蘇建和、劉秉郎和莊林勳為共犯。警方逮捕三人後，嚴刑逼供，先後取得認罪自白。

八十年八月二十日　蘇友辰律師到士林看守所接見劉秉郎、莊林勳後，同意擔任辯護人，開始二十一年的奮鬥。

八十年十月四日　崔紀鎮檢察官對蘇建和等三人提起公訴。（八〇年度偵字第六四三一號起訴書）

八十一年一月十一日	王文孝被執行槍決，死前從未與蘇建和等三人對質。
八十一年二月十八日	蘇案一審宣判，蘇建和、劉秉郎、莊林勳各被判兩個死刑，並褫奪公權終身。（八〇年度重訴字第二三號刑事判決）
八十二年一月十四日	二審判決，維持一審原判。（八十一年度上重訴字第一〇號刑事判決）
八十二年四月二十九日	最高法院發回更審。（八十二年度台上字第二〇六六號刑事判決）
八十三年三月十六日	更一審判決，強姦部份無罪，強盜殺人部份判決死刑。（八十二年度重更（一）字第一六號刑事判決）
八十三年七月七日	最高法院發回更審。（八十三年度台上字第三七七二號刑事判決）
八十三年十月二十六日	更二審判決，維持一審原判。（八十三年度上重更（二）字第三七號刑事判決）
八十四年二月九日	最高法院駁回上訴。蘇案三人死刑定讞。（八十四年度台上字第四五八號刑事判決）

八十四年二月二十日	最高法院檢察署提起第一次非常上訴。（八十四年度非字第〇〇五一號）
八十四年三月二日	最高法院駁回非常上訴。（八十四年度台非字第七八號判決）
八十四年三月十一日	最高法院檢察署提起第二次非常上訴。（八十四年度非字第〇〇七二號）
八十四年四月十二日	最高法院駁回非常上訴。（八十四年度台非字第一一三號）
八十四年四月二十日	蘇案三人透過辯護律師控告汐止分局警員涉嫌非法拘提、刑求。
八十四年六月十四日	監察委員提出本案調查報告，認定高等法院、士林分院與汐止分局於審理、調查時涉及多項違失。
八十四年七月五日	最高法院檢察署提起第三次非常上訴。（八十四年度非字第〇二三四號）
八十四年八月十七日	最高法院駁回非常上訴。（八十四年度台非字第二九八號）
八十四年八月二十二日	辯護律師蘇友辰、許文彬聲請再審。

八十四年十二月三十日	台灣高等法院（八十四年度聲再字第五六五號裁定）：再審及停止刑罰執行之聲請均駁回。
八十五年一月九日	辯護律師蘇友辰提出抗告。
八十五年二月十四日	最高法院原裁定撤銷，發回台灣高等法院。（八十五年度台抗字第五九號裁定）
八十五年三月十一日	台灣高等法院舉行記者會，發表「蘇建和等盜匪案被告相關自白資料」，駁斥辯護律師及社會各界的聲援。
八十五年四月九日	台灣高等法院再審及停止刑罰執行之聲請均駁回。（八十五年度聲再字更（一）第一號裁定）
八十五年四月十八日	辯護律師蘇友辰提出抗告。
八十五年五月二十五日	「死囚平反大隊」成立。
八十五年六月一日	民間司改會發表蘇建和案判決評鑑報告。

八十五年六月七日	最高法院（八十五年度台抗字第一九四號裁定）：抗告駁回（確定）。
八十五年六月十八日	最高法院舉行記者會，發表「對蘇建和等盜匪案件研討結論」，駁斥辯護律師的冤判的說法。
八十五年六月二十九日	舉辦「死囚平反——讓無罪的孩子早日回家」大遊行。
八十七年八月七日	辯護律師蘇友辰聲請再審。
八十七年八月二十日	台灣高等法院再審及停止刑罰執行之聲請均駁回。（八十七年度聲再字第五四四號裁定）
八十七年八月二十八日	辯護律師蘇友辰提出抗告。
八十八年九月二十三日	最高法院原裁定撤銷，應由台灣高等法院更為裁定。（八十八年度台上字第三四五號裁定）
八十九年四月十五日起	台權會、司改會、人本於濟南教會舉辦「走向黎明，定點繞行」活動，持續舉行二百一十四天。

八十九年五月十九日	台灣高等法院本件開始再審；蘇建和、劉秉郎、莊林勳停止刑罰之執行。（八十八年度聲再更（一）字第一三號裁定）
八十九年五月二十二日	台灣高等法院檢察署檢察官提出抗告。
八十九年十月十三日	蘇建和在警方及媒體包圍下前往台大醫院探視病危的父親。
八十九年十月二十七日	最高法院檢察官抗告駁回。（八十九年度台抗字第四六三號裁定）
八十九年十月二十九日	蘇建和父親過世。
八十九年十一月十日	蘇案義務辯護律師團召開第一次會議。
八十九年十一月十六日	蘇案再審開庭。
九十二年一月十三日	再審宣判，高等法院宣判三人無罪，當庭釋放。（八十九年再字第四號判決）
九十二年八月八日	最高法院發回更審。（九十二年台上字第四三八七號判決）
九十二年十月二十七日	再更一審第一次開庭審理。

九十三年七月二十一日	《無彩青春》出版。
九十六年五月四日	李昌鈺博士為蘇案出庭，從現場的跡證資料提出十八點新事證，說明吳氏夫婦命案係一人所為。
九十六年六月二十七日	「再見蘇案，蘇案再見」團體聲援靜走活動。
九十六年六月二十九日	再更一審宣判，三人仍被判決死刑。（九十二年矚再更一字第一號判決）
九十六年十一月一日	最高法院再次發回更審。（九十六年台上字五八五六號判決）
九十六年十二月十日	再更二審第一次開庭。
九十七年六月二十日	李昌鈺博士受法院囑託進行現場重建。
九十九年八月十三日	李昌鈺博士以鑑定證人身分出庭作證，說明吳氏夫婦命案極不可能是四人所為，極可能是王文孝一人所為。

九十九年十一月十二日	再更二審宣判無罪。（九十六年矚再更一字第一號）
一〇〇年四月二十一日	最高法院發回蘇案。（一〇〇年台上字第一八三七號）
一〇〇年六月十五日	再更三審第一次開庭。
一〇一年八月三十一日	再更三審宣判無罪，檢察官依速審法不得上訴，蘇案無罪定讞。（一〇〇年矚再更三字第一號）
一〇一年十二月十一日	蘇建和三人聲請刑事補償。（一〇一年刑補字第三六號）
一〇二年四月十日	台灣高等法院認定蘇建和等三人未被刑求，逕以最低標準一千元一日予以刑事補償。
一〇二年五月二日	蘇建和三人向司法院聲請刑事補償覆審。
一〇二年六月十六日	蘇建和三人解除境管，首次出國，赴歐參加第五屆世界反對死刑大會。
一〇二年七月二十六日	蘇案刑事補償確定，依台灣高等法院的認定，因為三人有過失，所以每人獲賠約五百萬。

無彩青春

作　　者｜張娟芬
總 編 輯｜周易正
執行編輯｜陳敬淳、陳怡慈
美術設計｜賴佳韋
編輯協力｜林佩儀、邱子情
印　　刷｜博創印藝文化事業有限公司

定　　價｜380元
ISBN ｜ 978-986-89652-2-5
2023年10月二版一刷

出 版 者｜行人文化實驗室
發 行 人｜廖美立
地　　址｜100台北市南昌路一段49號2樓
電　　話｜（02）3765-2655
傳　　真｜（02）3765-2660
http://flaneur.tw

總經銷｜大和書報圖書股份有限公司
電話｜（02）8990-2588

國家圖書館出版品預行編目(CIP)資料

無彩青春 / 張娟芬著. -- 初版.
-- 臺北市 : 行人文化實驗室, 2013.08
初版 328 面 ; 14.8x21 公分
ISBN 978-986-89652-2-5(平裝)
1. 刑事審判

586.5　　102013181